Guidance for Young Children

아동생활지도

김성원 박영신 석은조 오성숙 최효정 공저

양성원

머리말

영유아교육은 영유아로 하여금 우리 사회가 합의한 가치와 규범을 알고 잘 적응하여 사회의 한 구성원으로서 자아실현을 도모하며 살아갈 수 있도록 도와주어야 한다. 특히 현대 사회의 많은 변화들은 영유아들의 취원을 증가시켰고 영유아교육기관에서 생활하는 시간 또한 길어지게 되었다.

영유아기는 일상생활에서 많은 것들을 배우고 성격과 습관 형성 및 자신을 새롭게 구성해 갈 수 있기 때문에 영유아생활지도는 살아가는데 필요한 지식의 습득뿐 아니라 영유아가 자율적인 생활습관을 형성하고 보다 안정적이며 통합적인 친사회적 성장과 발달을 할 수 있게 체계적이고 전문적으로 도와주는 교육활동으로 볼 수 있다.

따라서 영유아교육기관에서의 생활지도와 관련한 활동에 대한 비중은 확대되었으며, 영유아들의 바람직한 가치와 태도 및 습관 형성 등의 생활지도활동이 중요하게 여겨지게 되었다. 더불어 영유아를 담당하는 교사의 역할은 더욱 중요해졌고 영유아의 양육은 물론 기본생활습관이나 민주시민으로서의 기초형성을 위한 지도 비중은 높아졌으며 영유아의 성격과 습관형성에 큰 영향을 주는 존재가 되었다. 영유아교육을 담당하는 교사는 영유아의 생활지도에 필요한 다양한 역할과 책임을 잘 수행할 수 있는 전문적 이론과 실제 활동에 요구되는 지식을 습득하고, 구체적인 지도방법을 숙달하여 활동에 활용하는 것이 요구된다.

영유아교육기관에서의 생활지도를 통해 영유아들은 기본생활습관 형성과 공동체에서 필요한 사회적 기술 습득, 자기이해 및 자기 조절능력함양, 잠재능력 발달, 자아실현 도모를 이룰 수 있고 나아가 영유아들의 부적응 및 문제행동에 대한 상담까지 이루어져 문제해결능력과 삶에 대한 적응능력 등을 형성해 갈 수 있기 때문이다.

이 책에서는 먼저 생활지도에 관한 기본적 이론을 제시하였으며, 영유아기 발달 특징에 따른 생활지도 및 행동의 이해방법, 상담 등의 내용과 더불어 생활지도를 위한 환경과 부적응 행동의 지도, 각 영역별 생활지도의 실제를 포함한 영유아교육기관에서의 성공적인 생활지도를 수행하는데 도움이 되는 전문적 내용을 모두 다루려고 하였다.

최대한 대학에서 한 학기 동안 강의가 이루어질 수 있는 내용의 구성에 노력하였고, 예비유아교사들에게 영유아생활지도에 관련된 지식과 기술을 습득하는데 도움이 되었으면 한다. 항상 책을 마무리를 하면서 부족하다는 생각이 들지만, 앞으로 보완해 가겠다는 마음으로 발간하려 한다.

끝으로 책이 출판될 수 있게 도와주신 양성원의 강철원 대표님과 모든 직원 분들께 깊은 감사를 드린다.

2017. 2.
저자일동

차례

CHAPTER

1 아동생활지도의 이해

01 생활지도의 정의 및 필요성　02 생활지도의 목표　03 생활지도의 계획

04 생활지도의 내용과 국가수준의 교육·보육과정　05 생활지도를 위한 교사의 역할

01 생활지도의 정의 및 필요성

1) 생활지도의 정의

교육기관에서의 교육은 교재를 중심으로 학문적인 것을 지도하는 교과지도와 일상생활을 대상으로 살아가는 바람직한 방법을 익히게 하는 생활지도로 이루어진다. 생활지도(Guidance)라는 용어는 1908년 미국 보스턴 주에서 직업 보도국을 설립하고 국장을 맡고 있던 프랭크 파슨스(Frank Parsons)가 청소년을 대상으로 직업지도(Vocation guidance)를 실시하며 사용하기 시작했다. 생활지도의 어원은 'Guide'로 안내하다, 이끌다, 방향을 가르치다, 지도하다, 조언하다 등의 다양한 의미를 가지고 있다.

생활지도를 교육과 같은 것으로 보는 견해는 1932년 브루어(Brewer)가 『생활지도로서의 교육(Education as Guidance)』을 출판하는 것에서 비롯되었다. 당시 미국에서는 교육의 목표를 건강, 기초적 정신건강, 가족구성원, 직업, 시민정신, 여가선용, 윤리적 성격 등과 같은 7개 영역의 인간 활동에서 효과적인 삶을 사는 것으로 보고 있었는데, 브루어는 생활지도를 이러한 7개의 기본 원리를 수행하는 수단으로 보았다(서울대학교 교육연구원, 1998).

이렇게 생활지도는 청소년들을 위한 직업지도에서 시작되었지만 교육과 동일하게 보는 관점으로의 변화로 인하여 모든 교육적 활동을 생활지도로 보게 되었으며, 생활지도의 개념을 확장하는 데 공헌하였다. 또한 초기의 생활지도는 문제가 있는 학생을 지도하거나 훈계하여 바람직한 방향으로 개선해 나갈 수 있도록 지도하는 과정으로 생각하는 경향이 많았으나, 시간이 지나면서 학습자의 전인적인 성장과 발달을 도모하고 학습자를 바람직한 방향으로 안내하여 이끌어주고 지도하는 것으로 정착되었다.

영유아를 대상으로 하는 생활지도의 개념은 학자에 따라 다양하게 정의되고 있다.

생활지도는 유아가 현실의 사회생활 중에서 주체적으로 환경에 적응하고 자기들을 둘러싼 문제를 스스로의 힘으로 해결할 수 있는 문제해결능력을 갖추기 위하여 교사에 의하여 행하여지는 지도이다.

① 전인으로서 발달을 형성하도록 돕는 것이다.

② 민주시민을 육성하는 것이다.

③ 개인의 능력을 이해하고 발전한다.

④ 문제해결력의 신장을 돕는다(유아교육학회, 2004).

또한 유아로 하여금 자기 자신과 자신이 살고 있는 환경에 대한 이해와 통찰을 통해 자율적이고 자주적인 생활습관을 가지고 보다 안정되고 통합된 성장 · 발달을 하도록 조직적이고도 전문적으로 도와주는 교육활동이다(공석영 외, 2005).

생활지도는 자기이해, 자기조절, 자기실현을 통하여 다른 사람의 조력 없이도 스스로 자신을 훌륭하게 이끌어 나갈 수 있는 자기지도에 이를 수 있게 지도하기 위한 조직적 봉사활동이다(김청자 외, 2010).

유아를 위한 생활지도는 유아가 다른 사람과 건강하게 관계를 형성하고 자신의 요구를 수용될 수 있는 방법으로 표현하며, 자율적인 의사결정을 통해 문제를 해결할 수 있는 기술을 사용하여 궁극적으로 유아 스스로 자신의 문제를 해결하도록 지도하는 과정을 의미한다(권정윤 외, 2012).

유아생활지도는 영유아가 전 생애에 걸쳐 유용한 기술을 발달시키도록 돕는 과정이자 영유아의 성장발달과 사회적 요구에 기초한 가르침이며, 자기이해를 돕는 과정이며 생활지도의 개념정리에는 세 가지의 중요한 요소가 있다.

① 생활지도는 아동 자신이 당면한 상황이 무엇인지를 이해하도록 돕는다.

② 생활지도는 아동이 당면한 사태에 대처함에 있어 타인이게 의존하기보다는자율적 · 효율적 · 창의적으로 해결하도록 돕는다.

③ 생활지도는 아동이 원만하고 성숙한 민주시민으로 성장하고 발달하도록 돕는다(이소은 외, 2013).

이렇게 영유아를 대상으로 하는 생활지도에 대해 학자들마다 다양한 정의를 내리고 있지만, 영유아교육에서의 생활지도는 영유아 한 사람 한 사람의 인간성을 존중하고 전인적인 성장 · 발달을 위해 조직적으로 도와주는 활동이다. 이를 위해 영유아의 일상적인 공간과 시간 속에서 이루어지는 주변 환경과의 계속적인 상호작용을 통해 그들이 가진 잠재적 능력을 최대한 발휘할 수 있게 개발시켜, 바르게 적응할 수 있도록 도움을 주어 영유아 스스로 일상생활을 통해 경험하는 다양한 관계를 개선하고, 올바른 판단을 하며 행복하게 살아갈 수 있도록 통합적으로 지도하는 과정이다.

2) 생활지도의 필요성

현대사회의 과학기술과 산업 발전으로 우리의 생활은 물질적으로 풍요로워졌으며, 전통적인 가족구조와 가족의식, 가치관과 성 역할에 대한 생각 등이 바뀌게 되었다. 더불어 생활에 편리함을 주는 많은 전자제품들의 생산은 많은 여성들의 경제활동 참여가 이루어지게 되었고, 영유아교육의 측면에서도 과거에는 가정에서 이루어지던 많은 교육적 기능들이 영유아교육기관으로 옮겨지게 되었다. 그 결과, 영유아교육은 국가 · 사회의 중요한 관심사로 떠오르게 되었으며, 현재 국가 차원에서의 지원이 이루어지게 되었다.

그러나 급격한 사회변화 속에서 영유아들이 자신과 주변에 대해 알고 살아가는 동안 직면하는 여러 가지 문제들에 대해 잘 대처하고 해결해 나갈 수 있는 능력을 습득시켜, 민주사회의 한 구성원으로 성장 · 발달할 수 있게 도와주는 방법은 생활지도를 통하여 이루어져야 한다. 3~5세 연령별 누리과정에서도 영유아기는 인생의 기초가 형성되는 시기일 뿐만 아니라, 교육의 효과도 매우 커서 이 시기에 형성된 태도와 습관은 평생 지속된다고 언급하고 있다. 따라서 영유아기에 이루어지는 생활지도는 어느 시기보다 중요하며 필요한 것이라고 할 수 있다. 영유아기 생활지도의 필요성은 개인적 측면과 사회적 측면으로 구분할 수 있다.

(1) 생활지도의 필요성 : 개인적 측면

첫째, 올바른 성격형성을 위해 생활지도가 필요하다. 영유아기는 발달적으로 중요한 시기로, 이때의 경험이 바탕이 되어 영유아의 성격형성에 많은 영향을 주며 성인이 되어서도 영향을 받게 된다. 발달이론에서 말하는 발달의 적기성, 기초성, 누적성, 불가역성을 들지 않더라도 영유아기는 자기인식 및 이해와 긍정적인 자아 정체성 확립의 기초를 형성하여, 원만한 전인적 발달이 이루어질 수 있게 해야 한다.

둘째, 잠재능력의 발달을 위해 생활지도가 필요하다. 영유아가 태어나면서 지니고 있는 잠재적 능력을 체계적이고 지속적으로 촉진시켜 개발될 수 있도록 도와주어야 한다. 생활지도를 통해 영유아 스스로가 자신의 잠재능력을 알고, 환경과의 상호작용을 통해 최대로 발휘할 수 있도록 자신에 대한 이해를 증진시켜 성공적인 삶을 살 수 있게 한다.

셋째, 민주시민의 기초 확립을 위해 생활지도가 필요하다. 영유아기는 한 개인의 인성과 기본생활습관의 기초가 형성되어 앞으로의 사회생활에 영향을 주는 시기이므로, 사회의 한 구성원으로서 자신의 역할을 다하며 더 나은 사회 발전을 위해 기여할 수 있는 기본능력을 함양시킨다.

넷째, 기본생활습관의 형성을 위해 생활지도가 필요하다. 영유아기는 습관형성의 중요한 시기이다. 따라서 영유아가 일상생활에서 계속적이고 반복적인 경험을 통해 자율적으로 바람직한 생활태도와 자세를 배우고, 다양한 상황에 맞게 적용해 갈 수 있는 기회를 제공하여 자기를 이해하고 조절하며, 자아실현을 해갈 수 있는 기본적인 습관을 형성할 수 있게 도와준다.

(2) 생활지도의 필요성 : 사회적 측면

첫째, 가족구조 및 가정의 기능변화로 인한 생활지도의 필요이다. 산업사회로의 전환은 여성들의 여성의 사회경제적 활동에 참여를 확대시켰으며, 가족구조의 변화로도 이어졌다. 삼대(三代)가 함께하는 이전의 대가족 제도는 점점 사라지게 되었고, 다양한 가족구성의 형태로 변화하였다. 이러한 가족구조의 변화는 가정의 기능에도 영향을 주어 예전에는 가정에서 행하여지던 교육적 · 사회적 기능 및 공동체 의식은 약화되었고, 영유아교육기관에서 주로 담당하게 되었기 때문에 생활지도의 필요성이 증가하게 되었다.

둘째, 부정적인 문제행동의 증가를 들 수 있다. 영유아는 정상적인 성장발달을 하는 가운데서도 어려운 상황에 처해지는 경우가 있지만, 현재 정보화 사회는 다양한 미디어를 통해 여과없이 보여지는 많은 프로그램들에 영유아들은 무방비로 노출될 수 있는 상황이 되었고, 육아와 관련된 여러 정보로 인해 과도한 조기 사교육 또한 이루어지고 있는 실정이다. 어머니들의 과보호적인 양육태도와 보다 이른 연령부터 학습을 증진을 시키려는 욕구 등은 영유아에게 정신적 긴장감을 가지게 하여, 성격이나 생활습관 형성에 영향을 주어 부정적인 행동의 증가로 나타날 수 있다. 따라서 체계적이고 효과적인 생활지도를 통해 평생 지속될 수 있는 긍정적이며 원만한 인성의 기초를 형성해 가야 한다.

셋째, 현대사회의 변화에 따른 도시화 현상이 생활지도의 필요성을 가져왔다. 사회의 변화는 많은 사람들을 대도시로 모여들게 하였고, 도시화는 인구의 과밀화, 교통혼잡, 구성원들간의 이질감, 타산적인 개인주의, 공해, 빈민지역 형성 등 다양한 문제를 발생시켰으며, 영유아의 일상에서도 안전사고의 위험성이 더욱 증가되었다. 따라서 생활지도를 통해 성장하면서 직면하게 되는 다양한 문제상황을 잘 파악하여 적절한 해결방법을 찾을 수 있도록 하는 것뿐 아니라, 문제가 발생하기 전에 예방하는 방법을 알게 하는 것이 중요하다.

넷째, 환경오염에 따른 변화를 들 수 있다. 산업화와 인간생활의 편리함을 추구한 무절제한 개발은 각종자원의 결핍을 초래하였고, 환경오염과 훼손으로 인한 자연생태계 파괴는 기상이변과 기후변화라는 결과로 나타나 인간의 생활에 엄청난 피해를 주고 있다. 이 때문에 영유아기부터 더 이상 환경을 오염시키지 않고 보호 · 보존해야하는 것을 인식하고 실천하는 방법을 습득하여, 지속적으로 환경을 위한 생활습관을 유지해가기 위해 영유아기부터의 생활지도가 필요하다.

영유아를 대상으로 하는 생활지도의 필요성을 보면 개인적 측면과 사회적 측면이 서로 연계되어 있는 점을 알 수 있다. 생활지도를 통해 영유아가 자신과 환경에 대하여 바른 이해를 하고, 자신의 흥미나 관심, 잠재능력을 알고 개발하여 긍정적인 자아감을 가지고 사회에 잘 적응해 변화에도 잘 대처해 갈 수 있는 인재로 성장해 행복하게 살아갈 수 있도록 도와주어야 한다.

02 생활지도의 목표

영유아기의 중요성에 대한 많은 발달이론들의 결과는 영유아교육에 대한 사람들의 관심을 높였으며, 최근 이루어진 영유아교육의 공교육화로 모든 영유아들이 영유아교육기관에서 교육을 받을 수 있는 기회가 제공되었다. 따라서 영유아를 대상으로 하는 생활지도에서도 무엇을 어떻게 지도할 것인지 구체적인 목표를 세워 영유아들의 자아실현을 도모하고, 그들이 주변 환경에 잘 적응하여 민주사회의 한 구성원으로서 사회와 균형 있게 조화를 이루어 생활할 수 있도록 도와주어야 한다. 영유아생활지도의 목표는 다음과 같다.

생활지도란 각 개인이 민주적 이상에 있어서 자신의 능력을 최대한 발달시킬 수 있는 전문적 봉사와 개인적 기회를 제공하는 것을 돕는 전체 교육계획의 총괄적인 분야이다. 이러한 뜻은 각 개인이 어떤 권리뿐만 아니라 민주사회 내에 책임을 가지고 있다는 것을 의미한다. 그러므로 넓은 의미에서 생활지도의 목표는 학생, 부모, 교사, 생활지도 전문가, 학교 행정가, 지역사회 인사들이 함께 협력해야 할 필요를 내포한다(공석영, 2005).

첫째, 자율적 성장과 아동이 지닌 잠재 가능성을 최대한 실현할 수 있도록 돕는다.

둘째, 각 발달영역의 균형적인 발달을 도모함으로써 전인교육을 이룰 수 있도록 돕는다.

셋째, 긍정적인 자아개념과 자기 통제력을 가질 수 있도록 돕는다.

넷째, 올바른 습관을 형성할 수 있도록 돕는다.

다섯째, 성숙한 민주시민으로 성장 · 발달할 수 있도록 돕는다.

여섯째, 교사들이 아동들을 보다 정확하게 이해할 수 있도록 돕는다(김준규 외, 2016).

이처럼 영유아생활지도의 궁극적 목표는 영유아가 자신의 특성 및 잠재적 능력을 알고 활용하여 균형 있고 조화로운 성장 · 발달을 이루어 사회적 존재로서 자아실현을 도모하는 것이라고 볼 수 있다. 이를 위해 영유아기부터 기본생활습관을 형성하고 긍정적 자아감을 가지게 하며, 주변과 원만한 상호관계가 이루어지도록 도와주는 등 모든 성장을 지속적으로 해갈 수 있는 생활지도를 실천함으로써 영유아는 주어진 환경에 잘 적응하며 자기 통제력을 가지고 현명한 선택을 할 수 있는 유능한 민주시민으로 자라날 것이다.

03 생활지도의 계획

생활지도는 학습자가 가진 잠재능력을 최대한 이끌어내어 자아실현을 이루고, 사회적으로는 한 사람의 민주시민으로 잘 적응하여 살아갈 수 있도록 하기 위해 체계적인 계획이 필요하다. 특히 영유아를 대상으로 하는 생활지도는 영유아의 발달적 특성과 영유아교육기관 및 지역사회의 상황을 고려하여 계획되어야 한다.

영유아를 위한 생활지도를 계획할 때 고려할 점은 다음과 같다.

첫째, 생활지도는 모든 영유아를 대상으로 하는 보편성을 가진다. 특별히 문제행동을 보이는 영유아나 부적응아 또는 발달상 결함이나 장애가 있는 영유아뿐만 아니라 모든 영유아를 대상으로 한다.

둘째, 생활지도는 이미 발생한 문제행동에 대한 처벌이나 교정, 치료 등의 사후처치보다는 예방을 중점적으로 계획되어야 한다. 이는 적극적인 예방 중심의 생활지도가 문제행동 발생 후 해결하는 것보다 시간적인 면이나 경제적인 면에서 효율적이기 때문이다.

셋째, 생활지도는 일시적이고 단기적인 지도가 아닌 장기적인 시간이 필요하기 때문에, 영유아가 내용을 잘 습득하고 환경에 적응할 때까지 체계적이고 지속적으로 계획되어야 한다.

넷째, 생활지도는 영유아의 발달수준을 고려하여 영유아를 위해 계획되어야 하며, 주기적인 평가가 이루어져야 한다.

다섯째, 생활지도는 과학적인 접근방법에 기초하여 계획되어야 하며, 교사의 선입견이나 편견없이 잘 준비된 의미 있고 객관적인 지도가 지원되어야 한다.

여섯째, 생활지도는 모든 영유아를 하나의 인격체로 존중하며 스스로의 의지에 의한 자율적이고 자발적 행동증진에 중점을 두지만 협동성의 신장도 필요하다.

일곱째, 생활지도는 영유아와 사회의 필요에 적합한 구체적이고 확실한 목표로 설정되어야 하며, 영유아가 생활하는 공간에서 모든 활동들 간의 관계를 고려하여 통합적이고 실제적인 경험을 통하여 이루어지는 것이 바람직하다

아홉째, 영유아 생활지도는 교사는 물론 영유아교육기관과 가정 및 지역사회의 실정 및 긴밀한 연계와 협력하에 통합적으로 계획 · 실시되어야 한다.

생활지도의 계획은 모든 영유아를 대상으로 문제행동에 대한 처벌이나 교정, 치료보다 예방에 중점을 두고, 영유아가 새로운 환경이나 상황에 잘 적응할 때까지 체계적이고 지속적으로 이루어져야 한다. 특히 영유아의 발달 특성을 고려한 구체적인 목표설정 후 실제적 경험을 통해 객관적이고 통합적으로 이루어져야 한다.

04 생활지도의 내용과 국가수준의 교육 · 보육과정

영유아교육기관에서의 생활지도는 국가 수준의 교육 · 보육과정에 근거하여 이루어지고 있다. 현재 우리나라 영유아교육기관은 유치원과 어린이집으로 이원화되어 있으며, 국가수준의 교육 · 보육과정은 0~2세까지의 영아를 대상으로 하는 표준보육과정과 3~5세 유아를 대상으로 하는 유치원 · 어린이집 공통의 3~5세 연령별 누리과정으로 운영되고 있다.

영유아기는 인성의 기초가 형성되는 시기일 뿐만 아니라, 교육의 효과도 매우 크기 때문에 이 시기에 형성된 태도와 습관은 평생동안 지속되는 것으로 알려져 있다. 따라서 사회라는 공동체 안에서 건강하고 행복한 구성원으로 살아가기 위해서는 영유아기부터 일상적인 생활 안에서 청결, 절제, 안전, 예절, 배려, 협력 등의 교육이 실천 위주로 이루어져 영유아기부터 바른 기본생활습관과 올바른 인성을 갖추어야 한다고 보고 있다. 우리나라 국가 수준의 교육 · 보육과정에서 생활지도와 관련된 내용은 어떻게 구성되어 있는지 살펴보기로 한다.

1) 3~5세 연령별 누리과정과 생활지도

3~5세 연령별 누리과정과 생활지도와의 연계성은 누리과정 제정의 특성에서 질서, 배려, 협력 등 기본생활습관과 인성교육을 강조하고 있으며, 다양한 가족 유형과 문화, 국제화 등 다원화된 사회에서 미래 민주시민의 기초를 형성하여 다른 사람과 화목하게 지내며 나와 다른 사람과의 차이를 존중하는 내용을 강조하고 있다.

또한 구성방향에서도 질서, 배려, 협력 등 기본생활습관과 바른 인성을 기르는데 중점을 두는 것과 자율성과 창의성을 기르는 데 중점을 두고, 전인발달을 이루는 것, 사람과 자연을 존중하고, 우리 문화를 이해하는 데 중점을 두는 것, 연령별 발달 특성을 고려하는 등 생활지도와 연계하여 구성되어 있음을 볼 수 있다.

3~5세 연령별 누리과정의 목적은 3~5세 유아의 심신의 건강과 조화로운 발달을 도와 민주시민의 기초를 형성하는 것이며, 목표는 다음과 같다.

① 기본 운동능력과 건강하고 안전한 생활습관을 기른다

② 일상생활에 필요한 의사소통능력과 바른 언어사용 습관을 기른다.

③ 자신을 존중하고 다른 사람과 더불어 생활하는 능력과 태도를 기른다.

④ 아름다움에 관심을 가지고 예술경험을 즐기며, 창의적으로 표현하는 능력을 기른다.

⑤ 호기심을 가지고 주변 세계를 탐구하며, 일상생활에서 수학적 · 과학적으로 생각하는 능력과 태도를 기른다.

3~5세 연령별 누리과정은 신체운동 · 건강, 의사소통, 사회관계, 예술경험, 자연탐구의 5개 영역으로 구성되어 있으며, 각 영역의 세부내용과 생활지도가 연계된 내용은 다음과 같다.

(1) 신체운동 · 건강 영역의 연령별 세부내용

내용범주	내용	3~5세 연령별 누리과정 세부내용		
		3세	4세	5세
신체 인식하기	감각능력 기르고 활용하기	감각적 차이를 경험한다.	감각적 차이를 구분한다.	감각으로 대상이나 사물의 특성과 차이를 구분한다.
		감각기관을 인식하고 활용해 본다.	여러 감각기관을 협응하여 활용한다.	

내용범주	내용	3~5세 연령별 누리과정 세부내용		
		3세	4세	5세
신체 인식하기	신체를 인식하고 움직이기	신체 각 부분의 명칭을 알고, 움직임에 관심을 갖는다.	신체 각 부분의 특성을 이해하고 활용하여 움직인다.	신체 각 부분의 특성을 이해하고 활용하여 움직인다.
		자신의 신체를 긍정적으로 인식하고 움직인다.	자신의 신체를 긍정적으로 인식하고 움직인다.	자신의 신체를 긍정적으로 인식하고 움직인다.
신체 조절과 기본 운동하기	신체 조절하기	신체균형을 유지해 본다.	다양한 자세와 움직임에서 신체균형을 유지한다.	다양한 자세와 움직임에서 신체균형을 유지한다.
		공간, 힘, 시간 등의 움직임 요소를 경험한다.	공간, 힘, 시간 등의 움직임 요소를 활용하여 움직인다.	공간, 힘, 시간 등의 움직임 요소를 활용하여 움직인다.
		신체 각 부분의 움직임을 조절해 본다.	신체 각 부분을 협응하여 움직임을 조절한다.	신체 각 부분을 협응하여 움직임을 조절한다.
		눈과 손을 협응하여 소근육을 조절해 본다.	눈과 손을 협응하여 소근육을 조절해 본다.	눈과 손을 협응하여 소근육을 조절해 본다.
				도구를 활용하여 여러 가지 조작운동을 한다.
	기본 운동하기	걷기, 달리기 등 이동운동을 한다.	걷기, 달리기, 뛰기 등 다양한 이동운동을 한다.	걷기, 달리기, 뛰기 등 다양한 이동운동을 한다.
		제자리에서 몸을 움직여본다.	제자리에서 몸을 다양하게 움직인다.	제자리에서 몸을 다양하게 움직인다.
신체 활동에 참여하기	자발적으로 신체활동에 참여하기	신체활동에 자발적으로 참여한다.	신체활동에 자발적이고 지속적으로 참여한다.	신체활동에 자발적이고 지속적으로 참여한다.
		다른 사람과 함께 하는 신체활동에 참여한다.	다른 사람과 함께 하는 신체활동에 참여한다.	다른 사람과 함께 하는 신체활동에 참여한다.
			자신과 다른 사람의 운동능력의 차이에 관심을 갖는다.	자신과 다른 사람의 운동능력의 차이를 이해한다.

<table>
<tr><th rowspan="2">내용범주</th><th rowspan="2">내용</th><th colspan="3">3~5세 연령별 누리과정 세부내용</th></tr>
<tr><th>3세</th><th>4세</th><th>5세</th></tr>
<tr><td rowspan="2">신체활동에 참여하기</td><td>바깥에서 신체활동하기</td><td colspan="3">규칙적으로 바깥에서 신체활동을 한다.</td></tr>
<tr><td>기구를 이용하여 신체활동하기</td><td colspan="3">여러 가지 기구를 이용하여 신체활동을 한다.</td></tr>
<tr><td rowspan="10">건강하게 생활하기</td><td rowspan="2">몸과 주변을 깨끗이 하기</td><td colspan="2">손과 이를 깨끗이 하는 방법을 알고 실천한다.</td><td>스스로 몸을 깨끗이 하는 습관을 기른다.</td></tr>
<tr><td>주변을 깨끗이 한다.</td><td colspan="2">주변을 깨끗이 하는 습관을 기른다.</td></tr>
<tr><td rowspan="3">바른 식생활 하기</td><td colspan="2">음식을 골고루 먹는다.</td><td>적당량의 음식을 골고루 먹는다.</td></tr>
<tr><td>몸에 좋은 음식에 관심을 갖는다.</td><td>몸에 좋은 음식을 알아본다.</td><td>몸에 좋은 음식을 선택할 수 있다.</td></tr>
<tr><td>바른 태도로 식사한다.</td><td colspan="2">음식을 소중히 여기고 식사예절을 지킨다.</td></tr>
<tr><td rowspan="3">건강한 일상생활 하기</td><td colspan="3">규칙적으로 잠을 자고, 적당한 휴식을 취한다.</td></tr>
<tr><td colspan="3">하루 일과에 즐겁게 참여한다.</td></tr>
<tr><td>스스로 화장실에서 배변한다.</td><td>바른 배변습관을 가진다.</td><td>규칙적인 배변습관을 가진다.</td></tr>
<tr><td rowspan="2">질병 예방하기</td><td>질병의 위험을 알고 주의한다.</td><td colspan="2">질병을 예방하는 방법을 알고 실천한다.</td></tr>
<tr><td>날씨에 맞게 옷을 입는다.</td><td colspan="2">날씨와 상황에 알맞게 옷을 입는다.</td></tr>
<tr><td rowspan="3">안전하게 생활하기</td><td rowspan="3">안전하게 놀이하기</td><td colspan="2">놀이기구나 놀잇거리, 도구를 안전하게 사용한다.</td><td>놀이기구나 놀잇거리, 도구의 바른 사용법을 알고 안전하게 사용한다.</td></tr>
<tr><td>안전한 놀이장소를 안다.</td><td colspan="2">안전한 장소를 알고 안전하게 놀이한다.</td></tr>
<tr><td>TV, 인터넷, 통신기기 등을 바르게 사용한다.</td><td colspan="2">TV, 인터넷, 통신기기 등의 위해성을 알고, 바르게 사용한다.</td></tr>
</table>

내용범주	내용	3~5세 연령별 누리과정 세부내용		
		3세	4세	5세
안전하게 생활하기	교통안전 규칙 지키기	교통안전 규칙을 안다.	교통안전 규칙을 알고 지킨다.	
		교통수단을 안전하게 이용한다.		
안전하게 생활하기	비상시 적절히 대처하기	학대, 성폭력, 실종, 유괴상황을 알고 도움을 요청한다.	학대, 성폭력, 실종, 유괴상황 시 도움을 요청하는 방법을 알고 행동한다.	
		재난 및 사고 등 비상시 적절하게 대처하는 방법을 안다.	재난 및 사고 등 비상시 적절하게 대처하는 방법을 알고 행동한다.	

신체운동 · 건강 영역에서는 먼저 영유아가 자신의 신체를 인식하고 생각대로 움직여보고, 자신에 대한 이해와 신체 활동에 대한 자신감과 자부심을 가져 긍정적인 자아 정체성을 형성할 수 있게 구성되었다. 다양한 기본 운동을 통해 기초 체력을 기르며 자신의 생각대로 신체를 움직여보고 조절하며, 신체 각 부분들의 협응능력을 증진시킨다. 나아가 다른 사람과 함께 하는 신체 활동에 참여하여 자신과 다른 사람의 운동능력의 차이가 있음을 알게 되고 관심을 가지게 되며, 유아는 다른 사람을 존중하고 이해하는 것을 배우게 되고 인성과 연계한 생활지도로 확장할 수 있다.

건강하고 안전한 생활지도를 위해서는 청결과 위생, 영양 등 건강한 몸과 마음을 기를 수 있는 다양한 신체 활동에 참여하여 규칙적이고 청결한 생활을 유지하며, 활동과 휴식이 균형을 이루는 기본생활습관을 형성해 갈 수 있다. 일상에서의 안전한 장소와 놀이기구 및 미디어의 바른 사용법을 알고, 스스로 조절하여 지킬 수 있는 미디어 안전이나 인터넷 중독예방은 물론, 보행안전 · 교통기관의 안전한 사용방법, 학대나 성폭력, 재해 등 비상시 대처방법 등을 배워 위험한 상황을 스스로 인식하여 바르게 대처할 수 있도록 지속적이고 반복적으로 경험시켜 안전사고를 예방할 수 있게 한다.

이렇게 신체운동 · 건강 영역에서는 유아들이 기본운동능력을 형성하여 위험으로부터 자신을 지켜 건강하고 안전하게 생활할 수 있는 습관을 길러갈 수 있도록 지원하고 있다.

(2) 의사소통 영역의 연령별 세부내용

<table>
<tr><th rowspan="2">내용 범주</th><th rowspan="2">내용</th><th colspan="3">3~5세 연령별 누리과정 세부내용</th></tr>
<tr><th>3세</th><th>4세</th><th>5세</th></tr>
<tr><td rowspan="3">듣기</td><td rowspan="2">이야기 듣고 이해하기</td><td>다른 사람의 이야기를 관심 있게 듣는다.</td><td colspan="2">다른 사람의 이야기를 듣고 이해한다.</td></tr>
<tr><td></td><td colspan="2">이야기를 듣고 궁금한 것에 대해 질문한다.</td></tr>
<tr><td>바른 태도로 듣기</td><td>말하는 사람을 바라보며 듣는다.</td><td>다른 사람의 이야기를 주의 깊게 듣는다.</td><td>다른 사람의 이야기를 끝까지 주의 깊게 듣는다.</td></tr>
<tr><td rowspan="6">말하기</td><td rowspan="3">느낌, 생각, 경험 말하기</td><td>자신의 느낌, 생각, 경험을 말해 본다.</td><td>자신의 느낌, 생각, 경험을 말한다.</td><td>자신의 느낌, 생각, 경험을 적절한 낱말과 문장으로 말한다.</td></tr>
<tr><td></td><td colspan="2">주제를 정하여 함께 이야기를 나눈다.</td></tr>
<tr><td></td><td>이야기를 지어 말한다.</td><td>이야기 지어 말하기를 즐긴다.</td></tr>
<tr><td rowspan="3">상황에 맞게 바른 태도로 말하기</td><td></td><td colspan="2">듣는 사람의 생각과 느낌을 고려하여 말한다.</td></tr>
<tr><td>상대방을 바라보며 말한다.</td><td>차례를 지켜 말한다.</td><td>때와 장소, 대상에 알맞게 말한다.</td></tr>
<tr><td colspan="3">바르고 고운 말을 사용한다.</td></tr>
</table>

의사소통 영역에서는 듣기와 말하기에서 생활지도와 연계된 내용을 볼 수 있다.

먼저 듣기에서는 다른 사람의 이야기를 바른 태도로 주의 깊게 끝까지 듣고 이해하며, 질문을 하는 방법을 익히게 한다. 말하기에서는 바르고 고운 말의 사용과 나의 생각과 느낌을 때와 장소, 상황에 맞게 상대방의 생각과 느낌을 고려하며 소통할 수 있는 능력을 습득시켜, 일상생활에서 필요한 의사소통능력과 바른 언어를 사용하는 방법을 배워 사회생활에 필요한 언어예절을 익힐 수 있다.

(3) 사회관계 영역의 연령별 세부내용

<table>
<tr><th rowspan="2">내용 범주</th><th rowspan="2">내용</th><th colspan="3">3~5세 연령별 누리과정 세부내용</th></tr>
<tr><th>3세</th><th>4세</th><th>5세</th></tr>
<tr><td rowspan="5">나를 알고 존중하기</td><td rowspan="3">나를 알고 소중히 여기기</td><td>나에 대해 관심을 갖는다.</td><td colspan="2">나에 대해 알아본다.</td></tr>
<tr><td>나와 다른 사람의 차이에 관심을 갖는다.</td><td>나와 다른 사람의 차이점을 알아본다.</td><td>나와 다른 사람의 신체적, 사회적, 문화적 차이를 존중한다.</td></tr>
<tr><td>나를 소중하게 여긴다.</td><td colspan="2">나에 대해 긍정적으로 생각하고 나를 소중하게 여긴다.</td></tr>
<tr><td rowspan="2">나의 일 스스로 하기</td><td>내가 할 수 있는 일을 알아본다.</td><td>내가 할 수 있는 일을 해 본다.</td><td>내가 할 수 있는 일을 스스로 한다.</td></tr>
<tr><td>내가 하고 싶은 일을 선택해 본다.</td><td colspan="2">하고 싶은 일을 계획하고 해 본다.</td></tr>
<tr><td rowspan="3">나와 다른 사람의 감정 알고 조절하기</td><td rowspan="2">나와 다른 사람의 감정 알고 표현하기</td><td>자신에게 여러 가지 감정이 있음을 안다.</td><td colspan="2">자신의 감정을 알고 표현한다.</td></tr>
<tr><td>다른 사람의 감정에 관심을 갖는다.</td><td>다른 사람의 감정을 안다.</td><td>다른 사람의 감정을 알고 공감한다.</td></tr>
<tr><td>나의 감정 조절하기</td><td colspan="2">자신의 감정을 조절해 본다.</td><td>자신의 감정을 상황에 맞게 조절한다.</td></tr>
<tr><td rowspan="2">가족을 소중히 여기기</td><td rowspan="2">가족과 화목하게 지내기</td><td colspan="2" rowspan="2">가족의 소중함을 안다.</td><td>가족의 의미와 소중함을 안다.</td></tr>
<tr><td>가족과 화목하게 지낸다.</td></tr>
</table>

내용 범주	내용	3~5세 연령별 누리과정 세부내용		
		3세	4세	5세
가족을 소중히 여기기	가족과 협력하기	가족 구성원을 알아본다.	가족 구성원의 역할에 대해 알아본다.	다양한 가족구조에 대해 알아본다.
		가족을 위하여 내가 할 수 있는 일을 알아본다.	가족을 위하여 내가 할 수 있는 일을 알아보고 실천한다.	가족은 서로 도와야 함을 알고 실천한다.
다른 사람과 더불어 생활하기	친구와 사이좋게 지내기	친구와 함께 놀이한다.	친구와 협동하며 놀이한다.	
		나와 친구의 의견에 차이가 있음을 안다.	친구와의 갈등을 긍정적인 방법으로 해결한다.	
	공동체에서 화목하게 지내기		도움이 필요할 때 다른 사람과 도움을 주고받는다.	다른 사람과 도움을 주고받고, 서로 협력한다.
		교사 및 주변 사람과 화목하게 지낸다.		
다른 사람과 더불어 생활하기	사회적 가치를 알고 지내기		정직하게 말하고 행동한다.	
		다른 사람의 소유물을 존중한다.	다른 사람의 생각, 행동을 존중한다.	다른 사람을 배려하여 행동한다.
			친구와 어른께 예의 바르게 행동한다.	
		약속과 규칙을 지켜야 함을 안다.	다른 사람과 한 약속이나 공공규칙을 지킨다.	
			자연과 자원을 아끼는 습관을 기른다.	
사회에 관심 갖기	지역사회에 관심 갖고 이해하기	우리 동네의 이름을 안다.	우리 동네에 대해 알아본다.	
		우리 동네 사람들에 관심을 갖는다.	우리 동네 사람들이 하는 일에 관심을 갖는다.	다양한 직업에 관심을 갖는다.
			물건을 살 때 돈이 필요함을 안다.	일상생활에서 돈의 쓰임에 대해 안다.
	우리나라에 관심 갖고 이해하기	우리나라를 상징하는 것에 관심을 기른다.	우리나라를 상징하는 것을 안다.	우리나라를 상징하는 것을 알고 예절을 지킨다.

내용범주	내용	3~5세 연령별 누리과정 세부내용		
		3세	4세	5세
사회에 관심 갖기	우리나라에 관심 갖고 이해하기	우리나라 전통놀이와 풍습에 관심을 갖는다.		우리나라의 전통, 역사, 문화에 관심을 갖는다.
			우리나라에 대해 자부심을 갖는다.	
	세계와 여러 문화에 관심가지기		세계 여러 나라에 대해 관심을 갖는다.	세계 여러 나라에 대해 관심을 갖고, 서로 협력해야 함을 안다.
			다양한 인종과 문화에 관심을 갖는다.	다양한 인종과 문화를 알아보고 존중한다.

사회관계 영역에서는 먼저 유아가 자신에 대한 관심과 이해를 통해 스스로 할 수 있는 일을 하며, 나를 소중히 여기는 것에서 시작하여 자신의 감정을 알고 조절하며 다른 사람의 감정에 관심을 가지고, 그 감정을 알고 공유하며 다른 사람과의 관계를 형성하는 방법을 배운다.

또한 가족의 의미와 소중함을 알고 하나의 집단에서 위계가 있음과 각자의 역할을 이해하며, 구성원들 간의 도움이 필요할 때 서로 도우며 협력해야 함을 알고 실천하는 것을 통해 사회구성원으로서의 공동체 생활에 필요한 기초를 형성하게 된다. 다양한 가족구조를 아는 것에서 나와 다른 것에 대한 반편견적 사고를 익히고, 친구와의 협동놀이는 의견차이 및 갈등상황도 경험하게 되며, 긍정적 해결방법의 습득과 다른 사람의 생각이나 행동을 존중하는 것과 배려를 함양하여 다른 사람과 더불어 살아가기 위하여 필요한 약속과 규칙을 배운다.

이렇게 사회관계 영역은 영유아가 자신을 존중하고 살아가는데 필요한 기본생활 습관의 강조, 다른 사람을 존중하고 배려하는 더불어 사는 삶, 자연과 자원을 아끼는 생활습관, 우리 사회 및 다른 문화에의 관심과 이해 등 민주사회의 구성원으로서 살아가는 데 필요한 기본적인 능력과 태도를 함양할 수 있도록 구성되어 있다.

(4) 예술경험 영역의 연령별 세부내용

<table>
<tr><th rowspan="2">내용범주</th><th rowspan="2">내용</th><th colspan="3">3~5세 연령별 누리과정 세부내용</th></tr>
<tr><th>3세</th><th>4세</th><th>5세</th></tr>
<tr><td rowspan="12">예술적 표현하기</td><td rowspan="4">음악으로 표현하기</td><td>간단한 노래를 듣고 따라 부른다.</td><td colspan="2">노래로 자신의 생각과 느낌을 표현한다.</td></tr>
<tr><td colspan="3">전래동요를 즐겨 부른다.</td></tr>
<tr><td>리듬악기로 간단한 리듬을 표현해 본다.</td><td>리듬악기를 연주해 본다.</td><td></td></tr>
<tr><td>간단한 리듬과 노래로 즉흥적으로 만들어 본다.</td><td colspan="2">리듬과 노래 등을 즉흥적으로 만들어 본다.</td></tr>
<tr><td rowspan="3">움직임과 춤으로 표현하기</td><td colspan="2">신체를 이용하여 주변의 움직임을 자유롭게 표현한다.</td><td>신체를 이용하여 주변의 움직임을 다양하게 표현하며 즐긴다.</td></tr>
<tr><td colspan="3">움직임과 춤으로 자신의 생각과 느낌을 표현한다.</td></tr>
<tr><td colspan="2">도구를 활용하여 다양한 움직임을 표현한다.</td><td>다양한 도구를 활용하여 창의적으로 움직인다.</td></tr>
<tr><td rowspan="3">미술활동으로 표현하기</td><td>다양한 미술활동을 경험해 본다.</td><td colspan="2">다양한 미술활동으로 자신의 생각과 느낌을 표현한다.</td></tr>
<tr><td></td><td>협동적인 미술활동에 참여한다.</td><td>협동적인 미술활동에 참여하여 즐긴다.</td></tr>
<tr><td>미술활동에 필요한 재료와 도구에 관심을 가지고 사용한다.</td><td colspan="2">미술활동에 재료와 도구를 다양하게 사용한다.</td></tr>
<tr><td rowspan="2">극놀이로 표현하기</td><td>일상생활의 경험을 극놀이로 표현한다.</td><td>일상생활의 경험이나 간단한 이야기를 극놀이로 표현한다.</td><td>경험이나 이야기를 극놀이로 표현한다.</td></tr>
<tr><td></td><td colspan="2">소품, 배경, 의상 등을 사용하여 협동적으로 극놀이를 한다.</td></tr>
</table>

<table>
<tr><th rowspan="2">내용 범주</th><th rowspan="2">내용</th><th colspan="3">3~5세 연령별 누리과정 세부내용</th></tr>
<tr><th>3세</th><th>4세</th><th>5세</th></tr>
<tr><td rowspan="2">예술적 표현하기</td><td rowspan="2">통합적으로 표현하기</td><td></td><td colspan="2">음악, 움직임과 춤, 미술, 극놀이 등을 통합하여 표현한다.</td></tr>
<tr><td colspan="2">예술활동에 참여하여 표현과정을 즐긴다.</td><td>예술활동에 참여하여 창의적으로 표현하는 과정을 즐긴다.</td></tr>
<tr><td rowspan="3">예술 감상하기</td><td rowspan="2">다양한 예술 감상하기</td><td>다양한 음악, 춤, 미술작품, 극놀이 등을 듣거나 본다.</td><td colspan="2">다양한 음악, 춤, 미술작품, 극놀이 등을 듣거나 보고 즐긴다.</td></tr>
<tr><td colspan="3">나와 다른 사람의 예술 표현을 소중히 여긴다.</td></tr>
<tr><td>전통예술 감상하기</td><td>우리나라의 전통예술에 관심을 갖는다.</td><td></td><td>우리나라의 전통예술에 관심을 갖고 친숙해진다.</td></tr>
</table>

예술경험 영역의 예술적 표현에서는 주변의 대상에 관심을 가지고 자신의 생각과 느낌을 표현하며, 표현을 위한 기초능력 함양뿐 아니라 자신감을 기를 수 있게 한다. 특히 협동적인 미술활동을 통해 또래와 사회적 상호작용을 하며 서로의 생각과 느낌이 다른 것 즉, 사람마다 차이가 있음을 알고 그 느낌과 생각을 교환하고 협상하며 작품을 완성해 가는 활동을 통해 다른 사람의 표현을 인정하고 존중할 수 있는 기회를 제공하고 있다.

감상하기에서는 다양한 예술을 경험하고 다른 사람의 예술 작품을 이해하고 존중할 수 있으며, 나와 다른 사람의 감정과 감상 표현에 대해 의견을 나누도록 하여 서로의 감정을 이해하고 공감하며, 다른 사람의 감정을 소중히 여겨 존중하는 태도를 함양할 수 있게 한다.

(5) 자연탐구 영역의 연령별 세부내용

<table>
<tr><th rowspan="2">내용범주</th><th rowspan="2">내용</th><th colspan="3">3~5세 연령별 누리과정 세부내용</th></tr>
<tr><th>3세</th><th>4세</th><th>5세</th></tr>
<tr><td rowspan="4">탐구하는 태도 기르기</td><td>호기심을 유지하고 확장하기</td><td>주변 사물과 자연세계에 대해 호기심을 갖는다.</td><td>주변 사물과 자연세계에 대해 지속적으로 호기심을 갖는다.</td><td>주변 사물과 자연세계에 대해 지속적으로 호기심을 갖고 알고자 한다.</td></tr>
<tr><td rowspan="2">탐구과정 즐기기</td><td>궁금한 점을 알아보는 과정에 흥미를 갖는다.</td><td>궁금한 점을 알아보는 탐구과정에 관심을 가지고 참여한다.</td><td>궁금한 점을 알아보는 탐구과정에 참여하고 즐긴다.</td></tr>
<tr><td></td><td></td><td>탐구과정에서 서로 다른 생각에 관심을 갖는다.</td></tr>
<tr><td>탐구기술 활용하기</td><td></td><td>일상생활의 문제를 해결하는 과정에서 탐색, 관찰 등의 방법을 활용해 본다.</td><td>일상생활의 문제를 해결하는 과정에서 탐색, 관찰, 비교, 예측 등의 탐구기술을 활용해 본다.</td></tr>
<tr><td rowspan="8">과학적 탐구하기</td><td rowspan="2">물체와 물질 알아보기</td><td>친숙한 물체와 물질의 특성에 관심을 갖는다.</td><td>친숙한 물체와 물질의 특성을 알아본다.</td><td>주변의 여러 가지 물체와 물질의 기본 특성을 알아본다.</td></tr>
<tr><td></td><td colspan="2">물체와 물질을 여러 가지 방법으로 변화시켜 본다.</td></tr>
<tr><td rowspan="2">생명체와 자연환경 알아보기</td><td colspan="2">나의 출생과 성장에 대해 관심을 갖는다.</td><td>나와 다른 사람의 출생과 성장과정을 알아본다.</td></tr>
<tr><td>주변의 동식물에 관심을 가진다.</td><td>관심 있는 동식물의 특성을 알아본다.</td><td>관심 있는 동식물의 특성과 성장과정을 알아본다.</td></tr>
<tr><td rowspan="2">생명체와 자연환경 알아보기</td><td colspan="3">생명체를 소중히 여기는 마음을 갖는다.</td></tr>
<tr><td></td><td>생명체가 살기 좋은 환경에 대해 관심을 갖는다.</td><td>생명체가 살기 좋은 환경과 녹색환경에 대해 알아본다.</td></tr>
<tr><td rowspan="2">자연현상 알아보기</td><td>돌, 물, 흙 등 자연물에 관심을 갖는다.</td><td colspan="2">돌, 물, 흙 등 자연물의 특성과 변화를 알아본다.</td></tr>
<tr><td></td><td></td><td>낮과 밤, 계절의 변화와 규칙성을 알아본다.</td></tr>
</table>

내용범주	내용	3~5세 연령별 누리과정 세부내용		
		3세	4세	5세
과학적 탐구하기	자연현상 알아보기	날씨에 관심을 갖는다.	날씨와 기후변화에 관심을 갖는다.	날씨와 기후변화 등 자연현상에 대해 관심을 갖는다.
	간단한 도구와 기계 활용하기	생활 속에서 간단한 도구와 기계에 관심을 갖는다.	생활 속에서 간단한 도구와 기계를 활용한다.	
		도구와 기계의 편리함에 관심을 갖는다.		변화하는 새로운 도구와 기계에 관심을 갖고 장단점을 안다.

자연탐구 영역에서는 먼저 주변의 사물과 자연세계에 대해 호기심을 가지고 궁금한 내용을 스스로 알아보고, 다양한 방법으로 탐색 · 탐구하기 위한 기초능력 함양시킨다. 과학적 탐구하기에서는 나의 출생과 성장에 대해 알아봄으로써 자신에 대한 이해와 정체성 확립에 도움을 주고 있으며, 생명체를 소중히 여기는 마음과 생명체가 살기 좋은 환경 및 녹색환경 등에 대해 알게 한다. 그리고 날씨와 기후변화 등 환경과 관련된 내용을 습득함으로써 영유아기부터 환경에 관심을 가지고 소중히 여기는 마음을 가지게 하며, 환경보호를 위해 실천해야할 내용과 방법을 익혀 현재의 환경보호뿐 아니라 미래의 환경문제를 해결할 수 있는 기초를 형성하고 있다.

2) 제3차 표준보육과정

제3차 표준보육과정이 추구하는 인간상은 심신이 건강하고 행복한 사람, 자율적이고 창의적인 사람, 자신과 타인을 존중하고 배려하는 사람, 자연과 우리 문화를 사랑하는 사람, 다양성을 인정하는 민주적인 사람으로 영아기부터 전인적 성장 · 발달을 지향하고 있다.

구성방향에서도 질서, 배려, 협력 등 기본생활습관과 바른 인성을 기르는 것, 자율성과 창의성을 기르는 것, 전인발달을 이루도록 구성하는 것, 사람과 자연을 존중하고 우리 문화를 이해하는 데 중점을 두는 등 생활지도와 관련된 내용을 중시하여 구성되어 있음을 알 수 있다.

제3차 표준보육과정은 0~1세와 2세로 나누어져 기본생활, 신체운동, 의사소통, 사회관계, 예술경험, 자연탐구의 6개 영역으로 구성되어 있다. 연령별 보육목표와 각 영역별 세부내용 및 생활지도와의 관련성은 다음과 같다.

〈표 1-1〉 **표준보육과정의 연령별 보육목표**

영 역	0~1세 보육과정의 목표	2세 보육과정의 목표
기본생활 영역	건강하고 안전한 일상생활을 경험한다.	건강하고 안전한 생활습관의 기초를 마련한다.
신체운동 영역	감각 및 기본 신체운동 능력을 기른다.	감각, 신체조절 및 기본운동 능력을 기른다.
의사소통 영역	말소리를 구분하고 의사소통의 기초를 마련한다.	의사소통 능력의 기초를 기른다.
사회관계 영역	친숙한 사람과 관계를 형성한다.	나를 인식하고 다른 사람과 더불어 생활하는 경험을 한다.
예술경험 영역	아름다움에 관심을 갖는다.	아름다움에 관심을 가지고 예술경험을 즐긴다.
자연탐구 영역	보고, 듣고, 만지면서 주변 환경에 관심을 갖는다.	주변 환경에 호기심을 갖고 탐색하기를 즐긴다.

(1) 기본생활 영역의 연령별 세부내용

내용범주	0~1세				
	내용	1수준 세부내용	2수준 세부내용	3수준 세부내용	4수준 세부내용
건강하게 생활하기	몸을 깨끗이 하기	몸이 깨끗해졌을 때 기분이 좋음을 안다.			
		도움을 받아 손을 씻는다.			
		도움을 받아 이를 닦는다.			
	즐겁게 먹기	편안하게 안겨서 우유(모유)를 먹는다.	이유식에 적응한다.	고형식에 적응한다.	다양한 음식을 먹어본다.
				도구로 음식을 먹어본다.	
		즐겁게 먹는다.			
	건강한 일상생활하기	수면을 충분히 취한다.			
		편안하게 쉰다.			
		하루 일과에 편안하게 참여한다.			
				배변의사를 표현한다.	
안전하게 생활하기	안전하게 지내기	안전한 상황에서 놀이한다.			놀잇감을 안전하게 사용한다.
		안전한 장소에서 놀이한다.			
		차량 승하차 시 안전장구를 착용한다.			

내용범주	2세		
	내용	1수준 세부내용	2수준 세부내용
건강하게 생활하기	몸을 깨끗이 하기	스스로 손과 몸 씻기를 시도한다.	
		스스로 이 닦기를 시도한다.	
	바르게 먹기	음식을 골고루 먹는다.	
		도구를 사용하여 스스로 먹는다.	
		정해진 자리에서 먹는다.	
	건강한 일상생활하기	일과에 따라 규칙적으로 잠을 잔다.	
		정해진 시간에 알맞게 휴식을 취한다.	
		하루 일과에 즐겁게 참여한다.	
	질병에 대해 알기	질병의 위험을 안다.	
안전하게 생활하기	안전하게 놀이하기	놀이기구나 놀잇감을 안전하게 사용한다.	
		안전한 장소에서 놀이한다.	
	교통안전 알기	교통수단의 위험을 안다.	교통수단의 위험을 알고 조심한다.

<table>
<tr><th rowspan="2">내용범주</th><th colspan="5">0~1세</th><th colspan="3">2세</th></tr>
<tr><th>내용</th><th>1수준 세부내용</th><th>2수준 세부내용</th><th>3수준 세부내용</th><th>4수준 세부내용</th><th>내용</th><th>1수준 세부내용</th><th>2수준 세부내용</th></tr>
<tr><td rowspan="2">안전하게 생활하기</td><td rowspan="2">위험한 상황에 반응하기</td><td rowspan="2"></td><td rowspan="2">위험하다는 말에 반응을 보인다.</td><td colspan="2" rowspan="2">위험하다고 알려 주면 주의한다.</td><td rowspan="2">위험한 상황 알기</td><td>위험한 상황과 위험한 것을 안다.</td><td>위험한 상황과 위험한 것을 알고 조심한다.</td></tr>
<tr><td colspan="2">위험한 상황 시 어른의 지시에 따른다.</td></tr>
</table>

기본생활 영역에서 0~1세는 건강하고 안전한 일상생활을 경험하며, 생활에 필요한 기본적인 것을 익히고 쾌적한 것에 대한 기본적 욕구를 충족하며 위험에 대해 아는 등 기본생활습관의 기초를 형성시킨다. 2세는 청결과 위생, 활동-휴식-수면 등 건강한 생활을 위한 바른 습관을 형성하고, 정해진 장소에서 도구를 사용하여 골고루 먹기 등은 바른 식습관을 형성시켜 건강한 생활을 할 수 있는 기초를 다지게 한다. 안전한 생활에서는 교통안전은 물론 일상에서의 안전한 상황과 위험한 상황을 인지하고 대처할 수 있으며, 미리 조심하는 능력을 기르게 하는 등 건강하고 안전한 일상생활을 위한 생활습관의 기초를 형성시키고 있다.

(2) 신체운동 영역의 연령별 세부내용

<table>
<tr><th rowspan="2">내용범주</th><th colspan="5">0~1세</th><th colspan="3">2세</th></tr>
<tr><th>내용</th><th>1수준 세부내용</th><th>2수준 세부내용</th><th>3수준 세부내용</th><th>4수준 세부내용</th><th>내용</th><th>1수준 세부내용</th><th>2수준 세부내용</th></tr>
<tr><td rowspan="5">감각과 신체 인식하기</td><td rowspan="2">감각적 자극에 반응하기</td><td colspan="4">시각, 청각, 촉각, 후각, 미각으로 자극을 느낀다.</td><td rowspan="2">감각능력 기르기</td><td colspan="2" rowspan="2">다양한 감각적 차이에 반응한다.</td></tr>
<tr><td colspan="4">시각, 청각, 촉각, 후각, 미각으로 자극에 반응한다.</td></tr>
<tr><td>감각 기관으로 탐색하기</td><td colspan="4">감각기관으로 주변 환경을 탐색한다.</td><td>감각기관 활용하기</td><td colspan="2">감각기관으로 주변 환경을 탐색하기</td></tr>
<tr><td rowspan="2">신체 탐색하기</td><td rowspan="2">손과 발등을 바라보며 탐색한다.</td><td colspan="3" rowspan="2">주요 신체 부분의 움직임을 탐색한다.</td><td rowspan="2">신체를 인식하고 움직이기</td><td colspan="2">신체 각 부분 명칭을 안다.</td></tr>
<tr><td colspan="2">신체 각 부분의 움직임을 탐색한다.</td></tr>
<tr><td rowspan="5">신체 조절과 기본 운동 하기</td><td>신체 균형잡기</td><td>몸의 균형을 잡기위한 자세를 시도한다.</td><td>붙잡고 서 있기 등의 자세를 취한다.</td><td colspan="2">안정되게 서 있기 등의 자세를 취한다.</td><td>신체 균형잡기</td><td colspan="2">안정된 자세를 취하려고 시도한다.</td></tr>
<tr><td>대근육 조절하기</td><td>뒤집기 등의 몸을 조절하여 위치를 바꾼다.</td><td colspan="3">누웠다 앉기 등의 몸의 움직임을 조절한다.</td><td>대근육 조절하기</td><td colspan="2">팔, 다리, 목, 허리 등의 움직임을 조절한다.</td></tr>
<tr><td>소근육 조절하기</td><td>보이는 물체에 손을 뻗는다.</td><td colspan="3">눈과 손을 협응하여 소근육을 활용해 본다.</td><td>소근육 조절하기</td><td colspan="2">눈과 손을 협응하여 소근육을 조절해 본다.</td></tr>
<tr><td rowspan="2">기본운동 하기</td><td>배밀이 등의 이동운동을 시도한다.</td><td>기기, 걷기 등의 이동 운동을 시도한다.</td><td colspan="2">걷기 등의 이동운동을 시도한다.</td><td rowspan="2">기본운동 하기</td><td colspan="2">걷기, 계단 오르기 등의 이동운동을 한다.</td></tr>
<tr><td colspan="2">팔다리 뻗기, 흔들기 등의 제자리 운동을 한다.</td><td colspan="2">서 있기, 앉기 등의 제자리 운동을 시도한다.</td><td colspan="2">제자리에서 몸을 움직여 본다.</td></tr>
</table>

<table>
<tr><th rowspan="2">내용범주</th><th colspan="5">0~1세</th><th colspan="3">2세</th></tr>
<tr><th>내용</th><th>1수준 세부내용</th><th>2수준 세부내용</th><th>3수준 세부내용</th><th>4수준 세부내용</th><th>내용</th><th>1수준 세부내용</th><th>2수준 세부내용</th></tr>
<tr><td rowspan="3">신체활동에 참여하기</td><td>몸 움직임 즐기기</td><td colspan="2" rowspan="2">몸을 활발히 움직인다.</td><td colspan="2" rowspan="2">몸의 움직임을 다양하게 시도한다.</td><td>신체활동에 참여하기</td><td colspan="2">신체활동에 참여한다.</td></tr>
<tr><td>바깥에서 신체 움직이기</td><td>바깥에서 신체활동하기</td><td colspan="2">규칙적으로 바깥에서 신체활동을 한다.</td></tr>
<tr><td>기구를 이용하여 신체활동 시도하기</td><td></td><td colspan="3">간단한 기구를 이용하여 신체활동을 시도한다.</td><td>기구를 이용하여 신체활동하기</td><td colspan="2">간단한 기구를 이용하여 신체활동을 한다.</td></tr>
</table>

먼저 영아가 자신의 감각기관을 활용하여 감각능력을 기르고 신체를 탐색하며, 자신의 신체에 대한 긍정적인 인식을 가지도록 한다. 대근육과 소근육을 활용하는 활동을 통해서 기본적인 신체운동능력을 함양하고 조절할 수 있으며, 신체활동에 적극적으로 참여하여 다양한 자세나 행동을 시도해 봄으로써 신체균형잡기나 이동운동, 협응력 등을 신장시켜 안전하고 즐겁게 다양한 실내외 활동에 참여할 수 있게 구성하고 있다. 이런 다양한 신체활동을 통해 영아는 자신의 신체를 이해하고 능력을 활용하여 감각과 신체조절 및 기본운동능력을 기르며, 실내외 신체활동에 규칙적이고 즐겁게 참여할 수 있도록 구성하고 있다.

(3) 의사소통 영역의 연령별 세부내용

<table>
<tr><th rowspan="2">내용범주</th><th colspan="5">0~1세</th><th colspan="3">2세</th></tr>
<tr><th>내용</th><th>1수준 세부내용</th><th>2수준 세부내용</th><th>3수준 세부내용</th><th>4수준 세부내용</th><th>내용</th><th>1수준 세부내용</th><th>2수준 세부내용</th></tr>
<tr><td rowspan="7">듣기</td><td rowspan="3">주변의 소리와 말소리 구분하여 듣기</td><td colspan="3">여러 가지 소리와 말소리 듣기에 흥미를 보인다.</td><td>친숙한 낱말의 발음에 흥미를 보인다.</td><td rowspan="2">말소리 구분하여 듣고 의미 알기</td><td>친숙한 낱말의 발음에 흥미를 보인다.</td><td>친숙한 낱말의 발음에 관심을 가지고 듣는다.</td></tr>
<tr><td colspan="4">익숙한 목소리를 듣고 그것에 반응한다.</td><td colspan="2">다양한 말소리의 차이를 구분한다.</td></tr>
<tr><td colspan="2"></td><td colspan="2">높낮이와 세기 등 말소리의 차이에 반응한다.</td><td rowspan="3">짧은 문장 듣고 말하기</td><td rowspan="2">낱말을 듣고 친숙한 사물과 사람을 찾아본다.</td><td rowspan="2">일상생활과 관련된 친숙한 낱말을 듣고 뜻을 이해한다.</td></tr>
<tr><td rowspan="2">경험과 관련된 말 듣고 알기</td><td colspan="4">눈앞에 보이는 경험과 관련된 말에 반응한다.</td></tr>
<tr><td></td><td colspan="3">자신의 이름이 불리면 듣고 반응한다.</td><td colspan="2">친숙한 짧은 문장을 듣고 반응한다.</td></tr>
<tr><td>운율이 있는 말 듣기</td><td colspan="4">운율이 있는 짧은 말소리를 관심 있게 듣는다.</td><td>짧은 이야기 듣기</td><td colspan="2">짧은 이야기와 노랫말 등을 즐겁게 듣는다.</td></tr>
<tr><td>말하는 사람을 보기</td><td colspan="2">말하는 사람의 눈을 마주 바라본다.</td><td colspan="2">말하는 사람의 표정, 몸짓을 관심 있게 본다.</td><td>말하는 사람을 주의 깊게 보기</td><td colspan="2">말하는 사람의 표정, 몸짓, 억양 등을 주의 깊게 보고 듣는다.</td></tr>
<tr><td rowspan="3">말하기</td><td rowspan="3">발성과 발음으로 소리내기</td><td colspan="2" rowspan="2">여러 가지 소리를 내고, 옹알이를 한다.</td><td colspan="2">여러 말소리를 즐겁게 내 본다.</td><td rowspan="3">낱말과 간단한 문장으로 말하기</td><td>눈에 보이는 친숙한 사물의 이름을 발음해 본다.</td><td>친숙한 낱말을 발음해 본다.</td></tr>
<tr><td colspan="2">의미 있는 음절을 내 본다.</td><td colspan="2">일상생활에서 경험한 새로운 낱말에 관심을 가진다.</td></tr>
<tr><td colspan="2">옹알이와 말소리에 대해 말로 반응해 주면 모방하여 소리 낸다.</td><td colspan="2">교사의 말을 모방하여 발음한다.</td><td colspan="2">일상생활의 반복적인 일이나 친숙한 상황을 한두 낱말이나 간단한 문장으로 말해 본다.</td></tr>
</table>

<table>
<tr><th rowspan="2">내용범주</th><th colspan="5">0~1세</th><th colspan="3">2세</th></tr>
<tr><th>내용</th><th>1수준 세부내용</th><th>2수준 세부내용</th><th>3수준 세부내용</th><th>4수준 세부내용</th><th>내용</th><th>1수준 세부내용</th><th>2수준 세부내용</th></tr>
<tr><td rowspan="3">말하기</td><td rowspan="2">말소리, 표정, 몸짓으로 말하기</td><td rowspan="2">표정과 소리로 의사표현을 한다.</td><td rowspan="2">표정, 몸짓, 소리로 의사표현을 한다.</td><td colspan="2" rowspan="2">표정, 몸짓, 말소리로 의사표현을 한다.</td><td rowspan="2">자신의 원하는 것을 말하기</td><td colspan="2">표정, 몸짓, 말소리로 의사표현을 한다.</td></tr>
<tr><td>자신이 원하는 것을 한두 낱말로 말해본다.</td><td>자신이 원하는 것을 낱말이나 짧은 문장으로 말해본다.</td></tr>
<tr><td>말할 순서 구분하기</td><td colspan="4">말할 순서에 따라 표정, 몸짓, 말소리로 반응한다.</td><td>상대방을 바라보며 말하기</td><td colspan="2">말할 순서에 상대방을 바라보며 말을 주고받는다.</td></tr>
</table>

듣기에서는 주변의 소리를 듣고 친숙한 낱말이나 익숙한 목소리를 구별할 수 있는 것과 말하는 사람에게 주의를 기울이는 것 등은 다른 사람과의 원만한 관계를 형성하는 기초가 될 수 있으며, 자신의 이름을 듣고 반응을 보이는 것에서 나 자신, 자아에 대해 알기 시작한다.

말하기에서는 말소리와 표정, 몸짓 등으로 자신의 의사를 표현하며, 2세가 되면 자신이 원하는 것을 짧은 낱말이나 문장으로 적절하게 말할 수 있다. 또한 말하는 사람의 표정이나 몸짓, 억양 등을 주의깊게 보고 듣는 것이나 다른 사람과 이야기할 때는 말할 순서를 알고 상대방에게 표정이나 몸짓, 말소리로 반응하며 상대방을 바라보고 말을 주고받는 것 등은 의사소통 및 언어예절의 기초형성을 위해 습득되어야 하는 바람직한 생활지도의 내용으로 볼 수 있다.

(4) 사회관계 영역의 연령별 세부내용

<table>
<tr><th rowspan="2">내용범주</th><th colspan="5">0~1세</th><th colspan="3">2세</th></tr>
<tr><th>내용</th><th>1수준 세부내용</th><th>2수준 세부내용</th><th>3수준 세부내용</th><th>4수준 세부내용</th><th>내용</th><th>1수준 세부내용</th><th>2수준 세부내용</th></tr>
<tr><td rowspan="3">나를 알고 존중하기</td><td>나를 구별하기</td><td colspan="2">거울 속의 나에 관심을 가진다.</td><td colspan="2">거울 속의 나를 알아 본다.</td><td>나를 구별하기</td><td colspan="2">나와 다른 사람의 모습을 구별한다.</td></tr>
<tr><td rowspan="2">나의 것 인식하기</td><td colspan="4">자기 이름을 부르는 소리에 반응한다.</td><td rowspan="2">좋아하는 것 해보기</td><td colspan="2">내가 좋아하는 것을 찾아본다.</td></tr>
<tr><td colspan="2"></td><td colspan="2">친숙한 자기 물건을 안다.</td><td>좋아하는 놀이나 놀잇감을 선택해 본다.</td><td>스스로 선택한 놀이나 놀잇감을 즐긴다.</td></tr>
<tr><td rowspan="2">나와 다른 사람의 감정 알기</td><td>나의 감정을 나타내기</td><td colspan="4">나의 욕구와 감정을 나타낸다.</td><td>나의 감정을 나타내기</td><td colspan="2">여러 가지 감정을 말과 행동으로 나타낸다.</td></tr>
<tr><td>다른 사람에게 주의 기울이기</td><td colspan="2">다른 사람의 말과 표정, 몸짓에 주의를 기울인다.</td><td colspan="2">다른 사람이 나타내는 여러 가지 감정에 주의를 기울인다.</td><td>다른 사람의 감정에 반응하기</td><td colspan="2">다른 사람이 나타내는 여러 가지 감정에 반응을 보인다.</td></tr>
<tr><td rowspan="5">더불어 생활하기</td><td rowspan="2">안정적인 애착 형성하기</td><td>양육자와 시선을 맞춘다.</td><td colspan="3">양육자에게 적극적으로 관심 및 욕구를 표현한다.</td><td rowspan="2">내 가족 알기</td><td rowspan="2">내 가족에게 애정을 표현한다.</td><td rowspan="2">내 가족에게 다른 사람과는 구별된 특별한 감정을 갖는다.</td></tr>
<tr><td colspan="2">주변의 친숙한 사람의 얼굴과 목소리를 인식한다.</td><td colspan="2">주변의 친숙한 사람에게 애정을 표현한다.</td></tr>
<tr><td rowspan="2">또래에 관심 갖기</td><td colspan="4">다른 영아와 함께 지내는 것을 경험한다.</td><td rowspan="2">또래와 관계하기</td><td>또래에게 관심을 보인다.</td><td>또래가 있는 곳에서 놀이를 한다.</td></tr>
<tr><td colspan="4"></td><td>또래의 이름을 안다.</td><td>또래가 있는 곳에서 놀이를 한다.</td></tr>
<tr><td>자신이 속한 집단 알기</td><td colspan="2">담임교사를 구분한다.</td><td colspan="2">자기 반에서 지내며 안정감을 가진다.</td><td>자신이 속한 집단 알기</td><td>자신이 속한 반과 교사를 안다.</td><td>자신이 속한 반의 활동에 즐겁게 참여한다.</td></tr>
</table>

내용범주	0~1세					2세		
	내용	1수준 세부내용	2수준 세부내용	3수준 세부내용	4수준 세부내용	내용	1수준 세부내용	2수준 세부내용
더불어 생활하기	사회적 가치를 알기			친숙한 물건의 자리를 안다.		사회적 가치를 알기	도움 받아 물건을 정리한다.	스스로 물건을 정리한다.
							자기순서를 안다.	순서를 기다린다.
		만나고 헤어지는 인사를 해 본다.					바른 태도로 인사한다.	
							간단한 약속을 지킨다.	

사회관계 영역에서는 영아가 먼저 자신의 존재와 자신이 좋아하는 것을 알고 말과 행동으로 그것을 표현하며, 스스로 찾아서 놀이나 놀잇감을 선택하여 즐기는 과정을 통해 자아 존중감을 가질 수 있게 한다. 또한 자신의 감정뿐 아니라 다른 사람이 보이는 여러 감정표현에도 주의를 기울이고, 반응을 보이는 등 다른 사람과의 관계형성의 기본행동을 습득하도록 하고 있다.

더불어 생활하기에서는 양육자, 또래, 영유아교육기관에서 자신이 속한 반의 교사와 친구, 그 외 영유아교육기관의 사람들 등 주변 사람들과의 관계를 이해하고 그들과 각각 다르게 형성되는 사회적 관계에 대한 바른 이해와 인사, 순서 지키기, 약속 지키기로 시작되는 기본적인 사회적 가치를 경험할 수 있다.

(5) 예술경험 영역의 연령별 세부내용

<table>
<tr><th rowspan="2">내용
범주</th><th colspan="5">0~1세</th><th colspan="3">2세</th></tr>
<tr><th>내용</th><th>1수준
세부내용</th><th>2수준
세부내용</th><th>3수준
세부내용</th><th>4수준
세부내용</th><th>내용</th><th>1수준
세부내용</th><th>2수준
세부내용</th></tr>
<tr><td rowspan="3">예술
감상
하기</td><td rowspan="3">아름다움
경험하기</td><td colspan="2">일상생활에서 반복되는 소리와 노래에 관심을 가진다.</td><td colspan="2">일상생활에서 리듬 있는 소리와 노래를 즐겨 듣는다.</td><td rowspan="3">아름다움
즐기기</td><td colspan="2">자연이나 생활의 소리나 움직임, 친근한 음악과 춤을 관심 있게 듣거나 본다.</td></tr>
<tr><td colspan="4">일상생활에서 자연이나 사물의 아름다움을 경험한다.</td><td colspan="2">일상생활에서 자연과 사물의 아름다움에 관심을 가지고 즐긴다.</td></tr>
<tr><td colspan="4"></td><td colspan="2">자신의 또래가 표현한 노래, 춤, 미술품 등에 관심을 가지고 즐긴다.</td></tr>
</table>

영아는 일상생활에서 많이 들었던 친근한 소리나 노래, 자연과 사물에서부터 춤, 미술품 등에 관심을 가지고 듣거나 보며 즐기고 나아가 또래가 표현한 노래, 춤, 미술에도 관심을 가지고 나와 다른 것을 이해하며 즐기는 등 다른 유아의 느낌이나 표현을 존중하는 태도를 형성하여 지속적으로 예술에 대한 흥미를 가질 수 있게 한다. 영아기부터 자신의 감정과 다른 영아의 감정이나 표현이 다른 것을 알게 하며, 관심을 가지고 즐김으로써 나와 다른 것에 대한 존중의 기초를 배울 수 있다.

(6) 자연탐구 영역의 연령별 세부내용

<table>
<tr><th rowspan="2">내용
범주</th><th colspan="5">0~1세</th><th colspan="3">2세</th></tr>
<tr><th>내용</th><th>1수준
세부내용</th><th>2수준
세부내용</th><th>3수준
세부내용</th><th>4수준
세부내용</th><th>내용</th><th>1수준
세부내용</th><th>2수준
세부내용</th></tr>
<tr><td rowspan="2">탐구하는 태도 기르기</td><td>사물에 관심 가지기</td><td></td><td colspan="3">주변 사물에 관심을 가진다.</td><td>호기심 가지기</td><td colspan="2">주변 사물과 자연세계에 호기심을 가진다.</td></tr>
<tr><td>탐색 시도하기</td><td colspan="2">나와 주변 사물을 감각으로 탐색한다.</td><td colspan="2">주변 사물에 대해 의도적인 탐색을 시도한다.</td><td>반복적 탐색 즐기기</td><td colspan="2">관심 있는 사물을 반복하여 주도적으로 탐색하기를 즐긴다.</td></tr>
<tr><td rowspan="6">과학적 탐구하기</td><td>물체와 물질 탐색하기</td><td colspan="4">일상생활 주변의 몇 가지 친숙한 것들을 양육자와 함께 탐색한다.</td><td>물체와 물질 탐색하기</td><td colspan="2">친숙한 물체와 물질을 능동적으로 탐색한다.</td></tr>
<tr><td>주변 동식물에 관심 가지기</td><td></td><td></td><td colspan="2">주변 동식물의 모양, 소리, 움직임에 관심을 가진다.</td><td>주변 동식물에 관심 가지기</td><td colspan="2">주변 동식물의 모양, 소리, 움직임에 관심을 가진다.</td></tr>
<tr><td rowspan="2">주변 자연에 관심 가지기</td><td></td><td colspan="3">생활 주변의 자연물을 감각으로 느껴 본다.</td><td rowspan="2">자연을 탐색하기</td><td colspan="2">돌, 물, 모래 등의 자연물을 탐색한다.</td></tr>
<tr><td colspan="4">바람, 햇빛, 비 등을 감각적으로 느낀다.</td><td colspan="2">날씨를 감각으로 느낀다.</td></tr>
<tr><td rowspan="2">생활도구 탐색하기</td><td rowspan="2"></td><td rowspan="2"></td><td colspan="2" rowspan="2">도움을 받아 생활도구를 탐색한다.</td><td rowspan="2">생활도구 사용하기</td><td colspan="2">생활 속에서 간단한 도구에 관심을 가진다.</td></tr>
<tr><td colspan="2">간단한 도구를 사용한다.</td></tr>
</table>

자연탐구 영역에서는 먼저 영아가 주변의 사물과 자연현상에 호기심을 가지고 감각을 활용하여 탐색을 시작한 후 자신이 관심 있는 것에 주도적이며 의도적인 탐색을 즐기도록 하고 있다. 이러한 과정을 통하여 영아에게는 친숙한 물체나 물질이 생기게 되고, 나아가 생활 주변의 자연물이나 동식물 등의 생명체에 관심을 가지게 되어 그것들의 모양이나 소리, 움직임에 주의를 기울인다. 주변 자연에 대한 관심은 날씨에도 가지게 되어 감각적으로 바람과 햇빛, 비 등을 느끼고 돌이나 물, 모래 등의 자연물 탐색에도 흥미를 보이게 된다. 이러한 경험은 과학적 기초를 형성하는 데

필요한 부분이지만, 자연물이나 날씨에 대한 흥미와 탐색은 자연에 대해 익숙해지게 하고 자연에 대한 관심과 애정으로 이어져 영유아의 환경교육에도 필요한 내용의 기초를 형성하게 될 것이다.

국가수준의 교육 · 보육과정에서 생활지도와 관련된 내용은 제3차 표준보육과정이나 3~5세 연령별 누리과정 모두 목적은 물론 구성방향, 구성 영역의 세부내용 전반에 걸쳐 언급되고 있는 것을 알 수 있다. 특히 영아를 대상으로 하는 표준보육과정에서는 기본생활 영역이 따로 구성되어 건강한 생활, 안전한 생활의 기초를 형성하는 것을 강조하고 있다. 제3차 표준보육과정과 3~5세 연령별 누리과정을 보면 영유아기부터 몸과 마음의 건강과 균형잡힌 발달을 추구하고 있으며, 바른 생각과 행동을 함양하여 조화로운 전인적 성장과 발달을 목표로 민주시민의 기초를 형성하는 데 필요한 생활지도의 내용으로 구성되어 있음을 알 수 있다.

05 생활지도를 위한 교사의 역할

영유아생활지도는 연령에 맞는 발달특성을 고려하여 체계적이고 전문적인 교육계획에 따라 영유아의 생각과 행동을 변화 · 발달시키는 것이기 때문에 담당하는 교사는 생활지도의 의미와 방법을 잘 알고 실천할 수 있는 전문적 자질이 필요하다. 보통 신체적인 면에서의 건강과 안정된 정서 및 영유아교육에 관한 전문지식 등이 교사로서 갖추어야 하는 자질이나, 특히 생활지도에서는 인성적인 면이 많이 중시되는 부분이다.

영유아교사로서의 다양한 역할 중 생활지도에 초점을 맞춘 교사의 역할은 다음과 같다(공석영 외, 2005).

첫째, 관찰자의 역할로서 생활지도 담당자로서 교사는 주의 깊은 관찰자여야 한다. 교사는 유아들이 친구들과 어떻게 상호작용하는지, 어떤 특별한 행동을 하는지, 개별적 혹은 집단적으로 놀이하는지 끊임없이 관찰하고 기록하여야 한다.

둘째, 행동 변화자의 역할로서, 생활지도는 피교육자에게 어떤 변화를 이루려는 목적에서 출발한다. 유아교육기관에 등원하기를 싫어하던 유아를 즐겁게 등원할 수 있게 하거나 집단놀이에 참여하지 못했던 유아를 적극적인 참여자로 변화시키는 일 등 유아의 인지, 정서, 행동 등에 변화가 일어나도록 하는 것이다. 따라서 교사는 유아들의 모범자로서 좋은 행동을 보여주어야 할 뿐 아니라, 유아 스스로 자신의 문제를 인식하도록 도와주어야 한다.

셋째, 성장과정의 조력자의 역할로서 생활지도의 목표는 한 마디로 개인의 성장과 적응을 돕는 것이라고 할 수 있다. 따라서 교사는 현명한 판단으로 어떤 유아에 대한 지도목표가 과연 그 유아를 위한 것인지, 유아의 성장에 도움이 될 수 있는지, 전인적 발달이라는 측면에서 볼 때 다른 측면에의 저해 요소는 없는지 등에 관해 전문적인 자문 등의 많은 도움을 준다.

넷째, 상담자의 역할로서 교사와 유아의 관계는 가르치고 배우는 관계를 뛰어넘는 인간적인 온정과 친밀감, 그리고 서로 원활한 의사소통이 가능한 관계이다. 따라서 교사는 유아가 감정, 욕구, 생각을 자유롭게 표현할 수 있는 수용적 분위기를 형성하여, 그들의 표현에 귀 기울임과 동시에 효과적인 의사소통방법으로 유아 개개인의 문제나 집단의 문제를 파악하고 지도할 수 있다.

영유아를 대상으로 하는 생활지도는 먼저 영유아가 자신에 대해 잘 이해하고 다양한 활동을 경험하며, 스스로 문제를 해결해 볼 수 있는 기회를 통해 자신감과 자부심을 가져 미래사회의 한 구성원으로서 어떤 상황에서도 긍정적이고 원만한 자세로 문제를 해결해 갈 수 있는 능력을 함양시켜 행복한 삶을 살아갈 수 있게 하는 것이 중요하다. 특히 영유아생활지도를 담당하는 교사는 모든 면에서 모범이 되는 모델이 되어야 하며, 적절한 설명과 토의를 통하여 영유아들의 의견을 듣고 바람직한 방향으로 이끌어가고, 때로는 격려를 때로는 도움을 주며 발달을 촉진시키며 지도 · 평가하여야 한다. 교사는 영유아의 전인적 성장과 발달을 위하여 체계적이고 전문적인 계획을 세우고 필요한 환경을 구성하여, 다양하고 효율적인 생활지도 자료와 기법을 활용해 영유아가 일상생활에서 지속적이고 반복적인 경험을 통해 습관화 할 수 있도록 도와주어야 한다.

토의과제

1. 생활지도의 개념을 정리해 봅시다.

2. 생활지도를 계획할 때 고려할 점을 알아봅시다.

CHAPTER

2

아동생활지도의 이론적 접근

01 정신분석적 접근 02 행동주의적 관점

03 구성주의적 관점 04 인본주의적 접근

01 정신분석적 접근

프로이드(Freud. S, 1856~1939)

정신분석적 관점은 프로이드(Freud)에 의해 발전된 이론으로, 인간발달은 행동을 동기화하는 무의식적 힘에 의해 이루어진다고 보는 관점이다(Papalia, Olds, & Feldman, 2006). 즉, 인간의 행동은 의식에 의해서만 지배되는 것이 아니라 오히려 무의식에 지배되는 경우가 많다고 보았으며, 인간의 행동은 무의식을 분석하여야만 완전히 이해될 수 있다고 생각하였다.

또한 프로이드(Freud)는 인간의 성격구조가 원초아(Id), 자아(Ego), 초자아(Superego)로 구성되어 있으며, 이 세 가지 요소는 고유한 기능과 특성, 기제 및 역동성을 가지고 있지만 서로 밀접하게 관련되어 있다고 하였다. 따라서 인간행동은 이 성격구조의 세 가지 구성요소가 상호작용함으로써 발생하게 되며, 세 가지 성격구조는 평상시에는 상호 충돌하지 않으나, 상반된 목적으로 인해 조화되지 못하는 경우도 있다고 보았다(이순형 외, 2013).

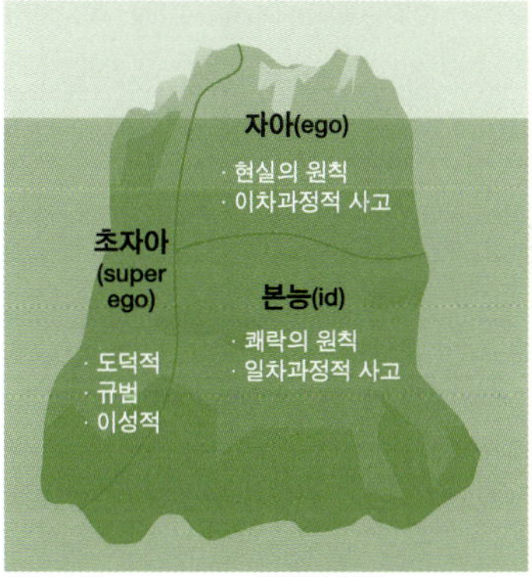

[그림 2-1] 프로이드의 성격구조

이때 중요한 것은 인간의 무의식, 원초아라 보았으며 인생 초기의 경험 즉, 6세 이전의 경험과 발달을 매우 중요시하였다. 프로이드는 성적 본능의 에너지를 리비도(libido)라 하였으며, 이 리비도는 연령적 변화에 따라 집중되는 신체 부위가 달라지며, 이를 중심으로 발달단계를 나누어 설명하였다. 프로이드의 발달단계는 구강기, 항문기, 남근기, 잠복기, 생식기의 5단계로 구분되며 각 단계마다 충족되어야 할 욕구가 있고, 그 욕구 충족이 순조롭게 이행되지 않을 경우 성격적 고착(fixation) 현상이 일어난다고 하였다. 영유아생활지도에 있어 이러한 단계의 특성과 욕구를 이해하는 것은 필요하다.

프로이드의 성격발달 5단계

① 구강기(Oral stage) : 출생 ~ 1세

- 성적 에너지가 입, 입술, 혀, 잇몸 등 구강에 집중되는 시기
- 빨고, 깨물고, 삼키는 것으로 욕구충족과 긴장 해소
- 안정된 애착 형성이 중요, 따뜻하고 수용적인 분위기에서 충분히 만족을 느끼도록 배려
- 구강기적 고착 현상 – 엄지손가락 빨기, 지나친 흡연, 과식, 과음, 수다떨기 등

② 항문기(Anal stage) : 1세 ~ 3세

- 성적 에너지의 초점이 항문으로 이동, 배설물의 보유와 배설에서 쾌감
- 주요 과업 – 대소변 훈련, 영유아의 생산적 · 창의적 성격 형성에 중요
- 따라서, 지나친 성인의 강요와 엄격한 훈육이 있을 때 항문기적 고착 성격이 나타남
- 항문기적 고착 현상 – 적개심, 의심, 공격적 성격, 지나친 소유욕, 고집이 셈

③ 남근기(Phallic stage) : 3세 ~ 6세

- 성적 에너지가 성기로 옮겨지는 시기
- 주요 심리적 발달과업 – 오이디푸스 콤플렉스(Oedipus complex), 엘렉트라 콤플렉스(Electra complex)

• 이 시기 부모와의 동일시를 통해 적절한 성 정체감을 형성

• 남근기적 고착 현상 – 과시적 · 공격적 · 방종적 성격, 잘못된 성적 욕망 해소

④ 잠복기(Latency stage) : 6세 ~ 12세

• 성적 에너지가 무의식 속에 잠복되어 있는 시기로 안정적 상태 유지

• 지적 탐색이 활발, 동성 친구와의 우정이 싹트는 시기

• 또래집단과의 관계 속에서 사회적 규범과 기술 습득

⑤ 생식기(Genital stage) : 12세 이후 ~ 청년기

• 성적 에너지가 다시 분출되는 시기, 성적 관심이 높아짐

• 이성에게 성적 만족을 얻으려는 이성애적 경향

• 타인에 대한 관심과 협동의 태도 생김

정신분석적 관점의 또 하나는 사회적 에너지를 강조한 에릭슨(Erikson)의 관점이다.

프로이드가 성적 에너지인 리비도를 강조한 것과는 달리, 에릭슨은 인간발달의 사회적 맥락을 강조하여 생의 초기에서 노년기까지 8단계의 발달단계를 제시하였다. 각 단계마다 발달과업과 대칭적인 개념인 발달의 위기를 함께 제시하며, 두 개념이 균형을 이루면서 발달해야 다음 단계로의 진행이 원만하다고 설명하였다.

에릭슨(E. H. Erikson, 1902~1994)

〈표 2-1〉 **에릭슨의 심리사회적 발달단계**

심리사회적 위기	연령	주요 사회적 관계	바람직한 결과
신뢰 vs. 불신	0~1세	어머니(주양육자)	신뢰감
자율성 vs. 수치 및 회의감	2세	부모	의지
주도성 vs. 죄책감	3~5세	가족	목적, 의도
근면성 vs. 열등감	6~11세	이웃, 학교	유능감
정체감 vs. 정체감 혼미	청년기	또래집단, 리더십 모델	성실, 충성
친밀성 vs. 고립감	성인전기	친구, 연인, 회사동료	사랑
생산성 vs. 침체성	성인중기	노동의 분화, 가사 분담	배려
통정성 vs. 절망감	노년기	인류	지혜

정신분석적 접근은 영유아의 사회 · 정서생활을 중요시하였으며, 영유아의 생활지도에 있어 부모와 교사는 다음의 사항을 기억해야 할 필요가 있다.

첫째, 영유아의 내적인 힘을 어렸을 때는 본능적인 충동으로 하도록 도와주고 점진적으로 영유아 자신이 통제할 수 있도록 지도해야 한다. 둘째, 영유아는 스스로 두려움과 충동을 느낀다기보다는 성인에 의해 이루어지므로 현실에서 사물과 사람들의 관계를 통해 해결하도록 지도한다. 셋째, 영유아가 본능적인 충동에서 생산적이고 사회적인 행동으로 바꾸도록 하고, 영유아의 자아를 성장과 경험에 의해 발달할 수 있도록 지도한다(최지영, 2010). 넷째, 일관성 있는 양육과 훈육 태도를 보여줌으로써 도덕적 윤리감을 발달시키며 규격 내에서 권리와 선택권을 주어 자유롭게 행동하도록 허용한다. 다섯째, 엄격하게 요구하기보다는 영유아 스스로 판단하고 해결하도록 용기와 격려로 지지해 준다.

02 행동주의적 관점

행동주의적 관점은 행동주의 심리학에 그 이론적 근거를 두고 있으며, 인간의 행동은 학습되어지는 것으로 보았다. 대표적 이론으로는 파블로프(Pavlov)와 왓슨(Watson)의 고전적 조건형성이론과 스키너(Skinner)의 조작적 조건형성이론, 사회적 환경에 대한 반두라(Bandura)의 사회학습 등이 있다.

1) 고전적 조건 형성

파블로프의 고전적 조건형성이란 일정한 자극(음식)에 대한 선천적 반사(침분비)와 중립적 자극(종소리)의 연합에 의해 선천적 반사반응(침 분비)가 유발되는 과정을 관찰 · 설명하였다. 이와 같은 파블로프의 고전적 조건화 개념을 인간행동에 적용한 학자가 왓슨이다.

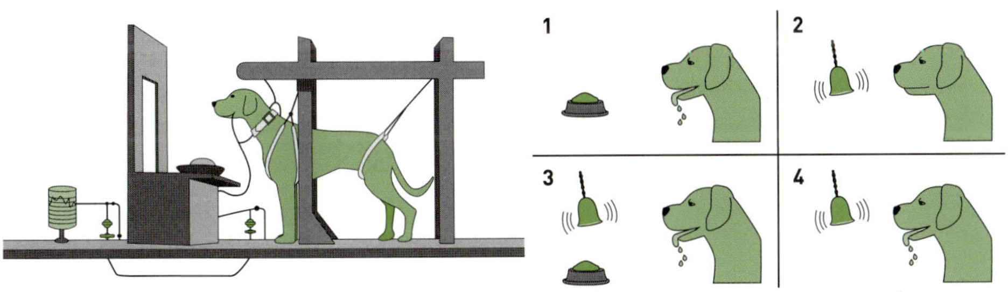

[그림 2-2] 파블로프의 실험

왓슨은 영아의 공포심과 같은 정서적 반응이 선천적으로 타고나는 것이 아니라 환경의 영향을 받는다고 실험을 통해 주장하였다. 이것이 왓슨의 Little Albert 실험이다.

왓슨은 알버트(Albert)라는 이름의 9개월 된 영아를 대상으로 실험을 하였다. [그림 2-3]에서 보는 바와 같이, 알버트가 처음 흰쥐를 접했을 때 알버트는 흰쥐에게 별 거부감 없이 반갑게 대했다. 그러나 알버트가 흰쥐를 볼 때마다 금속파열음(쇠파이프를 장도리로 치는 소리)을 들려주자 경기를 하며 울음을 터뜨리는 등 공포심을 보였다. 이러한 놀라게 하는 상황을 반복하자, 결과적으로 알버트는 흰쥐는 물론 흰 털옷을 입은 사람에게까지 두려움을 나타내는 반응을 보이게 되었다. 알버트 실험은 영유아의 행동 특성이 환경에 의해 형성되며, 부모들은 영유아를 양육함에 있어 긍정적인 습관이 형성될 수 있도록 적절한 환경자극이 제공되어야 하는 시사점을 준다. 즉 왓슨의 이론은 아동생활지도에 있어 환경의 중요성과 함께 외부의 자극이 영유아의 구체적인 행동을 형성할 수 있음을 보여준다. 즉, 실험에 사용된 조건형성을 반대로 적용함으로써 이미 형성된 구체적인 행동이 사라질 수 있음을 증명하였고, 이는 행동수정의 한 형태인 '체계적 둔감법'이라 한다(Miller, 1993).

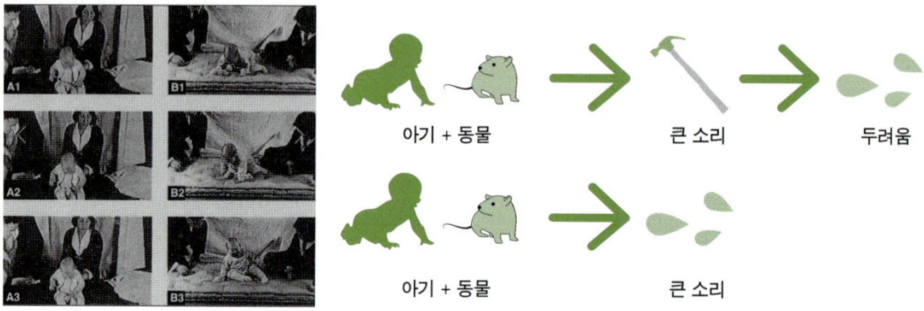

[그림 2-3] 왓슨의 알버트 실험

즉, 왓슨은 '알버트 실험' 이후, 흰 털에 대해 두려움을 보이는 알버트에게 비슷한 외부자극에 노출시키는 정도를 조금씩 증가시킴으로써 두려움을 점차적으로 사라지게 하였다. 이러한 체계적 둔감법은 외부자극에 대해 느끼는 정서나 행동을 둔화시키는 방법이며, 실제로 영유아들이 불필요한 정서를 보이거나 바람직하지 못한 행동을 보일 경우 적용할 수 있는 효과적인 방법이다. 예를 들어, 당근을 먹지 않는 아동에게 당근모양의 젤리나 당근케이크, 당근주스 등을 조금씩 제공하는 방법을 통해 당근에 대한 거부감을 줄인다면, 당근을 먹게 되는 바람직한 행동으로 변화시킬 수 있게 된다(문혁준 외, 2016).

2) 스키너(Skinner)의 조작적 조건형성

스키너(Skinner)는 동물 실험을 바탕으로 인간이 어떻게 습관을 형성하는지를 제시하였다. 스키너는 [그림 2-4]에서와 같이 쥐 실험에서 우연히 지렛대를 누르면 그 결과 먹이가 나오게 되고, 그러한 긍정적인 결과가 여러 번 반복되면 쥐는 지렛대 누르기와 먹이의 관계를 학습하게 된다.

스키너(B. F. Skinner, 1904 ~ 1980)

[그림 2-4] Skinner 실험

이처럼 조작적 조건형성은 고전적 조건형성과 달리 유기체 스스로가 행동을 조작적으로 형성함을 전제로 한다. 즉, 행동은 그것의 결과에 의해서 결정된다는 것이다. 영유아의 어떤 행동이 강화를 받게 되면, 그 행동이 다시 발생할 확률이 높아지고, 어떤 행동이 처벌을 받게 되면 그 행동이 다시 발생할 확률이 낮아진다. 영유아가 착한 행동을 했을 때 칭찬받으면 계속 착한 행동을 하게 된다는 원리이다. 따라서, 조작적 조건형성에서 중요한 것은 '강화'와 '처벌'의 역할이다.

(1) 강화(Reinforcement)

강화란 어떤 행동이 일어날 가능성을 증가시키는 것으로 정적 강화와 부적 강화가 있다. 정적강화는 긍정적이고 유쾌한 자극을 줌으로써 그 행동을 다시 일으킬 가능성을 높이는 것이다. 예를 들면, 영유아가 바른 행동을 했을 때 칭찬이나 새로운 장난감을 사주는 것으로 그 행동의 빈도를 증가시키는 것이다.

부적강화는 불쾌하거나 싫은 자극을 제거해 줌으로써 특정행동을 다시 할 가능성을 낮추는 것이다. 예를 들면, 착한 일을 했을 때 청소나 심부름을 면제해 줌으로써 착한 일의 빈도가 증가했다면 이는 부적강화라 볼 수 있다.

(2) 처벌(Punishment)

강화가 어떤 특정 행동의 발생 빈도를 증가시키는 것이라면, 반대로 어떤 행동의 발생 빈도를 감소시키는 것을 '처벌'이라 한다. 스키너는 후속실험에서 먹이가 나오는 막대 이외에 또 다른 막대를 설치하였고, 쥐가 새로운 막대를 우연히 눌렀을 때 이전과는 달리 전기자극이라는 부정적인 경험을 하게 되고, 이러한 경험이 반복되면 점차적으로 막대를 누르는 행동은 감소하게 된다는 것을 발견하였다. 이때 전기자극은 '처벌'에 해당한다. 처벌의 경우도 정적처벌과 부적처벌로 나눠지며, 정적처벌은 불쾌한 자극이 주어짐으로써 특정행동이 감소할 때를 의미하며, 부적처벌은 유쾌한 자극이 제거됨으로써 특정행동이 감소할 때를 의미한다.

스키너의 조작적 조건형성이론은 영유아의 행동습관형성과 수정에 여러 가지 실제적인 원리와 방법을 제시해 준다. 영유아의 부정적인 행동을 감소시키고 긍정적인 생활습관을 형성하는 데 효과적인 행동수정 원리 중 대표적인 토큰법, 타임아웃을 소개한다.

(3) 토큰법

토큰법은 정적강화의 가장 대표적인 방법으로, 영유아가 바람직한 목표행동을 정한 후 이를 자발적으로 행했을 때 토큰(예: 칭찬스티커, 쿠폰)을 주고, 토큰을 일정량 모으면 더 큰 보상을 주는 방법이다. 토큰법은 바람직한 행동에 대한 일회성 강화가 아닌 지속적인 강화를 통해 바람직한 행동을 증가시키고 습관을 형성하게 유도할 때 효과성이 크다.

(4) 타임아웃

타임아웃은 부적절한 행동을 감소시키기 위해 사용할 수 있는 대표적인 부적강화 방법이다. 이는 부적절한 행동 다음에 일정시간 동안 강화자극을 차단함으로써 해당 행동의 발생가능성을 감소시키는 방법이다(Miltenberger, 2008). 타임아웃은 영유아가 부적절한 행동을 보일 때 그 상황이나 장소로부터 영유아를 분리시키기 때문에 해당 시간 동안 영유아들은 자신의 행동을 인지하고 조절할 수 있는 방법을 스스로 터득하게 된다. 그러나 타임아웃이 잘못 사용될 경우, 문제행동이 나타난 상황에서 영유아가 보일 수 있는 바람직한 행동이 무엇인지 직접적으로 배울 수 없다는 단점이 있다. 또한 타임아웃이 이루어지는 장소와 시간 등에 따라 효과에 차이가 있기 때문에 정확한 절차와 조건하에 실시해야 한다(Clark, 1996; 문혁준 외, 2016 재인용)

3) 반두라(Bandura)의 사회학습

반두라(Bandura)는 전통적인 행동주의 이론가들과는 달리 사회상황에서 모방을 통한 관찰학습이 영유아의 행동발달에 중요한 요소임을 강조하였다. 영유아는 직접적인 보상과 처벌이 없이도 주변 사람들을 단순히 관찰하고 모방하는 것을 통해 많은 것을 학습할 수 있다고 보았다. 이러한 관찰학습은 모델링으로 불리기도 하며, 특히 아동의 공격성이나 배려 행동, 성역할 행동 등의 발달을 설명하는 데 유용하다(문혁준 외, 2016)

반두라에 의하면, 영유아는 주변 모든 사람의 행동을 모방하는 것은 아니다. 영유아는 자기 자신과 비슷하고, 애정적이며 권위적인 대상과 이상적인 특성을 소유한 대상을 모방하기 쉽다. 예를 들면 TV나 만화의 등장인물, 부모, 교사, 또래 등이 포함되며 특히 부모는 행동뿐만 아니라 그들의 가치관과 신념까지 모방의 대상이 된다.

반두라(Albert Bandura, 1925 ~)

[그림 2-5]는 반두라의 보브인형 실험의 장면이다. 반두라와 그의 동료는 모방이 공격행동의 학습에 미치는 영향을 연구하였다(Bandura, Ross, & Ross, 1963). 그들은 두 집단의 아동들 중 한 집단에게는 인형을 격렬히 공격하는 장면을 보여주고, 다른 집단에게는 인형을 공격하지 않는 장면을 보여주었다. 그 후 인형이 있는 방에서 아동들을 놀게 하고 그 모습을 관찰한 결과, 공격적인 장면을 본 아동들은 인형을 격렬하게 공격하였고, 그 행동 또한 보여주었던 장면에서 관찰했던 것과 동일한 공격적 행동을 보였다.

이러한 반두라의 실험은 진정으로 부모가 영유아의 행동을 변화시키길 원한다면 부모는 영유아의 환경을 변화시켜야 한다는 시사점을 준다. 그리고 부모가 영유아의 환경의 가장 중요한 측면이므로, 그들 자신의 행동을 변화시켜야 하며 일상생활에서 바람직한 행동과 태도를 보여주어야 할 것이다.

[그림 2-5] 반두라의 보보인형 실험

03 구성주의적 관점

구성주의 관점은 영유아의 발달과 학습에 있어 영유아를 능동적인 존재로 보며, 학습은 개인의 주관적 경험 또는 사회적 상호작용을 통해 구성된다고 보았다. 구성주의는 세부적인 강조내용에 따라 개인적 구성주의와 사회적 구성주의의 두 가지 유형으로 구분되며, 대표적인 학자로는 피아제(Piaget)와 비고츠키(Vygotsky)를 들 수 있다.

1) 피아제(Piaget)의 이론

피아제(Piaget)는 자신의 세 자녀의 성장과정을 관찰하면서 영유아의 사고는 성인의 사고와는 다름을 제시하였다. 피아제는 영유아의 인지발달이 어른에 의해 직접 교육받지 않아도 스스로 인지구조를 자연적으로 발달시켜간다고 설명하였다. 이러한 피아제(Piaget)의 인지발달이론의 기본적 개념을 소개하면 다음과 같다.

피아제(Jean Piaget, 1896 ~ 1980)

동화 (Assimilation)	• 인간이 외계의 사물을 볼 때, 현재 도식에 맞추어 해석하는 것 • 영유아는 주변 세계를 이해하기 위해 도식을 동화시키거나 사용함 • 균형 상태, 안정된 인지적 상태의 유지는 도식의 성공적 사용 (예: 처음 염소를 본 영유아는 현재의 도식인 '소'에 적용시켜서 '작은 소'라고 부름)
조절 (Accommodation)	• 새로운 도식을 창출하거나 새로운 사물을 이해하기 위해 도식을 바꾸는 것 • 영유아는 동화하는 것보다 조절을 더 많이 할 때 불균형 상태에 있거나 또는 인지적 불안정에 있게 됨 (예: 후에 소와 염소가 같지 않다는 것을 알아차리고, 새로운 물체를 해석하기 위해 도식을 수정하게 되는데, 염소가 '작은 소'가 아닌 '염소'라는 새로운 도식을 창출하여 이해하게 됨)
평형화 (Efquilibration)	• 발달을 통하여 평형과 비평형 사이를 왔다갔다 하면서 조금 더 효과적인 도식을 점차적으로 만들어감 (예: '염소도식'을 수정했을 때 새로운 인지적 구조는 주변세계를 이해하는 데 더 적합함)

〈표 2-2〉 피아제의 인지발달이론

피아제는 영유아가 성장해 가면서 감각운동기, 전조작기, 구체적 조작기, 형식적 조작기를 거쳐 발달한다고 하였다. 각 단계별 특징과 함께 이 시기에 적절한 생활지도 방안을 살펴보도록 하자.

(1) 감각운동기(0세 ~ 2세)

환경에 적응하기 위하여 신체적 감각 및 운동능력에 의존하는 시기이며, 이 시기 영아는 모든 것을 만지고 입으로 가져가며 주변을 탐색한다. 따라서 이 시기에는 영아에게 모든 감각을 활용하여 탐색하는 것을 허용하되 언어와 함께 반응하고, 재지시하는 것이 적절하다(Gordon & Browne, 1996).

(2) 전조작기(2세 ~ 7세)

이 시기 영유아는 정신적 표상에 따른 사고는 가능하나, 아직 개념적인 조작능력이 충분히 발달하지 못했기 때문에 전조작기 사고단계이다. 따라서 직관적 사고로 판단하며 자기중심적인 사고와 언어형태를 보여준다. 자기중심적 사고로 타인의 입장을 이해하기 어려울 뿐 아니라 두 개념을 동시에 고려하기 어렵다. 예를 들면, 어떤 유아가 자신의 친구도 되고 다른 유아의 친구도 될 수 있음을 이해하지 못한다. 또한 규칙은 절대적인 것으로 생각하고, 행동의 잘함과 잘못함은 의도보다는 결과에 의해 판단하는 타율적 도덕 기준의 경향을 보여준다. 따라서 이 시기 영유아 생활지도는 가능한 규칙을 적게 설정하고, 신뢰 있는 협력자와 안내자가 되기 위한 상호적인 관계를 형성하며, 영유아 자신의 감정과 요구를 언어로 표현하도록 격려하는 것이 효과적이다(지성애, 홍혜경, 2007).

(3) 구체적 조작기(7세 ~ 12세)

구체적 조작기가 되면 아동은 사고를 논리적으로 조작할 수 있는 능력을 획득하게 된다. 따라서 아동은 탈자기중심적이고 논리적인 판단이 가능하며, 또래, 공정성, 집단의 규칙을 중요시하게 된다. 또한 동기나 의도에 의해 행동의 도덕성 판단이 고려할 수 있게 되는 자율적 도덕성 발달단계에 이른다. 따라서 이 시기 아동의 생활지도는 타인의 입장을 이해하도록 유도하고 결과를 포함하는 집단규칙을 설정하고, 아동의 협상기술을 격려해주는 것이 필요하다.

(4) 형식적 조작기(12세 이후)

이 시기는 추상적인 내용에 대해서도 논리적인 사고가 가능해지며, 가설적 상황에 대해서도 다룰 수 있게 된다.

2) 비고츠키(Vygotsky)의 이론

비고츠키(Lev Vygotsky, 1896 ~ 1934)

사회적 구성주의의 대표적 학자인 비고츠키(Vygotsky)는 영유아의 발달에 있어 개인의 경험보다는 사회적 상호작용을 통한 지식 구성을 강조하였다. 즉, 비고츠키(Vygotsky)는 사회, 문화, 역사적 복합성 등 사회문화적 맥락 요인들이 영유아의 인지발달에 중요한 영향을 미친다고 하였다(Papalia, Olds & Feldman, 2006).

또한 영유아발달에 있어 영유아가 혼자서 달성할 수 있는 발달 영역과 외부의 도움에 의해 도달할 수 있는 영역 간의 간격을 근접발달 영역(Zone of Proximal Development)이라는 용어로 설명하였으며, 이때 외부의 도움은 성인이나 또래로 이를 비계(scaffolding)라고 설명하였다. 비고츠키의 비계 개념은 아동생활지도에 있어서 부모와 교사의 역할제시에 시사점을 준다. 부모나 교사는 영유아를 도와주고자 할 때, 영유아의 현재 수준과 가지고 있는 잠재력을 정확히 파악하는 데서부터 출발해야 영유아에게 가장 효과적이고 효율적인 도움을 줄 수 있다. 그리고 부모와 교사가 도와줄 수 있는 구체적인 방법을 모색한 후 영유아가 그들의 잠재력을 최대한 발휘할 수 있도록 실제적인 도움을 제공하는 것이 효과적이다. 또한 비고츠키(Vygotsky)는 사회적 상호작용에 있어 언어의 중요성과 문화적 특수성을 강조하였다.

즉, 성인과의 언어적 상호작용을 통해 영유아는 사회문화 자체를 습득하게 될 뿐만 아니라, 사고과정이나 수단을 습득함으로써 인지발달이 이루어진다고 보았다. 따라서 부모 및 교사는 영유아와 끊임없이 언어적 상호작용을 해야 하며, 언어를 통해 다양한 지식을 전달할 필요가 있다(문혁준 외, 2016). 영유아가 속한 문화적 특수성과 문화에 바탕을 둔 사회적 상호작용 또한 영유아의 인지발달에 중요한 영향을 미친다(Vygotsky, 1978).

따라서, 영유아발달에 있어 바람직한 가족가치관 및 신념, 규칙, 분위기 등의 중요성을 생각해 볼 수 있게 하며, 부모교육을 통한 바람직한 가족문화 형성교육이 필요하다.

04 인본주의적 접근

인간의 자유의지를 강조하는 인본주의적 관점의 대표학자는 로저스(Rogers)이다.

로저스는 인간을 성장지향적이고 미래지향적인 동기를 가진 존재로 보았으며, 그러한 욕구를 이룰 수 있는 잠재능력을 가진 존재로 보았다. 로저스에 의하면, 인간의 행동은 외적인 자극이나 무의식적 욕구 등에 의해 나타나는 것이 아니라, 인간이 가지고 있는 성장지향적 욕구를 바탕으로 스스로 인식하고 판단하여 나타난다고 보았다. 따라서 객관적 환경이나 외부자극 자체보다는 그러한 환경과 자극을 인지하고 해석하는 개인의 주관적 경험이 매우 중요함을 강조한다(Burger, 2000).

로저스(Carl R. Rogers, 1878 ~ 1987)

또한 로저스 이론에서는 '자아'가 중요한 개념이며 성격발달은 자아를 중심으로 이루어진다. 영유아는 타인이 자신을 어떻게 평가하느냐에 따라 긍정적이거나 부정적인 자아상을 발달시킨다. 영유아는 자신의 주관적 경험이나 판단에 의해서 행동하기 보다는 부모의 가치나 기준에 따라 행동하게 된다. 그리고 이러한 의미 있는 타자와의 영유아기 경험이 성인기 자기 지각에 영향을 미치므로, 건강한 성격의 발달을 위해서는 무조건적인 긍정적 관심이 중요하다. 만약 영유아가 부모, 형제, 또래, 교사와의 관계에서 자주 부정적인 평가를 받았다면, 성인이 되었을 때 부적응의 문제를 초래할 수 있다. 부정적인 피드백을 많이 받을수록 다른 사람으로부터 받는 부정적인 평가에서 벗어나고자 자기에 대한 왜곡된 지각을 형성하게 된다. 자기 지각과 다른 사람의 자신에 대한 평가 간에 차이가 크면 클수록 불안하고 방어적이 되어 다른 사람들에게 적개심을 갖는다.

따라서, 영유아가 타인에 의해 자신에 대한 가치의 조건화를 형성하지 않게 하기 위해서는 개인의 감정과 행동을 있는 그대로 수용하고 존중해 주어야 한다.

1. 아동생활지도의 이론적 접근은 학자들마다 관점이 다릅니다. 자신이 공감하는 관점을 하나 선정하고, 그 관점을 바탕으로 영유아생활지도의 중요성과 교사로서의 역할을 생각해 봅시다.

CHAPTER

3 영유아 행동의 이해

01 영아기 행동의 이해　02 유아기 행동의 이해　03 아동기 행동의 이해

01 영아기 행동의 이해

1) 영아기발달과 행동특성

(1) 신체발달

① 신체적 성장

영아기 동안 신장과 체중의 변화를 살펴보면, 출생 시 신장은 49.4~50.1㎝ 정도인데, 24개월이 지나면 89.0㎝(남아 89.4㎝, 여아 88.2㎝) 정도로 성인 평균 신장의 약 1/2 정도로 성장한다. 또한 출생 시 약 3.3~3.4㎏이었던 체중은 1개월이 지나면 5.3~5.7㎏으로 증가하여 3개월경에는 출생시 체중의 약 2배가 되고, 1세 때에는 약 3세, 2세 때에는 약 4배, 3세 때에는 약 5배로 증가한다(보건복지부 질병관리본부 보도자료, 2007).

■ 신체비율의 변화

영아의 신체발달 속도는 부위에 따라 차이가 있다. 태내에서 수정이 된 이후부터 출생까지는 머리가 가장 빠르게 자라지만, 12개월까지는 몸통이, 24개월까지는 팔과 다리가 빠르게 발달하는 경향이 있다. 한편, 머리둘레는 24개월이 되면 성인의 90%까지 증가한다. 또한 출생 당시 신생아는 머리가 가장 두드러지게 큰 편이지만, 점차 전체 신장에서 머리가 차지하는 비율이 감소하는 경향이 있다.

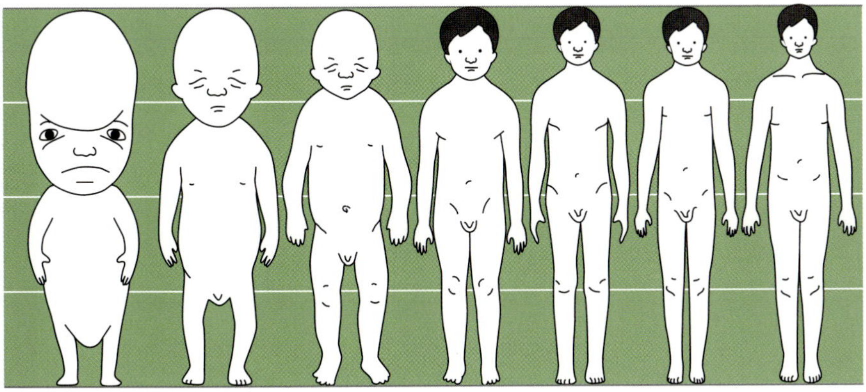

[그림 3-1] 신체비율의 변화

TIP 신체발달의 원리

- 두미 방향으로의 발달원리
  영아의 성장은 항상 머리로부터 시작하여 아래 부분으로 점진적으로 진행된다는 원리
- 중심말초 방향으로의 발달원리
  영아의 신체는 중심에서 바깥쪽으로 점진적으로 진행되는 원리

〈표 3-1〉 **한국 영아발달: 신체 및 운동 영역의 발달적 이정표**

월령	반사	대근육 운동	소근육 운동
1~3 개월	• 모로반사와 긴장성 목반사 나타나기 시작(1개월)	• 엎드린 자세에서 머리를 45도 정도로 들 수 있음(2개월) • 엎드린 자세에서 머리를 90도 정도로 들 수 있음(3개월)	• 장남감을 자의적으로 손으로 잡고 바닥이나 탁자에 두들길 수 있음(4개월)
4~6 개월	• 모로반사 사라짐(5개월) • 긴장성 목반사 사라짐(6개월)	• 대부분의 영아가 뒤집기를 할 수 있음(5개월)	
7~9 개월		• 절반 이상의 영아가 길 수 있음(7개월) • 대부분의 영아가 양손으로 바닥을 짚은 상태에서 앉을 수 있음(8개월) • 한 손으로 가구를 잡고 걷기 시작(9개월)	• 양손 협응을 통해 블록을 한 손에서 다른 손으로 옮길 수 있음(8개월) • 절반 이상의 영아가 우윳병을 두 손으로 쥘 수 있음(9개월) • 대부분의 영아가 엄지 안쪽과 나머지 손가락 끝으로 미세한 손가락 근육을 이용하여 블록을 잡을 수 있음(9개월)
10~12 개월		• 절반 이상의 영아가 손을 잡고 걸을 수 있음(11개월)	
13~18 개월		• 절반 이상의 영아가 혼자서 걸을 수 있음(15개월) • 계단을 오르내릴 수 있음(17개월)	• 대부분의 영아들이 낙서를 함(13개월) • 헐거운 병뚜껑을 열 수 있음(16개월) • 절반 정도의 영아들이 4개의 블록으로 탑을 쌓을 수 있음(18개월) • 혼자서 포크를 이용할 수 있음(18개월)
18~24 개월		• 두 개 이상의 계단을 오르내릴 수 있음(19개월 이후) • 공 던지기를 할 수 있음(19개월 이후) • 뛰다가 스스로 멈출 수 있음(20개월 이후) • 대부분의 영아가 바퀴 달린 장난감을 밀면서 코너를 돌 수 있음(24개월 이후)	• 대부분의 영아가 컵을 사용해서 물을 마실 수 있음(21개월)

출처: 곽금주, 김연수(2014). 영아발달. 학지사.

② 운동발달

영아의 운동발달은 대개 정해진 순서로 진행된다. 이것은 유전에 의한 성숙의 영향이지만, 이후 성장하면서 환경을 통한 경험으로 보다 정교한 움직임이 가능해진다. 운동발달은 운동에 사용되는 근육의 크기에 따라 대근육 운동과 소근육 운동으로 구분된다. 대근육 운동은 기기, 걷기, 달리기, 등 몸통과 사지와 같은 대근육을 이용하는 운동인 반면, 소근육 운동은 쥐기, 쓰기, 그리기 등 손가락과 같은 소근육을 이용하는 운동을 의미한다.

〈표 3-2〉 **운동발달의 규준**

나이	대근육 운동	소근육 운동
1개월		물건을 손에 놓으면 쥐기 가능
3~4개월		손을 가지고 놂
5개월	앞에서 뒤로 뒤집기	손 뻗음이 점점 정확해짐
6~8개월	기기 시작	
9개월	지지하며 서기	한 손에서 다른 손으로 물건 이동
10개월	잘 기어 다님	몸 중심쪽에서 양손을 다른 용도로 사용 가능
1년	기거나 서기 혹은 걷기, 한 층에 두 발씩 계단 올라가기	블록 쌓기, 물 붓기, 손가락으로 음식 먹기 등
2년	계단을 한 층에 한 발씩 오르거나 내려가기	넉넉한 옷 등을 입거나 (왼발, 오른발에 안 맞게) 신발 신기

출처: Macintyre, C., & McVitty, K. (2004). Movement and learning in the early years: Supporting dyspraxia(DCD) and other difficulties. London: Paul Chapmen.

③ 생리적 특징

■ 수면

신생아는 하루 24시간을 밤낮 구별없이 일정한 간격으로 자다 깨다를 반복하며 잠을 잔다. 그러다 점차 성장하면서 잠자는 시간이 줄고, 잠자는 패턴도 밤에는 자는 시간이 길어지며 낮에는 자는 시간이 짧아진다. 영아의 잠이 변화해 가는 과정에는 6단계의 전환점이 있다. 신생아기, 생후 6주째(밤잠이 길어지는 시기), 12~16주 사이(낮 시간의 잠이 규칙적으로 변하는 시기), 9개월(한밤중의 수유를 그만두고 낮잠을 두 번만 자는 시기), 12~21개월 사이(오전 중의 낮잠이 없어지는 시기), 3~4세 사이(오후 낮잠이 차차 줄어드는 시기)로 구분할 수 있다.

수면에는 눈동자의 빠른 움직임과 동시에 몸을 움직이고 빠르고 불규칙한 호흡과 맥박을 나타내는 REM(Rapid Eye Movement) 수면과 조용하고 깊은 잠에 빠진 비REM(Non-REM) 수면이 있다. REM 수면은 활동성 수면, 또는 선잠이라고 하는데 REM 수면 뒤에는 비REM 수면이 온다. 일반적으로 영아의 수면 패턴은 REM 수면과 비REM 수면기가 혼합되어 있는 것이 일반적이다. 영아는 3개월 정도되면 REM 수면이 전체 수면의 40% 정도가 되며, 연령이 증가하면서 REM 수면이 차지하는 비율은 점차 감소한다.

■ 섭식

영아는 생후 1년 동안 주로 모유나 조제유를 통해 영양분을 섭취하게 되나, 성장하면서 모유나 조제유를 통해 섭취하는 것 이상의 영양을 필요로 하게 되고, 구강과 소화기관이 발달함에 따라 다양한 자극을 원하게 된다. 그래서 모유나 조제유가 아닌 고형식으로 이행해야 하는데, 이유식은 젖에서 어른 음식으로 넘어가는 과도기 과정이다. 이유식을 시작하는 시기는 영아의 건강과 발달상태에 따라 다르며, 처음 이유식을 줄 때는 영양섭취보다는 새로운 음식에 익숙해지도록 하는 데 중점을 두는 것이 바람직하다. 보통 영아가 12개월경이 되면 고형식으로 바꾸게 된다.

■ 배변

대변과 소변을 통제할 수 있는 근육과 신경의 미성숙으로 인해 생후 6~7개월 이전에는 직장이나 방광이 꽉 차면 반사적으로 대소변을 배설하게 된다. 대소변 훈련의 시기는 영아마다 차이가 있으나 대개 대변은 약 13~15개월 정도에, 소변은 20개월 정도가 되어야 가리게 되는데, 대소변 가리기는 영아의 건강과 정서상태에 따라 차이가 있으므로 지나치게 강요해서는 안 된다. 대개 영아가 혼자 일어서며, 앉고, 걸을 수 있을 때, 배변훈련을 하기에 적절한 시기로 볼 수 있다.

④ 뇌와 신경계의 발달

■ 뇌의 구조와 기능

뇌의 구조를 종단면으로 살펴보면, 뇌는 뇌간, 변연계, 대뇌피질의 세 부분으로 구분된다.

■ 뇌간

- 뇌의 가장 아래쪽에 있다.
- 두뇌의 부위 중 가장 먼저 발달하여 수정하여 15개월까지 발달한다.
- 반사적 눈 깜박임, 빨기와 같은 기본반응, 호흡과 수면 등 생존에 필요한 기능을 통제한다.

■ 변연계

- 뇌간과 대뇌피질 사이에 있다.

- 15개월부터 4세까지 가장 활발하게 발달한다.
- 시상과 시상하부, 편도, 해마로 나누어진다.
- 감정과 본능적 욕구를 조절한다.

■ 대뇌피질

- 얇은 신경조직으로 이루어진다.
- 뇌구조 중 가장 많은 수의 뉴런과 시냅스가 있다.
- 두 개의 반구, 좌반구와 우반구로 구분된다.
- 네 개의 영역(엽)으로 나누어지고, 부위에 따라 기능이 다르다.

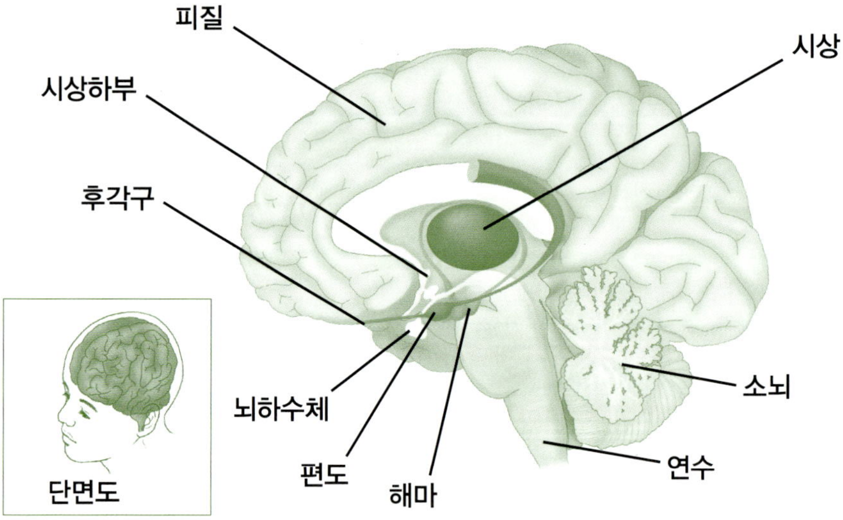

[그림 3-2] 뇌의 구조

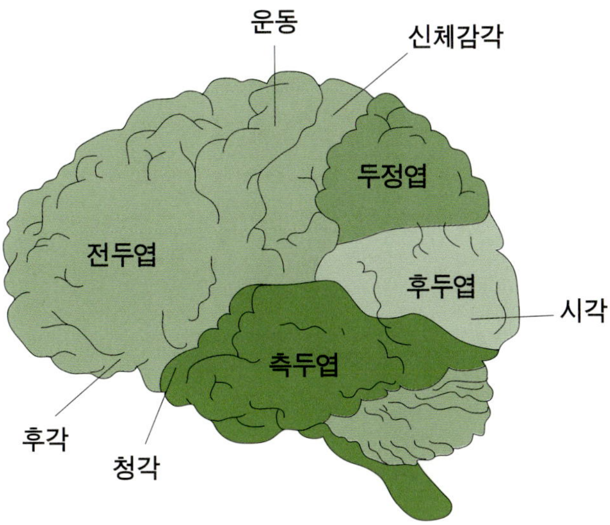

[그림 3-3] 대뇌 피질

후두엽 – 시각	측두엽 – 청각과 언어
두정엽 – 공간지각	전두엽 – 사고, 계획, 충동조절 및 창의성

■ 신경계의 발달

신경계를 구성하는 기본단위는 뉴런(neuron)으로 뉴런은 세포 내에서 정보를 전달하고 교환하는 역할을 담당하는데, 대부분 뉴런의 증식은 보통 임신 6개월 전후로 완료되는 것으로 보인다. 뉴런의 구조는 세포체, 수상돌기, 축색돌기로 이루어진다. 수상돌기는 다른 뉴런으로부터 정보를 받아들이는 역할을 하며, 세포체는 뉴런의 몸체로서 여러 가지 구조물을 담고 있다. 세포체와 연결되어 있는 축색돌기는 정보와 신호를 다른 수상돌기에 전달하는 이동통로의 역할을 담당한다.

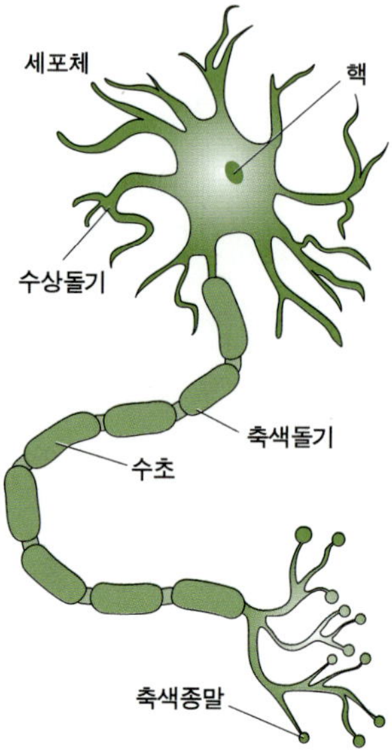

[그림 3-4] **뉴런의 구조**

축색돌기의 표면은 지방 세포층으로 미엘린(myelin)이라는 일종의 절연물질로 덮여 뉴런의 빠른 정보전달을 돕는다. 뉴런의 축색돌기 끝에 있는 축색종말과 다른 뉴런의 수상돌기가 서로 접하고 있는 부분을 시냅스(synapse)라고 하는데, 시냅스의 형성은 생득적인 프로그램에 의해서 결정되고, 피질 영역의 모든 층에서 거의 동시에 시작되며, 그 진행속도는 피질 영역의 측에 따라 차이가 있다.

영아기 두뇌발달의 핵심변화는 급격한 시냅스의 형성과 수초화이다. 시냅스는 만 2세가 될 때까지 지속적으로 증가하고, 그 이후부터는 점차 감소한다. 즉, 필요한 만큼의 뉴런과 시냅스를 남기고 필요없는 것은 버리는 과잉생성 후의 선택적 소멸 과정을 거치게 된다. 이를 가지치기라고 하는데, 가지치기는 뉴런, 수상돌기, 축색돌기, 시냅스 모두에서 일어나며, 인간의 내적 · 외적 환경에 영향을 받는다.

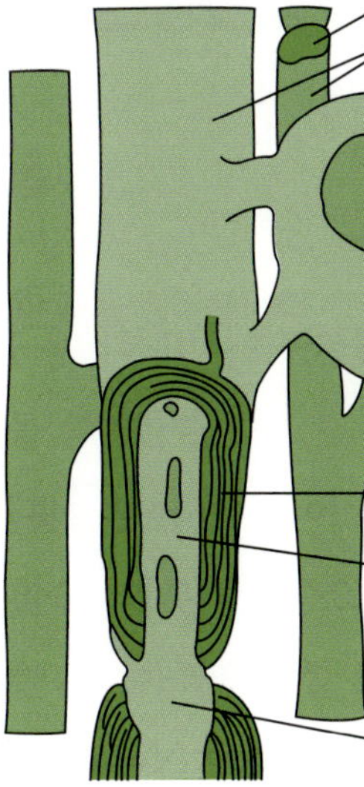

[그림 3-5] 수초화 현상

(2) 인지발달

① 감각기관의 발달

피아제의 감각운동기에 해당하는 영아는 자신이 가지고 있는 오감각 즉, 시각, 청각, 후각, 미각, 촉각을 통해 주변 세상을 이해하기 시작한다. 예를 들어, 만 1세 영아는 손으로 사물을 만지고, 잡고, 입에 넣어보고, 빨아보는 행위를 통해 사물을 탐색한다. 이러한 탐색과정을 통해 사물에 대한 다양한 지식이 형성된다. 이 과정에서 인간이 가진 오감각은 세상을 이해하는 도구와 같은 기능을 하는 것이다. 또한 감각기관을 통해 사물과 주변환경에 대한 보다 구체적인 지식을 구성하고, 이 과정이 반복됨으로써 영아의 행동은 더욱 숙련될 수 있다

〈표 3-3〉 영아기 감각발달과정

월령	시각	청각	후각	촉각
1개월	• 양쪽 눈이 동시에 함께 움직이고 눈주위에 아른거리는 물체에 초점을 맞추고 무엇인지 알아낸다. • 시력은 아직까지 약하지만 움직이는 물체는 조금 더 잘 볼 수 있다.	• 남성의 목소리보다 여성의 목소리를 더 선호하며, 낮은 음보다는 고음을 좋아한다. • 소리 나는 쪽으로 몸을 움직이고, 간단한 소리를 구별 할 수 있다.		• 반사적으로 소리나는 쪽으로 몸을 뻗는 것이 감소하기 시작한다.
3개월	• 특별히 사람의 얼굴을 좋아하며 엄마의 목소리를 인식한다. • 고정된 물체보다 움직이는 물체를 더 선호한다.	• 양육자가 말하는 것을 물끄러미 바라보기도 하고, 소리 나는 쪽으로 고개를 돌리기도 한다.		• 친숙한 물체와 그렇지 않은 물체를 구별할 수 있다.
5개월	• 고정된 물체는 거의 정확하게 볼 수 있고, 강한 대비가 있는 물체나 색깔을 선호한다.	• 소리 나는 쪽으로 고개를 빨리 돌릴 수 있고, 친숙한 사람의 목소리 정도는 구별할 수 있다. • 조금 복잡한 음도 구별이 가능하다.		• 주먹을 쥐고 있던 손을 펴서 무엇인가 만지고 잡으려고 팔을 쭉뻗는다. • 입으로 물체를 탐색한다.

〈표 3-3〉를 통해 생애 초기 감각기관의 발달과정과 특징에 대해 이해할 수 있다(이영 외, 2015). 특히 영아기에는 뇌의 신경회로가 급격히 발달하는 시기로 이러한 신경계의 성숙과 눈, 코, 귀 등과 같은 감각 수용기의 민감성이 증가하게 되는데, 감각수용기로 들어온 감각자극을 뇌의 기억 및 감정처리기관으로 전달함으로써 영아기 감각을 기억하고 해석하는 능력도 발달한다. 출생 후부터 감각 및 지각능력의 지속적인 발달을 통해 12개월이 되면, 영아는 감각기관으로부터 오는 정보를 통합하는 능력이 완성된다. 즉, 감각기관을 통해 자극이 전달되고 각 감각을 통해 전달된

정보의 관계를 지각할 수 있다. 예를 들어, 딸랑이를 만질 때마다 소리가 나는 것을 반복경험하면서 딸랑이라는 시각자극, 손에 닿는 촉각자극, 딸랑거리는 소리의 청각자극을 함께 통합하여 지각할 수 있다. 이와 같이 다양한 감각기관에서 유입된 정보를 통합하는 '감각 간 지각(intermodal or intersensory perception)'이 가능해지는데, 정보를 해석, 통합하는 이러한 능력은 영아기 인지발달의 중요한 부분이다.

② 사고의 특징

■ 감각운동적 사고

피아제는 인지발달단계에서 감각운동기로 구분한 영아기는 감각기관과 운동기능을 통해 세상을 이해하는 것으로 보았다. 감각운동기 영아는 생득적으로 타고난 몇 가지 반사행동을 통해 환경을 탐색하고 이해해 나간다. 이러한 반복경험이 축적됨에 따라 여러 반사행동을 통합하여 의도적인 행동을 하게 된다. 예를 들어, 엄마의 젖을 빨거나 손에 닿는 물체를 잡는 단순한 반사행동은 점차 의도를 가진 초보적인 지적행동으로 발달하게 된다. 이러한 변화는 생득적인 반사행위를 통해 환경에 반응하던 존재에서 점차 환경을 스스로 조절하고, 적응해 나가는 보다 능동적인 존재로서의 발달을 시사한다.

〈표 3-4〉 피아제의 감각운동적 사고의 6단계

단계	월령	특징
반사기	출생 ~ 1개월	• 영아는 감각적 자극에 반사적으로 반응한다. • 잡기, 빨기 등의 영아의 반사행동은 최초의 도식을 제공한다.
1차 순환반응기	1 ~ 4개월	• 영아는 도식의 활성화를 통해 세상에 대해 배운다. • 발가락을 빨거나 잡는 행동은 우연한 움직임의 결과로 발생하지만, 이후에는 단순히 '재미있기 때문에' 반복된다.
2차 순환반응기	4 ~ 8개월	• 영아는 행동을 반복하기 위해 의도적으로 도식을 사용하며, 이를 통해 목적을 달성한다. • 예를 들어, 장난감을 작동시키기 위해 계속적으로 버튼을 누르는 행동을 반복하는 것이다.
2차 순환반응의 협응기	8 ~ 12개월	• 영아는 두 개의 개별적인 도식을 협응하여 특별한 결과를 만들어 낸다. • 놀잇감 앞에 장애물이 있을 때 영아는 그 장애물을 치우고 나서 장난감을 집고 조작한다.
3차 순환반응기	12 ~ 18개월	• 영아는 도식을 실험하기도 한다. • 작은 막대기를 가지고 실로폰을 치는 행위는 '음악'을 만들어 내기도 한다. • 반면, 손가락을 사용하거나 플라스틱 컵을 두드리면 다른 소리를 만들어낸다.
정신적 표상기	18 ~ 24개월	• 걸음마기 영아는 자신의 목적을 달성하기 위해 생각을 하여 도식을 선택할 수 있다. • 손잡이가 달린 장난감을 보고 영아는 예전에 장난감을 잡던 방식을 바꾸어 손잡이를 잡아 장난감을 집어든다.

출처: 이영, 이미란, 홍희영, 한성희, 민성혜(2015). 영아발달. 학지사.

■ 대상영속성

대상영속성이란, 어떤 대상이 보이지 않거나 다른 감각을 통해 탐지할 수 없을 때도 어딘가에는 여전히 존재한다고 인식하는 것이다. 즉, 사물이 우리의 바람과 생각과는 상관없이 독립적으로 존재하고 있음을 이해하는 것으로, 12개월 이후 사물의 존재에 대한 단편적인 이해가 점진적으로 발달하여 24개월 정도가 되면 이 개념을 완전히 획득하게 된다. 피아제는 주변 세상을 탐색하고 적응하기 위해서는 대상영속성이 필요하다고 설명하면서, 8개월경 이전에는 대상영속성의 개념이 없다가 이후 감각운동기의 하위 6단계에 병행하여 단계적으로 발달한다고 하였다.

■ 상징

상징이란, 의미를 부여한 단어, 숫자, 이미지를 의미한다. 영아는 기초적 수준의 상징을 사용할 수 있는데, 8개월이면 대부분의 영아들은 엄마가 준 음식이 싫을 때 거부의 표현으로 손을 흔들거나 고개를 가로젓는 행동을 하고, 우유가 마시고 싶다는 것을 표현하기 위해서는 우유병을 들고 먹는 제스처를 하는 행동을 보인다. 이것은 영아가 상징과 실제 행동의 연관성을 이해하고 있으며, 상징을 사용하여 자신이 생각을 표현할 수 있다는 것을 의미한다. 만 2세 미만까지는 단순한 동작을 모방하여 행동을 표상하는 기초적인 수준의 상징을 사용하며, 만 2세가 지나면 행동뿐만 아니라, 단어나 숫자, 이미지, 언어 등을 통해 상징을 사용할 수 있다.

(3) 언어발달

① 언어 이전 시기

■ 울음과 쿠잉

출생 직후 영아는 여러 가지 소리를 내고, 울음으로 욕구를 표현한다. 시간이 지날수록 울음소리가 분화되어 영아의 욕구에 따라 다른 울음소리를 낼 수 있어 양육자는 울음소리의 고저, 강도의 차이를 통해 욕구를 구분할 수 있다. 또한 2~3개월이 되면 '아~', '우~'와 같은 목울리기, 즉 쿠잉(cooing)을 시작한다. 이는 목젖이 떨리면서 나는 소리로 이후 발성의 기초가 되는 과정이다.

■ 옹알이

6~8개월이 된 영아들은 '마마---', '바바---' 등과 같은 자음과 모음이 연합된 한 음절로 된 소리를 내면서 점차 복잡한 소리를 만들어 내는데, 이것을 옹알이(babbling)라고 한다. 이러한 영아의 옹알이는 언어발달의 연속선상에서 나타나는 자연스런 과정으로 자신이 만들어 낸 소리를 적극적으로 실험해 나가는 과정이다. 대개 6개월이면 양육자가 반응하는 말소리와 비슷한 소리로 옹알이를 하거나 소리를 내게 되고, 9개월경이면 주변 사람들의 말소리를 따라하기도 한다. 영아마다 옹알이의 시작 시점, 옹알이를 하는 정도는 영아마다 개인차가 있으나, 양육자가 적절한 반응과 상호작용을 해주면 언어발달이 촉진될 수 있다.

② 언어 획득 시기

■ 한 단어 문장시기

옹알이의 사용과 함께 9~10개월이 되면, 영아들은 새로운 발음을 만들어 내거나 단어를 말하는 등 관습적으로 통용되는 소리를 만들어 내기 시작하며, 대개 10~15개월 사이에 첫 단어를 말한다. 대개 영아가 처음으로 말하는 한 단어는 '엄마', '아빠', '우유' 등과 영아의 일상생활에서 친숙한 단어로, 이 단어를 통해 자신의 욕구와 생각을 표현하게 되는데, 영아가 표현하는 한 단어는 문장을 의미할 수 있다. 예를 들어, 엄마를 쳐다보며 '우유'를 말하는 것은 엄마에게 우유를 먹고 싶은 욕구를 표현한 것으로 해석할 수 있다.

■ 두 단어 문장시기

18~24개월이 되면, 단어를 조합하여 구조화된 언어인 두 단어 문장을 구사하기 시작하며 빠른 속도로 단어를 획득하고, 점차 성인의 말에 가까운 언어를 사용하기 시작한다. 이 시기 영아의 단어습득은 폭발적으로 일어나 24개월이 되면

250~300개 정도의 단어를 이해하고 사용할 수 있다. 그리고 더 이상 한 단어가 아닌 두 개 단어를 결합시켜 보다 다양한 표현을 시도하게 된다. 두 단어 문장 표현은 문장완성에 필요한 전치사, 접속사 등의 부재로 단어로만 결합된 형태이므로 '전보식 언어'라고도 부른다. 예를 들어, "아빠 빵빵"이라는 두 단어 표현은 아빠에게 자동차가 오고 있다는 것을 표현한 의미이거나 아빠와 함께 자동차 타러 가자는 의미가 될 수도 있다.

(4) 사회성 발달

영아의 사회성 발달은 애착관계 형성, 타인과의 상호작용, 자율성, 자기조절, 그리고 친사회적 행동의 발달로 특징지을 수 있다. 이러한 사회성 발달은 출생하여 2세경에 이르기까지 주로 영아를 양육하는 주된 양육자를 중심으로 점차 상호작용의 범위를 확대하면서 발달되고, 1세 이후 혼자 걸을 수 있는 능력이 발달하면서 점차 또래와의 상호작용을 발달시킨다.

1세 말경, 자아개념이 강해지면서 자신의 성에 대한 개념을 형성하며, 2세경에는 성이 바뀔 수 없는 것임을 인식하면서 자신과 동성의 부모를 동일시하는 현상이 나타난다. 2세가 되면 1세보다 더욱 사회적 존재로서의 자신에 대한 인식이 발달하는데, 자신과 타인과의 관계에 대한 개념을 형성하기 시작하며 자신이 누구인지, 타인과는 어떻게 다른지, 타인과 어떻게 대화를 하고, 상호작용을 해야 하는지 등에 대한 사회적 기술을 터득해 나간다. 즉, 자신의 신체적 외모, 성, 행동적 경향, 정서, 능력, 흥미, 목적 등을 포함한 자신에 대한 평가라고 할 수 있는 자아개념이 발달하며, 자아개념에 따라 자아존중감의 정도가 다르게 나타난다(김은아, 2008). 또한 신체적 발달과 함께 자율성이 생기면서 스스로 이동하고 주변을 탐색하며, 관계를 형성하는 능력이 생긴다. 영아기는 자아형성의 첫 단계로서 자기(The self)를 인식하게 된다.

특히 2세 영아들은 자신의 신체적 모습을 의식적으로 자각하게 되어 거울에 비친 상을 보며 자신의 이름을 사용해서 "○○이는" 하며, 자신을 언급하는 개인적 대명사(나는, 나를)를 사용한다. 그리고 18개월에서부터 30개월까지 범주적 자기(categorical self)를 발달시키며 연령(아기, 어른, 남자), 성(남자, 여자), 신체적 특징(큰, 강한), 선과 악(나는 착한 아이, 동생은 나빠)에 기초해 자신과 다른 사람들을 범주화한다(Stipek, Gralinski, & Kopp, 1990).

(5) 정서발달

① 정서표현과 정서이해

■ 정서표현

일반적으로 정서란 자극에 직면하여 발생하거나 자극에 수반되는 여러 가지 생리적 변화(예: 혈압, 맥박 수, 호흡변화)라든가, 눈에 보이는 행동(예: 미소, 찡그림) 등의 반응을 말한다. 영아기의 정서는 두 가지 기능 또는 목적이 있다. 첫째, 영아의 정서표현은 영아의 상태를 다른 사람, 특히 양육자에게 알림으로써 양육자로 하여금 영아를 보살피게 하는 기능이 있다. 둘째, 영아기의 정서는 특정 자극에 대해 특정한 행동을 하도록 하는 동기를 부여한다(Lamb, 1988; 정옥분, 2012, 재인용).

영아기에 나타나는 정서는 일반적으로 '일차 정서'와 '이차 정서'로 구분한다. 일차 정서는 생의 초기에 나타나고 얼굴표정만으로도 정서상태를 구분할 수 있는데, 대개 '기쁨', '분노', '슬픔', '공포', '분노', '놀람' 등이 포함된다. 한편, 만 1세가 지나면서 일차 정서 외에도 '당황', '수치심', '죄책감', '질투', '자긍심', '분리불안', '낯가림'의 복잡한 정서적 반응을 나타내는데, 이것을 '이차 정서'라고 한다. 이차 정서는 인지과정이 따르는 것으로 영아 자신에 대한 인식뿐만 아니라, 자기 행동을 평가할 수 있는 능력이 있어야 나타나는 정서이다. 따라서 이차 정서를 '자기 의식적 정서'라고 부른다.

〈표 3-5〉 **영아기 정서발달의 예정표**

정서	처음 나타나는 시기
흥미	출생 시
불쾌	출생 시
혐오	출생 시
기쁨	4 ~ 6주
분노	3 ~ 4개월
놀람	3 ~ 6개월
슬픔	출생 ~ 3개월
공포	5 ~ 7개월
수줍음	6 ~ 8개월
격노	7 ~ 개월
수치	12 ~ 24개월
당황	24 ~ 36개월
죄책감	24 ~ 36개월

출처: 정옥분(2012). 영아발달. 학지사.

만 3세가 되면, 자신의 감정과 성인의 감정 간의 차이를 인식하는 등 타인에게 많은 관심을 보인다. 생애 초기의 기본정서는 매우 강렬하고, 영아가 흔히 보여주는 분노는 감정의 강도를 나타내는데 정서가 분화됨에 따라 영아의 반응 또한 다양하다. 항상 소리를 지르기보다는 화가 났을 때, 소리를 지르고 실망했을 때에는 입을 내밀고 좌절하면 훌쩍거리고 흥분된 감정을 말을 표현하기도 한다. 이와 같이 정서가 다양한 표현양식을 갖게되는 것은 기본정서, 상황적 맥락, 발달하는 인지와 언어 능력과의 상호작용 결과이며, 이러한 요소들 자신과 타인에 대한 정서이해에 영향을 미친다.

■ 정서이해

정서를 이해한다는 것은 자신의 정서와 타인의 정서를 이해하는 것, 그리고 정서 조절과 표현규칙에 대해 이해하는 것을 포함한다. 이것이 갖는 의미는 자기 정서를 정확하게 인식하고 타인의 정서를 이해하는 능력을 갖게 됨으로써, 타인과의 관계와 상호작용에 대한 적응적 가치를 갖는 것이다. 즉, 대인관계 상황에서 상대방의 행동을 예측할 수 있게 해주고, 그에 따라 적절하게 대처하여 원만한 인간관계를 형성할 수 있도록 돕는 기능이 있다.

정서이해와 관련하여 사회적 참조(social reference)의 개념에 대해 이해할 필요가 있다. 사회적 참조란, 불확실하거나 모호한 상황에서 다른 사람의 정서를 행동의 길잡이로 삼는 현상(Feinman, Roberts, Hsieh, Sawyer & Swanson, 1992)을 의미한다. 우리가 처음 접하는 낯선 상황에서 어떤 행동이 적합한지 판단하려면, 동일한 상황에 있는 다른 사람의 행동을 유심히 쳐다보고, 자신의 행동을 결정하게 되는데 이 때 다른 사람의 행동은 행동선택의 기준이 될 수 있다.

영아도 성인과 마찬가지로 처음 접하는 사람이나 상황에서 양육자의 얼굴표정이나 반응을 살펴봄으로써 자신의 행동을 선택하게 되는 사회적 참조현상을 나타내는데, 이는 대개 타인의 얼굴표정을 읽고, 그 의미를 아는 생후 7개월부터 가능하다 (Nelson & Dolgin, 1985).

사회적 참조를 위해서는 세 가지 능력이 필요하다(Baldwin & Moses, 1996). 첫째, 진정한 의미의 사회적 참조를 하기 위해서 영아는 타인의 정서반응으로부터 사회적 정보를 처리해야 한다. 이는 영아가 타인의 특정 정서표현을 탐지하고 다른 정서와 변별하며 그 의미를 이해하는 것을 뜻한다. 둘째, 영아는 타인으로부터 정서적 메시지가 자신과 상대가 동시에 바라보고 있는 바로 그 자극에 대한 것임을 인식하고 함께 주의를 기울여야 한다. 이를 공동주의(joint attention)라고 한다. 만일 공동주의가 없다면 영아의 사회적 참조행동은 자극에 대한 정보를 인지적으로 추구하는 것이기보다는 단순히 특정 정서에 대한 반사적 행동이 될 것이다. 셋째, 영아들은 타인으로부터 받은 정서적 단서를 인지적으로 해석하여 그 해석에 맞게 자신의 행동을 조절할 수 있어야 한다. 이러한 사회적 참조의 하위능력들은 영아기 전반에 걸쳐 점진적으로 발달한다(곽금주 외, 2014)

2) 영아기발달을 위한 지도방안

앞에서 살펴본 영아기발달 영역별 특징과 행동에 기초하여 부모와 현장 교사의 역할을 제시하면 다음과 같다.

- 영아기의 신체발달 특성에 대한 이해가 필요하다. 인간의 발달은 일정한 순서에 따라 진행되므로 영아의 신체발달에 대해 성인이 충분이 이해하고 있어야 월령에 적합한 도움을 줄 수 있다. 또한 영아의 신체발달을 위해 정기적으로 신체를 검사하고 발달변화를 점검해야 한다.
- 영아기는 감각운동발달의 기초가 되는 시기이므로 여러 가지 감각적 경험과

다양한 환경을 제공해주어야 한다. 발달단계별 감각자극 제시방법은 다음의 〈표 3-6〉과 같다.

〈표 3-6〉 발달단계별 감각자극의 제시방법

월령	제시방법
1개월	낮은 수준의 자극은 스트레스를 감소시키고 영아의 민감성을 증가시킨다. 지나친 자극이 주어질 경우, 영아의 뇌 기능이 중단되므로 영아와 이야기할 때는 라디오 등과 같이 주의를 산만하게 하는 소음을 차단해야 한다.
1～3개월	뚜렷하게 명암의 대조를 이루는 물체는 영아의 시각 영역의 신경조직의 발달을 촉진시킨다. 또한 청각에서도 소리의 억양, 쾌활함이나 고저와 같은 언어적 단서를 구분하기 시작하므로 영아에게는 이러한 기능을 도와주기 위해 활기찬 목소리로 말하는 것이 좋다.
3～5개월	영아는 외부 세계에 대한 정보를 얻는 데 있어 우선적으로 시각에 의존한다. 그러므로 주변 환경에 실제 사물과 일치하는 복잡한 형태를 이용하는 것이 바람직하다. 움직임은 영아의 주의집중을 유도하므로 실제 사물보다는 시야를 따라 움직이는 사물의 그림이 보다 많은 자극을 제공해 준다.
6～7개월	영아는 인과관계에 민감해진다. 문의 손잡이를 돌리면 문이 열리게 되는 상황을 실제로 보여주고 이야기해 주는 것이 좋다.
7～8개월	영아의 뇌는 소리와 의미 있는 활동이나 대상 간의 연합을 시도하고자 한다. 방문객이 왔음을 의미하는 벨소리와 같은 상황을 대화를 통해 강조할 수 있다.
9～12개월	주변 환경에 대한 탐색에 더 많은 관심을 갖게 하며, 감각과 운동능력의 협응이 보다 성숙한 형태로 이루어진다. 적절한 제재 하에서 전등의 스위치나 수도꼭지를 틀어보게 할 시점이다.
13～18개월	환경과 직접적으로 상호작용하는 과정을 통해 보다 복잡한 연합이 이루어진다. 풍부한 환경은 이러한 연합 능력의 발달을 도와준다.

출처: 정옥분, 정순화(2008). 부모교육. 학지사.

• 뇌발달 촉진을 위한 민감한 양육이 필요하다. 영아기는 뇌가 급속히 성장하는 시기이므로, 많은 시냅스를 형성하고 최적의 뇌발달을 이루기 위한 적절한 환경자극이 필수적이다. 뇌의 신경세포는 약 1,000억 개로 태어날 때 그 수가 가장 많다. 머리의 좋고 나쁨은 시냅스가 얼마나 정교하게 많이 발달하느냐에 따라서 결정이 되는데, 이러한 시냅스의 연결회로는 만 3세까지 일생을 통해서 가장 활발하게 발달한다. 따라서 영아의 교육은 뇌부위발달을 극대화시킬 수 있는 방향으로 이루어져야 하는데, 구체적인 방안은 다음과 같다(서유헌, 2006).

■ 전뇌가 고루 발달하도록 다양한 자극을 주어라.

0~3세까지는 다른 시기와 달리 고도의 정신활동을 담당하는 대뇌피질을 이루는 부분, 즉 전두엽, 두정엽, 후두엽이 골고루 발달하는 시기로, 이 시기 뇌발달을 촉진시키기 위해서는 다음과 같은 점을 유의할 필요가 있다. 우선 이 시기에는 다양한 영역의 정보를 왕성하게 발달하므로 어느 한쪽으로 편중된 학습은 좋지 않다. 예를 들어, 언어교육을 무리하게 시킨다든지, 카드학습을 지속적으로 시키는 등의 일방적이고 편중된 학습방법은 큰 도움이 되지 않는다. 오감학습을 통해 두뇌를 꾸준히 지속적으로 자극해야 뇌발달이 효과적으로 이루어진다. 즉, 잠깐 스치듯이 지나가는 정보는 신경회로를 만들긴 하지만 곧 없어지며, 꾸준하고 지속적으로 다양한 영역의 정보를 주어야 신경회로가 튼튼하고 치밀하게 자리를 잡는다.

■ 부지런한 손놀림을 시키고 기어 다니게 하라.

뇌에서 가장 큰 면적을 차지하는 것이 손을 관할하는 부위이기 때문에 갓난아기 때부터 활발한 손놀림을 시켜 뇌발달에 도움이 되도록 한다. 특히 아이가 양 손을 다 사용할 수 있는 놀이를 시켜 주어 좌뇌, 우뇌가 같이 발달할 수 있도록 유도해야 한다. 또한 아이가 가능한 많이 기게 하는 것이 좋다. 기기 위해서는 두 팔, 다리의 힘과 균형을 맞추어야 하는데, 이 과정에서 좌우뇌의 발달이 균형적으로 이루어질 수 있다.

■ 스킨십은 두뇌발달에 좋다.

피부는 '제2의 뇌'라고도 불린다. 즉, 피부감각을 발달시키는 것이 뇌발달과 직결된다. 따라서 자주 쓰다듬기, 안아주기, 마사지 해주기 등은 두뇌발달을 촉진시킬 수 있다. 이런 방법들은 아기의 정서적 안정에도 도움을 준다.

■ 올바른 식사습관이 두뇌발달을 촉진한다.

꼭꼭 씹어 먹는 과정에서 뇌에 자극을 주게 되고, 이런 자극은 뇌의 신경회로를 활성화시켜 준다. 또한 아침밥을 꼭 먹도록 해 뇌가 활발하게 활동하도록 해야 한다. 뇌의 에너지는 당에서 생성되기 때문에 밥 같은 탄수화물을 섭취하는 것이 뇌발달에 도움이 된다.

- 언어적 자극과 함께 즐거운 놀이경험을 제공한다.
- 영아의 발달특성에 적합한 놀잇감과 학습기회를 제공한다.
- 풍부한 언어자극을 제공하고, 영아지향적으로 말하기를 실천한다.

영아지향적 말하기란, 영아가 관심 있어 하는 내용으로 의사소통할 때 목소리의 톤을 높이고 정확한 발음으로 천천히 말하여 단어를 쉽게 구별할 수 있도록 하는 것이다. 또 어떤 단어를 강조하거나 반복하고 짧은 문장을 사용하여 쉬운 문법을 익히도록 한다

- 영아의 기질을 제대로 파악하여 기질의 유형별로 효과적인 상호작용이 필요하다. 구체적인 실천방안은 다음과 같다(이영 외, 2015)

영아의 기질유형에 따른 효과적인 상호작용

① 순한 기질을 가진 영아

- 순한 영아는 대체로 조용하고 잘 적응하여 양육자의 관심 밖으로 밀려나기 쉬우므로, 매일 조금씩이라도 의도적으로 욕구를 점검해주고, 특별한 관심을 보여 주도록 배려하여야 한다.
- 멀리서 교사를 바라보거나 눈 마주치기 등으로 자기욕구를 조용히 표현하기 때문에 욕구표현을 잘 알아차리고 반응해주어야 한다.
- 성인의 요구에 순종만 하도록 강요하지 않는 것이 필요하다.

② 까다로운 기질을 가진 영아

- 에너지가 넘치므로 자기표현이 기회를 많이 준다.
- 활동적인 아이를 위해서 활동적으로 놀 수 있는 공간을 마련해 준다.
- 아이를 통제할 수밖에 없는 상황에서는 무조건 제지하거나 통제하기보다 가능한 대안을 제시하여 스스로 선택하게 하거나 관심을 돌리게 한다.
- 까다로운 아이들은 규칙적인 일과에 자신을 맞추기 어렵기 때문에 융통성을 가지고 상호작용하는 것이 필요하다.
- 까다로운 아이는 서두르는 것을 싫어하므로 무엇인가를 하게 될 때는 갑자기 요구하기보다는 미리 알려줄 필요가 있다.

③ 느린 기질을 가진 영아

- 느린 영아는 새로운 상황에서 새로운 집단에 적응하는 데 시간이 오래 걸리므로 기다려주어야 한다.
- 성급하거나 무리하게 요구하기보다는 천천히 조금씩 시도하게 해 준다. 재촉하거나 서두르면 아예 시도하지 않고 위축될 수 있다.
- 낯선 상황에서는 친숙한 장소나 물건, 활동을 경험하게 하여 낯선 상황에 대한 불안감을 감소시키도록 한다.
- 새로운 것을 처음 시도할 때는 친숙한 성인이 옆에서 지켜보면서 기다려줌으로써 안전기지를 마련해주어야 한다.
- 새로운 상황, 새로운 교사, 새로운 또래를 접하게 될 때, 갑작스러운 변화를 느끼지 않도록 특별히 주의를 기울여야 한다.
- 기다려주고 믿어주고 인정해 줌으로써 자존감이 낮아지지 않도록 주의한다.

- 영아와 안정애착을 형성할 수 있도록 영아의 요구에 만감하고 일관적인 반응을 보이며, 신체적 접촉을 많이 한다.
- 영아의 정서표현에 민감하고 적절하게 반응하면서 공감해줄 수 있어야 한다.
- 영아가 자신의 정서를 인식하고, 적절하게 표현할 수 있도록 격려해야 한다.

〈표 3-7〉 월령별 운동발달 특징과 부모 · 교사의 역할

월령	대근육 운동	소근육 운동	부모 · 교사의 역할
1개월	• 1개월경부터 손발을 제멋대로 뻗곤하며 옆에서 받쳐주지 않으면 목을 가누지 못해 머리가 뒤로 젖혀진다.	• 1개월경부터 대부분의 행동은 빨기처럼 반사운동이다.	• 영아를 안을 때 목을 받쳐 안는다.
2개월	• 안쪽으로 구부리고 있던 다리를 곧게 펴기 시작한다. 고개를 들어 올리려 애쓴다. • 등은 아직 둥글게 휘어 있지만 머리를 지탱하기 시작한다. • 엎어서 뉘이면 팔과 다리를 움직이면서 기는 것 같은 동작을 한다.	• 주먹을 조심스럽게 쥐었다 폈다 한다. • 장난감 등 물체를 몇 분 동안 쥐고 있을 때도 있다.	• 깨어 있을 동안 양육자와 함께 있을 때 일정 시간 동안 엎드려 있게 할 수도 있다. • 영아는 적극적으로 자기 몸을 움직여 보려고 시도하므로 운동발달을 연습할 수 있도록 해준다. 예를 들면, 배로 눕혀주면 머리, 어깨 등을 들려고 시도할 수 있다.
3개월	• 엉덩이와 무릎 관절이 유연해지면서 무릎을 구부렸다 펴기도 하고, 딱딱한 표면에 세워주면 발로 힘차게 밀어 젖힌다. • 엎드려 놓으면 머리와 가슴을 들어 올리려 한다.	• 움직이는 물체를 향해 손을 휘젓기도 한다. • 누워 있을 때는 두 팔을 똑같이 잘 움직일 수 있다.	• 쿠션과 같은 지지대에 기대어 앉히면 잠시(최대 10분 미만) 앉을 수 있으므로 기 대어 앉히고 주변 세계를 좀 더 잘볼 수 있게 해 준다.
4개월	• 체중을 좌우로 이동하는 법을 배워 몸을 뒤집는다. • 상체와 팔의 힘이 강해지고, 부축해주면 앉아 있을 수 있으며, 균형을 잡기 위해 기대는 경우가 많다.	• 팔을 쭉 뻗을 수 있고, 손을 짝 펴서 딸랑이 장난감과 같은 것을 움켜쥐고 입에 넣는다.	• 깨어 있는 동안 양육자와 함께 있을 때 엎드려 있게 하여 스스로 몸을 뒤집어 보 도록 격려한다. • 손으로 잘 잡을 수 있는 물건을 쥐어 준다. • 조금씩 먼 곳으로 영아가 팔을 뻗을 수 있도록 격려한다.
5개월	• 팔다리, 머리, 목을 조절하는 능력이 커져서 엎드려 있는 동안 머리를 들 수 있고 몸을 흔들어 댄다. • 똑바로 누워서 손으로 발을 붙잡을 수 있고, 붙잡은 발을 입으로 가져간다. • 등을 받쳐주면 30분 정도 앉아 있을 수 있다.	• 양손을 사용해서 물체를 쥘 수 있고, 물체를 한손에서 다른 손을 옮길 수 있다. • 병을 붙잡을 수 있다. • 손바닥에 만져지는 물체만을 쥘 수 있고, 엄지손가락을 사용하지 않는다.	• 기대어 앉아 있을 수 있는 시간이 길어졌으므로 수시로 기대어 앉혀 놓고, 옆으로 쓰러졌을 때 다치지 않도록 주변에 쿠션을 놓아둔다. • 양손을 사용하도록 격려하면서 공을 굴려 준다.

월령	대근육 운동	소근육 운동	부모 · 교사의 역할
6개월	• 복부와 등이 강해져서 앉아 있을 때 거의 도움이 필요 없지만, 항상 균형 감각을 이용해서 앉아 있지는 않는다. • 팔을 잡아 주면 고개를 쳐들고 앉으려고 한다. • 엎드린 상태에서 발로 바닥을 밀어젖히며 앞으로 전진 할 수 있다.	• 앉아 있을 때 마치 갈퀴질하듯 팔을 내밀었다가 당겼다 하는 동작을 한다.	• 종종 엎드려 발로 바닥을 밀면서 기어가는 연습을 할 기회를 준다. • 영아가 좋아하고 흥미를 보인다고 해서 지나친 자극을 주는 것은 좋지 않다. 긴장이오래 지속되면 영아가 곧 울게 되므로, 즐거워하는 정도 의 자극을 주도록 한다.
7개월	• 앉으려고 스스로 몸을 일으키기도 하고, 도움 없이 앉을 수도 있다. • 다른 사람이 잡고 세워 주면 두 발에 몸 전체의 제중을 실을 수 있다.	• 손으로 물체를 때리기를 좋아하고, 물체를 잡을 때 엄지손가락을 사용하기도 해서 한 손으로 물체를 잡을 수도 있다.	• 깨어 있는 동안 안전하게 앉아서 놀이할 수 있는 공간을 제공한다. • 앉아 있는 영아에게 흥미로운 놀잇감을 제시하여 목표 물을 향해 몸을 움직이고 잡아보도록 격려한다.
8개월	• 근육조절능력이 향상되어 기어다니기 시작하는데, 처음에는 뒤로 움직일 때가 많다. • 배를 대고 옆으로 몸을 돌리기도 하고, 뒤를 볼 수 있다.	• 움직이는 사물을 잡으려고 시도하고, 종종 잡는 데 성공 할 수도 있다.	• 여기저기 기어다니므로 위험한 물건이 없는 안전한 환경을 제공한다. • 영아 앞으로 천천히 물체를 움직이면서 영아가 물체를 잡아보도록 격려한다.
9개월	• 의도적으로 몸을 구르기도 하고 방향을 바꾸기 위해 몸을 회전시키기도 한다. • 손과 발로 바닥을 밀기도 하고 기기 전에 몸을 흔들기도 한다. • 기구를 붙잡아 당기며 몸을 일으켜 세울 수 있고, 서 있는 상태에서 무릎을 구려 앉는 법을 배운다.	• 움직이거나 매달려 있는 사물에 정확히 접근해서 정확하게 잡을 수 있다. • 손가락으로 물체를 찌르기도 하고 위쪽에 있는 물건 도 잡을 수 있다. • 떨어뜨린 물건을 찾기도 하고 작은 물건을 잡을 때 엄지손가락과 집게손가락을 함께 사용할 수 있다.	• 몸을 쉽게 굴리고, 뒤집을 수 있으므로 의자에 앉히거나 침대에 눕힐 때 위험하지 않도록 특별히 주의를 요해야 한다. • 안전하게 붙잡고 설 수 있는 지지대와 환경을 제공한다. • 영아에게 위험한 물건은 보이지 않게 치우고, 손가락으로 찌르거나 던지고 입에 넣어도 안전한 물체만 제공한다. • 빵 조각과 같은 것을 스스로 집어서 먹어 보도록 한다.

월령	대근육 운동	소근육 운동	부모 · 교사의 역할
12개월	• 걷기 시작하는 영아도 있고, 걸을 때 자세가 불안정하여 넘어지거나 가구에 부딪히는 경우가 많다. • 서 있거나 앉았을 때 혹은 기어다닐 때 몸의 중심이 앞쪽에 있고, 앉기 위해 의도적으로 몸을 굴리기도 한다.	• 손에 쥔 것을 놓는 방법을 배우게 된다. • 물체를 빨거나 두드리기 위해 손 전체를 이용하기보다는 손가락을 적절하게 사용 할 수 있다.	• 걷거나 붙잡고 일어설 때 위험하지 않도록 뾰족한 물체는 치우고, 안전하게 붙잡을 수 있는 기구만 배치한다. • 물체를 떨어뜨리고 다시 잡는 행동을 즐기는 시기이므로, 고무줄 같은 끝으로 물체를 묶어주면서 물체를 떨어뜨리고 다시 끌어올리는 놀이를 격려한다.
13~15 개월	• 두 다리를 벌린 채 팔자걸음으로 다니기도 한다. • 걸을 때 균형을 잡기 위해 두 팔을 이용한다. • 서 있는 상태에서 상체를 구부려 장난감을 집어 들고 다른 쪽으로 운반할 수 있다. • 두 손과 무릎을 이용해 계단을 올라간 후 엎드려 기거나 미끄럼을 타며 내려온다.	• 집게손가락으로 사물을 가르킬 수 있고, 엄지와 집게손가락으로 작은 물체를 정확히 잡을 수 있다. • 한 손으로 두세 개의 물체를 쥐거나 그릇을 뒤집어 내용물을 쏟아낸다. • 블록을 1~2개 쌓아올린 후 다시 무너뜨린다.	• 영아가 많이 움직일 수 있도록 이름을 부르거나 약간 떨어진 곳에 놀잇감을 놓아둔다. • 안전하게 계단 오르기를 연습할 수 있는 환경을 제공한다. • 안전하게 걷고, 물체를 탐색하도록 더 세심한 환경점검이 필요하다. • 손가락으로 물건을 가르켜 보도록 한다.
16~18 개월	• 공을 발로 차려고 하지만 제대로 못하고 공 위에 발을 얹어 놓는 형태가 된다. • 옆으로 혹은 뒤로 걸을 수 있다. • 걷다가 멈추거나 방향 전환하는 것이 좀 더 자연스러워진다. • 유모차를 타기보다는 자신이 직접 밀고 다니는 것을 좋아한다. • 걸을 때 두 다리를 모아서 걸을 수 있다. • 걸음새가 훨씬 더 자연스러워지며, 부모와 함께 계단을 올라갈 수 있다.	• 물건을 서로 끼워 맞추려고 한다. • 지름 크기가 5cm 정도의 둥근 나무토막을 둥근 구멍에 끼워 맞출 수 있다. • 공을 다른 사람에게 굴려주거나 던질 수 있다. 컵을 들고 물을 마실 수 있다. • 동그라미 이외에 몇 개의 도형의 모양 끼우기가 가능하다. • 간단한 놀잇감을 분해한 후 다시 조립할 수 있다. 지퍼를 내릴 수 있다.	• 걷다가 서기, 그리고 다시걷기 등을 연습하도록 격려 한다. • 걷고 있는 영아를 뒤에서 불러 방향을 전환하도록 격려한다. • 간단한 모양의 블록꽂이나 구멍에 넣기 놀이를 격려한다. • 가벼운 공을 굴려 주어 발로 차는 놀이를 하도록 한다. • 공 던지기 놀이를 해주면 좋다.

월령	대근육 운동	소근육 운동	부모 · 교사의 역할
19~24개월	• 잠시도 가만히 있지 못하고 종종걸음으로 돌아다니거나 기어오르고 달리며 모험을 즐긴다. • 넘어지지 않고 제대로 공을 찰 수 있다. • 철봉에 매달리기를 좋아한다. • 성인용 의자에 기어오른 후 돌아앉을 수 있다. • 달리는 모습이 아직 자연스럽지는 못하고, 멈추거나 모퉁이를 도는 데 서투르다. • 두 발로 동시에 점프하기를 시도하지만 두 발이 바닥에서 떨어지지 않는다. • 걸을 때 장애물을 피하기 위해 발 앞쪽을 살펴본다. • 난간을 붙들고 계단 하나에 두 발을 올려놓는 형태로 계단을 걸어 올라갈 수 있다. • 걷기와 달리기, 혹은 앉기와 서기 동작을 자연스럽게 전환시킬 수 있다. • 그네타기 등 각종 놀이를 즐긴다. • 운동조절능력이 향상된다. • 걸어다니는 것보다 달리기를 더 좋아한다. • 혼자 식탁에 앉거나 자동차에 올라탈 수 있다. • 유아용 농구골대에 공을 던져 넣을 수 있다. • 움직임이 훨씬 유연해진다. • 서 있는 자세가 더 안정되고, 넘어지는 경우가 줄어든다. • 혼자 계단을 걸어서 오르내리는 경우도 있고, 아직 기어오르는 것이 더 편안한 경우로 있다. • 음악에 맞추어 춤추는 것을 좋아하고 박자에 맞추어 몸을 움직이는 것을 배울 수 있다.	• 3~4개의 블록을 쌓아올린다. • 새로운 물체나 장소를 유심히 살핀다. • 혼자 침대나 의자에서 내려 올 수 있고 양말이나 신발 을 벗을 수 있다. • 공을 던질 때 손을 어깨 뒤 로 젖혔다가 앞으로 던질 수 있게 된다. • 책장을 한 번에 한 쪽씩 넘 길 수 있다. • 손가락이나 큰 크레파스로 낙서하기를 즐긴다. • 아주 작은 물체, 발레 같은 것들을 유심히 살펴본다. • 왼손잡이와 오른손잡이가 구별된다. • 혼자 신발을 신을 수 있지 만 찍찍이로 된 신발이 좋다. • 자동차 안전벨트를 스스로 매려고 한다. • 진흙놀이를 좋아한다. • 서투르지만 성인이 도와주 면 원을 그릴 수 있다. • 1~2조각의 퍼즐 맞추기를 할 수 있다. • 끈이 달린 놀잇감을 끈으로 조정할 수 있다. • 여러 개의 블록을 이용해 탑을 쌓을 수 있다. • 높은 곳에 있는 원하는 것 을 갖기 위해 의자에 올라 가서 그것을 잡는다.	• 쿠션이나 매트를 이용해 간단한 장애물 놀이를 할 수 있는 환경을 제공한다. • 놀이를 통해 성인의 지시에 따라 몸을 움직이는 것을 격려한다. • 놀이를 통해 성인의 지시에 따라 몸을 움직이는 것을 격려한다. • 안전하게 계단 오르내리기를 연습할 수 있는 환경을 제공한다. • 간단한 유아체조를 따라 해보도록 격려한다. • 혼자 숟가락으로 음식을 먹어보도록 한다. • 양말 벗기, 신발 신기, 지퍼 내리기 등 쉬운 일상생활 훈련을 혼자서 연습하는 것을 격려하거나 일상생활 훈련 교구를 제공한다. • 쉽게 부러지지 않는 도구로 끄적거리기를 하도록 격려한다. • 1~2조각 퍼즐 맞추기를 격려한다. • 모래놀이, 물놀이, 반죽놀이 를 격려한다.

월령	대근육 운동	소근육 운동	부모 · 교사의 역할
25~29개월	• 끊임없이 움직인다. • 다른 사람에게 쫓기는 놀이를 좋아한다. • 놀이터에서 미끄럼타기, 그네타기, 뛰어다니기를 즐긴다. 세발자전거 타기를 배울 수 있다. • 발끝으로 걷는 법을 배우고 한 발로 서 있기도 한다. • 층계의 계단 수를 세며 마지막 계단을 뛰어내린다. • 양발로 제자리뛰기를 시도하지만 아직 서투르다.	• 손가락, 손바닥, 손목의 움 직임을 조절하는 법을 배운 다. • 뚜껑을 돌려 열거나 문고리 를 돌려 열고, 꾸겨진 종이 를 펼친다.	• 성인이 쫓아가는 잡기 놀이 를 즐기도록 한다. • 안전한 실외놀이환경을 제공하고 놀이기구를 안전하게 사용하는 방법을 안내한다. • 10cm 정도 높이에서 뛰어 내리기 놀이를 격려한다. • 세발자전거 타기를 격려한 다. • 다양한 방법의 공놀이를 즐 기도록 한다. • 다양한 종류의 조작 놀잇감 을 제공한다.
30~36 개월 미만	• 걷는 모양이 어른들처럼 더욱 자연스러워진다. • 두 발로 동시에 껑충껑충 뛰거나 종종걸음으로 빨리 걷는 등 새로운 형태의 동작을 즐겨한다. • 계단을 오를 때 두 발을 교대로 이동한다. • 이동하면서 여러 가지 동작을 동시에 할 수 있다. 예를 들면, 달리면서 공을 던지거나 걸으면서 아이스크림을 먹을 수 있다. • 앞으로 넘어지지 않고 윗몸을 굽힐 수 있다. • 공을 발로 차서 의도한 방향으로 보낼 수 있다. • 선반 위에 올려놓은 공을 방망이로 칠 수도 있다. • 세발자전거를 제대로 탈 수 있다.	• 연필을 손에 제대로 쥐는 법을 배운다. • 크레파스로 그림 그리기를 좋아한다. • 수직선이나 수평선 그리기 를 좋아한다. • 수직선이나 수평선 그리는 흉내를 내지만 두 직선을 교차시키는 그림을 그리는 것은 서투르다. • 성인의 도움으로 안전 가위 를 사용할 수 있다. • 간단한 악기를 연주할 수 있을 정도로 근육조절능력이 향상된다.	• 리듬이나 성인의 지시에 맞 추어 다양한 이동 동작을 시도해 보도록 한다. • 축구 같은 공놀이, 비치볼 굴리기나 던지기 등과 같은 놀이를 통해 몸의 균형잡기 기능을 연습해 보도록 한다. • 다양한 쓰기 도구로 그림 그리기를 격려한다. • 리듬악기 연주를 격려한다.

출처: 이영 외(2015). 영아발달. 학지사

〈표 3-8〉 **월령별 인지발달 특징과 부모 · 교사의 역할**

월령	발달 특징	부모 · 교사의 역할
0~3개월	• 출생 후 첫날 영아는 냄새로, 점차 며칠 동안은 목소리로 사람을 인식한다. 그리고 7일 후쯤되면 눈에 띄는 시각으로 사람을 인식한다. • 소리, 빛, 몸짓 등에 반응을 보인다. • 주위에 있지 않은 사람은 기억할 수 없다. • 움직이지 않고 가만히 있는 것에 대해서는 관심을 철회한다. 따라서 움직이거나 변화되는 것에 집중한다. • 어떤 원인 뒤에 따르는 결과에 대해 알 수 있다. • 얼굴 표정을 모방하여 따라한다.	• 영아가 볼 수 있는 위치에 사물을 놓고 시선을 끌 수 있는 매력적인 것으로 준비한다. • 영아를 자극함으로써 영아와 상호작용해 준다.
4~7개월	• 사물이 눈에 보이지 않을 때도 존재한다는 사실을 인식한다. • 행동을 서로 연결지을 수 있다. 즉, 팔을 뻗어 장난감을 잡고 그것을 입으로 가져온다. • 소리를 지르면서 팔을 뻗어 놀잇감을 잡는 등 두 가지 활동을 동시에 수행할 수 있다. • 사물의 탐색을 즐기기 시작한다. 물건을 흔들어 보고 떨어뜨리며 인과관계를 탐색한다.	• 다양하고 새로운 형태의 색상과 모양 등을 보여준다. • 움직이고 소리나는 놀잇감을 제공한다. • 물건을 던지며 탐색하므로 안전하게 던질 수 있는 놀잇감을 제공한다.
8~12개월	• 사람이나 사물이 눈앞에 보이지 않아도 여전히 존재한다는 것을 이해하기 시작한다. • 행동을 연합하고 계획할 줄 알며, 두 가지 생각을 합쳐서 하나의 계획으로 만들기도 하여 하나의 흐름이 생긴다. • 어떤 일을 하고 있는데 흥미를 끌만한 것을 제공하면 눈을 들어 힐끔 쳐다보고는 이내 자신이 하던 일로 돌아간다. • '안 돼!'라는 말의 의미를 안다. • 제스처에 의미를 부여한다. 예를 들면, 싫다는 의미로 고개를 흔드는 행동을 한다. • 한 가지 방법이 아닌 다른 방법으로 같은 사물을 사용할 수 있으며, 입에 물건을 집어넣는 일이 줄어든다. • 집게손가락으로 원하는 사물을 가리킨다.	• 영아와 까꿍놀이와 물건 숨기기 놀이를 한다. • 자기 전에 그림책을 보여 준다. • 영아에게 이야기할 때 제스처를 사용한다. • 영아가 원하는 것이 무엇인지 손으로 가리켜 보도록 한다.

월령	발달 특징	부모 · 교사의 역할
13~18개월	• 각 사물은 고유한 특성이 있다는 것을 안다. • 엄마가 빼앗아 치운 물건을 달라고 계속해서 떼를 쓴다. 즉, 이전에 일어났던 일을 기억하고 다음에 일어날 일을 예견하는 것 같이 보인다. • 무엇인가를 계속 시도하고 연습에 임한다. • 사람들의 행동이나 표정을 주의 깊게 관찰하고 그대로 따라한다. • 간단한 지시를 따를 수 있다.	• 영아가 흥미를 보이는 사물이나 행동에 단어나 제스처를 연관짓도록 한다. • 일상생활 물건의 특성을 탐색하도록 한다. • 까꿍놀이를 통해 대상 연속성을 경험하게 한다.
19~23개월	• 사물을 주의 깊게 주시하고, 탐구하며, 조사한다. 이전보다 더 복잡한 행동을 계획할 수 있다. • 행동의 흐름을 파악할 수 있다. 즉, 어떤 행동을 하는 데 자신의 생각을 조합하고 계획하여 할 수 있다. • '하나' 또는 '더 많이'라는 개념을 이해하기 시작한다.	• 다양한 탐색을 시도해 볼 수 있도록 안전한 환경을 제공한다. • 사물의 분류를 따라 해보고 해 준다.
24~36개월	• 친숙한 물체를 능동적으로 탐색한다. • 주변의 속성에 관심을 가지며, 같고 다름을 구분한다. • 사물에 대한 집중도가 더 높아지고, 이전보다 더 다양한 방법을 문제를 해결하기 위해 시도한다. • 끊임없이 '왜?'라는 질문을 통해 정보를 알아간다. • 이야기를 기억하여 말할 수 있다. 그리고 보고 들은 것은 말할 수 있으나 완전하지 못하며 인상적인 것 한두 가지를 기억하여 이야기할 수 있다. • 서로 비교할 수 있고, 규칙을 이해하기 시작한다. 그래서 비슷한 것과 다른 것의 개념을 이해하기 시작한다. • 상상력이 풍부해지고 단순한 상상놀이를 시작한다.	• 세어보기, 모양 끼우기, 비교해보기, 비슷한 것끼리 짝짓기 등의 활동을 통해 경험을 촉진한다. • 자연스럽게 접하는 사물에 대한 탐색을 허용한다. 탐색할 수 있는 충분한 시간을 주고, 지켜봐 주어 탐구하는 분위기를 조성한다.

출처: 이영 외(2015). 영아발달. 학지사

〈표 3-9〉 월령별 언어발달 특징과 부모 · 교사의 역할

월령	발달 특징	부모 · 교사의 역할
1~3개월	• 분화되지 않은 소리를 내다가 소리와 울음 등이 분화되기 시작한다. • 고통이나 두려움을 느낄 때 울음으로 호소한다.	• 영아가 어떻게 반응하는지 살피면서 미소를 지어 주고 말을 해 준다. 영아의 신호에 민감하게 반응한다.
3~5개월	• 엄마 목소리를 구별할 수 있어 엄마가 말하면 엄마를 향해 고개를 돌린다. • 엄마의 질문에 대답하려는 듯 마치 이야기 하듯이 음절과 억양이 있는 옹알이를 한다. • 엄마가 얼굴을 가까이 대고 표정을 지으면 영아가 따라할 수 있다. • 신생아 때보다 더 자주 미소를 지으며 점차 소리를 내어 웃기도 하고, 고개를 끄덕여 반응을 보인다. • 사람의 목소리에 보다 많이 반응하고 소리를 모방한다.	• 영아와 가까이 마주보고 말을 걸고 영아의 반응을 기다려 준다. • 영아와 얼굴 표정이나 소리를 서로 교환한다. • 영아가 이해하지 못하더라도 말을 많이 해 준다. • 영아 이름을 많이 불러준다.
5~8개월	• 다양한 자음을 발성하며 음량과 음성이 다양해진다. • 소리의 높이나 강약에 따라 각각 다르게 반응한다. • 크게 웃기도 하고 입술 사이에 혀를 내밀고 '푸' 소리를 내기도 하고, 큰 소리를 내기도 하면서 정서상태를 소리로 표현한다. • 소리나 음성을 모방하려고 노력하며, 입모양을 바꿔 새로운 소리를 내기도 한다. • 친숙한 소리(자신의 이름, 엄마 목소리)가 들리면 고개를 돌려 반응한다.	• 영아의 요구에 민감하게 신경을 쓰고 반응한다. • 영아에게 고저와 강약을 각각 다르게 하여 이야기해 준다. • 영아의 감정 표현에 민감하게 반응한다.
8~10개월	• 좀 더 폭넓은 소리를 흉내내기 시작하여 기침소리, 혀 차는 소리를 모방한다. • 익숙한 소리가 들리면 머리나 상반신을 돌려 반응한다. • 이름을 부르면 반응한다. • 자기가 필요로 하는 물건이 있는 곳으로 엄마를 데리고 가거나 손으로 가리킨다. • 성인의 말투에서 성인의 기분을 구분할 수 있다. • '안 돼'와 같은 간단한 지시어를 이해한다.	• 영아가 표현하는 신호를 주의 깊게 관찰하고, 즉각적으로 반응한다. • 다양한 소리를 들려준다.

월령	발달 특징	부모 · 교사의 역할
10~12개월	• 사물의 이름에 흥미를 갖는다. • '엄마, 맘마'와 같은 첫 단어를 말하게 된다. • 2~8개 정도의 단어를 말할 수 있다. 주로 물체나 구체적인 대상을 지칭하는 명사로 된 단어를 말한다. • 한 단어로 여러 가지 의미를 표현한다. • 칭찬과 훈육을 구분할 수 있다. • 안아달라고 팔을 올리기도 하고 배가 고프다고 숟가락으로 바닥을 치기도 하는 등 구체적인 몸짓으로 의사소통한다.	• 영아가 원하는 것을 말하기 위한 몸짓을 유심히 관찰한다. • 영아의 시선을 따라서 함께 쳐다보고, 영아에게 말할 때는 영아를 바라보며 이야기한다. • 위험한 일이나 상황에서 대해서는 분명하게 훈육한다.
12~18개월	• 표현할 수 있는 단어보다 이해할 수 있는 단어가 더 많다. • '안녕!' 등과 같은 일상적인 표현을 사용한다. • 몸짓이나 행동으로 자신의 욕구를 표현한다. • 사물에 이름 붙이기에 열중한다.	• 영아가 표현하는 것을 잘 들어준다. • 영아가 사용한 첫 단어를 그대로 유지하면서 영아가 표현하고자 하는 의미를 다시 말해 준다. (예: 야옹? 으응…. 고양이가 있구나.)
18~24개월	• 어휘가 폭발적으로 증가하여 하루에 12개의 단어를 습득할 수도 있다. • 두 단어를 조합하기 시작한다. • 의사소통 시 여전히 몸짓이나 얼굴표정을 더 많이 사용한다. • 운율이 있는 노래나 라임을 즐긴다. • 신체부위 명칭 3~4가지를 말할 수 있다. • 나, 너 등의 단어를 사용하기 시작한다. • 간단한 이야기를 집중해서 들을 수 있다. • 성인의 억양과 행동을 흉내 낼 수 있다.	• 영아가 몸짓이나 표정으로 표현하는 것들을 말로 바꾸어 준다. • 그림책을 보여 준다. • 여러 가지 상황에서 영아가 소리와 말을 잘 이해하는지 관찰한다. • 상황에 적합한 반응을 하도록 도와주고 모델링해 준다.
24~36개월	• 문법과 의미를 변형해서 사용하기도 한다. • 이야기의 흐름을 이해하며, 그림책 속의 많은 개념을 이해할 수 있다. • 사람들이 말하는 내용에 관심을 갖게 되어 대화를 주고 받을 수 있고 질문을 많이 한다. • 250~300개 단어를 이해할 수 있고 약 50개의 단어를 표현할 수 있다. • 두 단어 문장을 사용한다.	• 영아의 이야기를 잘 들어주고 아이가 표현하는 것이 무엇인지 부모 · 교사가 정확히 이해하고 있음을 알게 해 준다. • 영아가 좋아하는 그림책을 반복해서 읽어 준다. • 영아가 말한 문장을 정확한 문장으로 다시 이야기해 준다.

출처: 이영 외(2015). 영아발달. 학지사

〈표 3-10〉 **월령별 정서발달 특징과 부모 · 교사의 역할**

월령	발달 특징	부모 · 교사의 역할
0~2개월	• 사람을 자주 쳐다보며 흥분하면 팔과 다리를 움직이며 소리를 낸다. • 생후 1개월에서 2개월 사이에 사람과 얼굴을 마주하였을 때 미소를 띤다. • 갑자기 움직이는 사물을 보고 미소를 짓는다. • 자신이 원하는 것이 있을 때 또는 불편할 때 울음으로 표현한다.	• 얼굴을 마주보고 눈을 마주치며 자주 웃어 준다. • 아이의 울음소리를 주의 깊게 듣고 울음소리를 잘 구별하여 아이가 보내는 신호에 적합한 반응을 하도록 한다.
3~5개월	• 생후 4개월경에 활동성 수준 등의 기질적 특성이 나타나기 시작한다. • 여전히 울음 등으로 자신의 상태와 요굴르 표현하지만 그 빈도는 줄어든다. • 엄마가 얼굴을 가까이 대고 표정을 지으면 영아가 따라할 수 있다. • 자주 미소를 지으며 소리를 내어 웃기도 하고, 음성으로 자신의 상태를 표현하기도 한다.	• 아이의 활동수준 등을 관찰하여 기질적 특성을 파악한다. • 아이가 울 때 주의 깊게 관찰하여 어떤 상태에서 우는 것인지 잘 구별하도록 한다. • 영아와 얼굴표정이나 소리를 서로 교환한다.
6~8개월	• 미소 짓는 얼굴 표정과 찡그린 얼굴 표정을 구별할 수 있다. • 다른 사람의 정서를 인식하기 시작한다. • 크게 웃기도 하고 입술로 '푸' 소리를 내기도 하고 큰 소리를 내기도 하면서 감정 상태를 소리로 표현한다. • 가지고 있는 장난감을 빼앗으면 거부하며 운다.	• 양육행동을 할 때 웃는 표정으로 상호작용한다. • 울음 이외의 다양한 정서 표현을 잘 이해하도록 하여 민감하게 반응해 준다. • 양육자는 상호작용을 할 때 다양한 정서를 표현한다.
9~12개월	• 낯선 사람에 대한 두려움과 관심을 가지고 있다. • 친숙한 양육자가 사라지면 울거나 불안해한다. • 애매모호한 상황에서 양육자의 얼굴표정을 살펴 상황을 이해하기 시작한다. • 까꿍놀이를 즐기며 친숙한 얼굴이 나타날 때 큰 소리로 웃는다.	• 양육자에게 아이가 다가올 때 따뜻하게 반기거나 안아준다. • 아이 행동을 금지하거나 허락하고자 할 때 양육자의 얼굴표정이나 목소리 등을 이용하여 허락과 금지의 정확한 표현을 하도록 한다. • 수건 등을 이용하여 아이와 까꿍놀이를 한다.

월령	발달 특징	부모 · 교사의 역할
13~18개월	• 낯선 사람에 대한 두려움이 가장 강하게 나타난다. • 선호의 감정이 발달하여 주 양육자에 대한 선호를 분명하게 나타낸다. • 친숙한 양육자와 떨어지지 않으려고 하고 옆에 붙어 있으려 한다. • 다른 사람의 기분을 이해할 수 있다. • 여러 가지 감정을 표현할 수 있다. • 놀이를 통해 정서를 표현한다.	• 낯선 사람과 접하게 할 때에는 갑작스럽게 다가가기보다 천천히 다가가도록 한다. • 양육자의 솔직한 감정을 얼굴표정이나 언어로 자주 표현한다. • 아이의 얼굴표정 등을 거울로 비추어 볼 수 있도록 해준다.
19~24개월	• 자신의 물건을 빼앗거나 하고자 하는 것을 못하게 하면 화난 표정을 큰 소리친다. • 자기 인식과 더불어 수치, 당황, 자부심 같은 정서가 나타난다. • 동생 등에게 질투심을 느낀다. • 혼자의 힘으로 무엇인가를 하려고 하고, 자신의 요구가 존중받기를 바란다.	• 영아의 강한 감정표현을 수용해주도록 한다. • 영아의 의견이나 의지를 존중하는 태도를 보여준다. • 아이가 혼자의 힘으로 무엇인가를 해냈을 때 같이 기뻐해주고 칭찬해 준다.
25~30개월	• 좋고 싫음이 분명해지면서 감정의 표현도 분명해진다. • 자신의 화난 상태를 언어로 표현할 수 있다. • 감정을 언어로 표현하면서 자신의 정서를 조절하려는 노력을 보인다. • 자신의 요구가 충족되지 않을 때 강한 분노를 표현하는 등 분노 표현이 최고조에 이른다.	• 영아의 감정이나 욕구불만의 원인을 잘 파악하도록 노력한다. • 놀이 등을 멈추게 할 때는 갑자기 금지시키기보다 준비를 할 수 있도록 미리 이야기해 준다. • 감정을 언어로 표현하도록 격려하고, 언어로 표현했을 때 감정을 수용해주고 칭찬해 준다.
31~36개월	• 어두운 곳을 무서워하고, 동물 울음소리, 천둥소리 등에 두려움을 느낀다. • 자신의 타인에 대한 감정을 언어로 표현할 수 있다. • 다른 사람의 감정을 이해할 수 있으며 공감적 표현도 잘한다. • 성인에게서 볼 수 있는 거의 모든 정서로 자신의 감정을 표현한다. • 감정변화가 심하지만 감정을 조절하려는 능력이 발달한다.	• 영아가 무엇인가를 두려워할 때 우선 두려움의 감정을 인정해주면서 편안해질 수 있도록 쓰다듬어 주거나 안아준다. • 두려워하거나 무서워하는 대상에 대해 자세히 설명해주어서 비합리적인 공포를 갖지 않도록 한다. • 영아의 감정상태를 이야기해 주며, 그것을 긍정적으로 표현하고 해결할 수 있도록 도와준다.

출처: 이영 외(2015). 영아발달. 학지사

〈표 3-11〉 월령별 사회성 발달특징과 부모 · 교사의 역할

월령	발달 특징	부모 · 교사의 역할
0~4개월	• 다른 사람을 쳐다보는 것을 좋아한다. • 다른 사람의 얼굴, 특히 얼굴형과 눈을 보기 좋아한다. • 다른 영아가 우는 소리가 들리면 자신도 울려고 하거나 따라 운다.	• 영아가 좀 더 편안하게 상대방을 볼 수 있도록 해 준다. • 영아가 바라보는 상대에 대해 이야기해준다. (예: 진희를 보고 있구나. 진희야 안녕!)
4~8개월	• 또래를 만지고, 말하며, 흥분하고, 다가가며, 서로 미소 짓고 웃는다. • 또래를 물건처럼 대한다. 즉, 또래를 넘어서 기어가고, 핥고, 빨고, 또래 위에 앉는다. 사람과 물건 사이의 차이를 배워 가고 있는 중이다. • 또래가 어떻게 하는지 보기 위해 찌르고 밀고 건드린다. 종종 또래의 반응에 깜짝 놀란다.	• 딸랑이를 향해 기어가는 영아 앞의 방해물과 딸랑이 앞에 누워 있는 또래를 신속하게 옮겨준다. • 영아의 손을 잡고 부드럽게 또래의 몸을 쓰다듬는 방법을 알려준다.
8~12개월	• 또래에게 물건을 보여 주고, 같이 앉고, 또래를 따라 기거나 또래 주변을 기어 다니며 잡기놀이를 하기도 한다. • 또래에게 미소 짓고 웃는다. • 또래를 향해 소리 내고, 서로 함께 소리 낸다. 또래에게 첫 단어를 사용하기 시작한다. • 까꿍놀이를 즐긴다. • 다른 사람을 부드럽게 만지는 것을 배운다. • 이 시기에 더 목적 지향적이 되므로 또래의 손에 있는 놀잇감을 밀어내거나 놀잇감을 가지러 또래에게 기어간다.	• 영아와 또래를 거울 앞에 서로 가까이 앉게 하여 거울을 보면서 서로를 탐색할 수 있도록 한다. • 보육실 내에 있는 다른 놀잇감을 탐색할 수 있도록 한다. • 영아에게 '그 놀잇감은 찬영이가 가지고 있었으니까 찬영이 주자. 진희는 다른 놀잇감을 찾아보자.'라고 말하며 영유아가 흥미를 가지고 집중할 수 있는 놀잇감을 소개한다.

월령	발달 특징	부모 · 교사의 역할
12~18개월	• 모방과 상호작용이 시작되며 서로를 따라 한다. • 서로에게 말하기 시작한다. • 또래가 고통당할 때 관심을 나타낸다. • 또래가 놀잇감을 뺏어가면 '안 돼'라고 말할 수 있고, 또래에게 뺏기지 않기 위해 놀잇감을 꼭 쥐고 '내 거야.'라고 말할 수 있다. • 사물의 움직임을 탐색하는 꼬마과학자다. 또래가 어떻게 반응하는지 알기 위해 또래에게 계속 무엇인가를 시도한다. • 누군가를 무는 행동으로 자신이 원하는 것을 얻으려고 한다.	• 또래가 하는 밀가루 반죽 주무르기 행동을 따라하는 영아에게 부모나 교사는 밀가루 반죽을 주무르고 두드리는 행동, 밀가루 반죽을 영아에게 나누어 주는 모델링을 보여서 영아들이 동일한 놀이행동을 공유하는 경험을 하도록 안내할 수 있다. • '나처럼 해 봐요. 이렇게'와 같은 음률활동을 통해 영아들이 또래 행동을 잘 관찰하고 모방하면서 즐거운 경험을 공유하도록 한다. • 흥미로운 탐색활동과 또래와 함께할 수 있는 놀이를 제공하여 긍정적인 방법으로 탐색욕구를 충족하도록 한다. • 또래가 놀이하고 있는 놀잇감을 원한다면 그것을 대신할 수 있는 다른 놀잇감을 제시하도록 한다. • 무는 행동 대신에 또래에게 놀잇감을 요청하는 행동을 안내한다.
18~24개월	• 자주 만나고 친밀한 경험이 많은 또래와 서로 만지고, 기대며, 미소 짓는다(우정이 일찍 발달될 수 있다). • 서로의 소리와 말을 따라하고, 서로에게 말하며 다른 사람과 의사소통하기 시작한다. • 또래에게 놀잇감이나 음식을 줄 수 있다. • 성인이나 또래에게 도움을 요청하여 도움을 받을 수 있고, 다른 또래에게 도움을 줄 수 있다. • 힘들어하는 또래를 발견하면 자신에게 도움이 되었던 방법으로 도와주려고 한다. • 번갈아 가면서 공놀이를 할 수 있다. 리더와 추종자를 번갈아 가면서 한다. • 놀잇감을 차지하려고 싸우는 경우가 많으며, 자신이 원하는 것을 얻기 위해 밀치고, 때리고, 잡는 행동을 한다.	• 영아의 긍정적인 행동을 격려한다. 예를 들어, 또래에게 친절하게 인사하고 놀잇감을 나누어 주는 행동을 할 때마다 성인은 미소를 짓는 등의 격려 메시지를 보낸다. • 한 영아가 기분이 좋지 않다면 성인은 또래들과 대상 영아를 위해 무엇을 하면 좋을지 알아본다. • 성인은 영아에게 간단한 도움을 요청하고, 영아의 도움에 고마움을 표현한다. 또는 또래에게 도움을 요청하도록 하고, 또래의 도움에 고마움을 표현하도록 한다. • 영아 간 갈등이 발생하지 않도록 놀잇감의 수를 충분히 준비하여 또래 간의 갈등을 사전에 예방한다. • 영아들이 함께 소리를 만드는 활동을 진행하면서 때로는 한 명이 리더를 하다가 다시 다른 또래가 리더를 하는 경험을 제공한다.

월령	발달 특징	부모 · 교사의 역할
24~35개월	• 영아의 우정이 좀 더 발전하여 애정을 표현하는 행동 외에 좀 더 가까이 있으려고 한다(지속적으로 한 친구 옆에 앉으려고 한다). • 성인이 한 영아와 재미있게 놀이하면 다른 영아들이 몰려온다. 함께 몰려다니며 놀이하기를 좋아한다. • 슬퍼하는 또래를 위로하거나 도와주는 방법을 제시할 수 있다. • 한 명이 리더가 되고 나머지는 추종자가 되어 공통된 목표를 향해 행동할 수 있다. • 물건과 공간으로 인한 갈등 시 언어적 다툼이 나타나기도 하고, 도망가고 쫓아가는 행동을 나타나기도 한다. • 또래에게 공격적인 영아 혹은 또래에게 친절한 영아라는 평판을 얻을 수 있다. • 사회적 놀이에서 긍정적인 행동이 더 많이 나타난다. • 한 영아가 다른 영아를 지배하는 행동이 나타나기도 한다.	• 함께 있기를 좋아하는 영아들이 있다면, 가능한 한 함께 있도록 환경 및 상황을 배려한다. 단, 다른 또래들에게 방해가 되어서는 안 된다. • 역할놀이 영역에 소품을 준비하여 또래들끼리 서로 도움을 요청하고, 도움을 제공하는 놀이를 하도록 한다. • 큰 바구니에 공을 담거나 커다란 물건을 옮기는 등 영아들이 서로 협력해야 하는 놀이 기회를 많이 제공한다. • 오르는 기구에 기어올라가는 활동이나 낮은 평균대를 걸어가는 활동과 같이 동일한 목표를 달성하는 경험을 또래와 함께 하도록 한다. • 공격적이라고 인식된 영아에게는 또래를 부드럽게 대하는 방법을 알려주며, 성인이나 또래를 도와주도록 하고, 타인에게 도움을 제공했을 때 이를 격려하는 말을 한다. • 공격적인 영아 곁에서 영아가 공격적인 방법 대신에 긍정적인 방법을 사용할 수 있도록 안내한다.

출처: 이영 외(2015). 영아발달. 학지사

02 유아기 행동의 이해

1) 유아기발달과 행동특성

(1) 신체발달

유아기는 영아기에 비해 신장과 체중의 성장속도가 비교적 완만하다. 출생 시 신생아의 신장은 남아의 경우 평균 50.12㎝, 여아는 49.35㎝이며, 이후 평균 5~7㎝ 정도 매년 성장하여 5세 무렵에는 출생 시의 2배 정도의 신장이 된다. 3세의 평균 신장은 남아는 93.13㎝, 여아는 91.93㎝이며, 5세는 남아 107.20㎝, 여아 106.14㎝가 된다(질병관리본부, 2007). 한편, 유아의 체중은 남아가 여아보다 다소 무거운 편이다. 남아의 체중은 출생 시 3.41㎏, 여아는 3.29㎏이며, 12개월부터 5세까지 평균 매년 2~3㎏씩 증가하여 5세경에는 출생 시 몸무게의 5배, 6세에는 성인의 30%정도로 성장한다.

이 시기 유아들의 신체적 성장속도는 둔화되지만, 새로운 활동과 신체활동의 협응과 조절에 대한 욕구가 강한 시기이므로 다양한 조작행동과 활동경험을 제공해 주어야 한다. 특히 활발한 활동이나 놀이를 즐기는 유아에게는 에너지를 발산할 수 있는 복합적 활동과 개방된 공간과 시간을 주어 충분히 에너지를 발산하도록 하고, 조용한 활동으로 전환하기 위해서는 시간을 좀 더 주는 것이 필요하다.

유아기 운동발달의 특징은 다음과 같다.

첫째, 유아기는 신체적 안정성을 발달시키는 시기이다. 안정성이란, 신체의 각 부분을 효율적으로 움직일 수 있고, 바른 자세를 형성할 수 있으며, 균형을 유지할 수 있는 능력을 의미한다.

둘째, 유아기는 이동능력을 발달시키는 시기이다. 유아는 공간적으로 다양하게 몸을 이동시킬 수 있게 된다. 유아기에는 걷기, 뛰기, 뛰어오르기, 미끄러지기 등의 운동기능이 급속도로 발달한다. 따라서 이 시기는 운동능력을 발달시키는 결정적 시기라고 할 수 있으며, 이후의 더욱 정교하고 복합적인 이동능력발달의 기초를 형성하는 시기이다.

셋째, 유아기는 조작적 능력을 발달시키는 시기이다.

유아들은 그들 주변에 있는 여러 가지 사물을 접하면서 각각의 특성에 따라 다양한 조절방법을 배우게 된다. 즉, 굴려보고, 던져보며, 끼워보고, 두드려 보는 등 다양한 사물에 대한 조작능력을 발달시킨다.

① **뇌발달**

유아의 뇌는 3세경 그 무게가 성인 뇌의 90%에 이르고, 6세경 성인 뇌의 80% 이상 완성되며, 성인과 비슷한 크기로 발달한다. 이 중 인간의 종합적인 사고와 창의력, 판단력, 감정을 조절하는 전두엽은 유아기에 빠르게 발달하며, 성인이 된 후에도 계속 발달한다. 그러므로 부모와 교사는 유아에게 다양한 영역의 정보를 풍성하게 전달해 줄 수 있도록 오감을 통한 학습을 제공해주는 것이 좋다.

또한 유아기는 좌뇌와 우뇌 중 사태를 전체적으로 처리하고 감성, 직관, 감정, 음악적 감각, 공간 감각, 방향 감각, 예술적 감각, 종교적 감성 등과 관련이 있는 우뇌의 발달이 주를 이룸으로써 우뇌발달의 성장 고조기다. 반면, 좌뇌는 논리, 지성, 언어, 고학적 사고 등을 관장하는데 유아기 이후 7~9세가 성장 고조기다. 이는 4~7세 무렵에 좌는 천천히 발달하는 데 반해서 우반구는 빠르게 발달한다는 것이다(김유미, 2006). 이처럼 좌뇌와 우뇌가 서로 구분되어 다른 기능을 하는 것을 대뇌 국소화 또는 편재화라고 한다. 뇌의 기능이 구분되어 있다고 해서 우뇌와 좌뇌가 완전히 독립된 것은 아니며, 이들을 연결하는 뇌량이 각각의 기능을 통합하는 역할을 한다.

(2) 인지발달

유아기 사고의 주된 특징은 상징적 사고, 자기중심적 사고, 물활론적 사고로 볼 수 있다.

① 상징적 사고

피아제의 전조작기에 들어서면 유아의 사고는 더 이상 자신의 감각과 운동기능에 의존하지 않는다. 그 대신 정신적 표상능력을 통해 가상놀이, 지연모방이 가능해지는데, 이러한 정신능력의 변화는 전조작기에 들어서야 가능하다. 가상놀이는 상징적 사고의 대표적인 결과로 가상적인 사물이나 상황을 실제 사물이나 상황으로 상징화하는 놀이를 의미한다. 상징적 사고를 하기에는 충분한 나이지만, 아직 현실과 환상을 구분하기에는 너무 어린 나이인 유아기에 가장 좋아하는 활동이 가상놀이다. 소꿉놀이, 병원놀이, 학교놀이 등이 가상놀이의 예로, 가상놀이는 유아기 동안 점점 더 빈번해지고, 연령이 증가하면서 점점 더 복잡해진다(Rubin, Fein, & Vandenberg, 1983).

② 자기중심적 사고

자기중심적 사고는 타인의 관점에서 사물이나 사건을 고려하지 못하고, 자신의 관점에서만 사고하는 것으로 이기적이고 독단적인 사고와 차이가 있다. 전조작기 유아는 자신이 생각하는대로 다른 사람도 생각하고, 자신이 느끼는대로 다른 사람도 느낀다고 여기기 때문에 타인의 관점이나 감정을 이해하지 못한다. 이러한 사고는 예를 들어, 유아는 엄마의 생일선물로 자신이 좋아하는 사탕이나 장난감을 선물

하는데, 이것은 자신이 좋아하는 것을 엄마도 좋아할 것이라고 생각하기 때문이다.

③ 물활론적 사고

물활론적 사고란, 생명이 없는 사물도 생명과 감정이 있다고 믿는 것이다. 전조작기 유아는 모든 물체가 사람처럼 숨쉬고, 느끼며, 생각한다고 믿는데, 유아가 생물과 무생물을 구분하는 기준은 성인과 질적으로 다르다. 예를 들어, 책꽂이에서 책이 떨어지면 책이 아플 것이라고 말하는 것이나, 책상에 부딪혀 넘어진 유아가 "때찌"라고 말하는 것은 책이나 책상은 생명을 가진 대상으로 해석하여 사람처럼 고통을 느낄 수 있고, 의도를 가진 행동을 할 수 있는 대상으로 여기고 있음을 의미한다.

(3) 언어발달

① 단어와 문장의 발달

유아기에는 사용하는 단어의 수가 급증하는 시기로, 단어 수의 급증은 유아의 인지적 성숙으로 인해 사물을 범주화할 수 있는 능력이 발달하는 것과 관련이 있다(Goldfield & Rennick, 1990). 연령이 증가하면서 유아의 언어표현은 한 단어문장 시기를 지나 전보식 형태의 두 단어 문장을 사용하게 된다. 그리고 2~3세경이 되면 세 단어 이상을 조합한 문장을 표현하기도 한다.

② 문법의 발달

유아기는 문장구조에 대한 민감성이 증가하여 전보식 형태에서 점차 주어, 동사, 목적어 등의 문장에 필요한 요소들이 추가되기 시작하며, 복수형이나 어간에 어미를 다르게 활용하여 사용하기 시작한다.

③ 의사소통 기술의 발달

유아기에는 단어의 획득이나 문법의 숙달로 영아기에 비해 의사소통이 보다 효율적으로 일어난다. 그러나 아직까지 사고의 한계로 의사소통을 위한 사회화된 언어로 발달하지 못하고 자기중심적인 특성을 갖는다. 반복, 독백, 집단적 독백 등은 유아의 자기중심적인 언어표현의 대표적인 형태이다. 즉, 서로에게 이야기는 하고 있지만, 그 말의 의미는 그들 자신의 사고 속에 국한되어 있다. 그러나 유아기 말에는 자기중심적 언어가 줄어들고 점차 사회화된 언어를 사용하게 된다.

〈표 3-12〉 **미국유아교육협회(NAEYC, 1987)가 제시한 연령별 유아기 언어발달 특성 비교**

연령	미국유아교육협회(NAEYC, 1987)가 제시한 연령별 언어발달 특성
만 3세 ~ 만 4세	• 어휘력이 점점 발달한다. 자신의 요구에 맞게 낱말들을 조합하여 사용한다. • 최소한 3~4개의 낱말로 단순한 문장을 만들어 자신의 요구를 표현한다. • 대화에서 차례 지키기가 어렵다. 대화의 주제를 금방 바꾼다. • 어렵게 낱말을 발음한다. 종종 낱말을 다른 낱말로 발음한다. • 단순한 손유희와 운율이 있는 노래를 좋아하며, 반복되는 구절이 많은 노래를 통해 낱말을 배운다. • 누가, 무엇을, 어디에서, 왜로 시작하는 질문을 많이 한다. • 문장을 합하여 두 개의 아이디어를 연결하는 등 사고를 조직하기 위해 언어를 사용한다. • 단순한 이야기를 만들 수 있다.
만 4세 ~ 만 5세	• 추상적인 단어의 사용에 대한 관심이 증가한다. • 간단한 노래 부르기를 좋아한다. • 명령조의 말로 여러 가지 요구를 한다. • 자신의 감정을 표정을 나타내며 몸짓을 보고 그 사람의 생각을 읽어낸다. • 주의를 주면 얼마 동안 목소리의 크기를 조절할 수 있다. • 여러 가지 구조의 문장들을 만들어 보는 시도를 한다. • 자신의 경험과 관련이 있을 경우 새로운 어휘를 쉽게 배운다. • 자신이 알고 있는 어휘보다 더 많은 어휘를 의사소통하고자 애쓴다. • 가족, 자신의 경험에 대해 다른 사람에게 이야기하기를 좋아한다.

연령	미국유아교육협회(NAEYC, 1987)가 제시한 연령별 언어발달 특성
만 5세 ~ 만 6세	• 약 5,000~8,000개의 단어를 구사할 수 있으며 말놀이를 즐긴다. • 전보다 완전하고 복잡한 문장을 사용한다. • 대화에서 차례를 지키며 다른 사람의 말을 가로채는 경우가 줄어든다. • 말을 통하여 경험을 공유할 수 있다. 여러 노래에 나오는 낱말을 안다. • 사람의 역할을 해보기 좋아한다. • 다른 유아들을 놀리기 위해 특정한 얼굴표정과 같은 비언어적인 몸짓을 사용한다. • 간단한 동시의 운율을 기억한다. • 이야기를 할 수 있고 연습으로 그 이야기를 다시 할 수 있다. • 언어가 점점 더 유창해져서 자신의 생각을 잘 표현한다.

(4) 사회성 발달

① 성역할발달

인간을 분류하는 가장 기본적인 범주가 성별이며, 우리가 속해 있는 사회는 성별에 따라 남성과 여성에게 적합하다고 생각되는 특성을 규정하고 있다. 사회가 각 성에 적합한 것으로 규정한 행동이나 태도를 자신의 것으로 내면화시키는 것을 성유형화라고 하며, 이를 통해 우리는 자신의 성에 적합한 성역할 개념을 습득하게 된다(정옥분, 2016).

콜버그(Kohlberg)는 유아기 성역할발달은 성정체성, 성안정성, 성항상성의 세 단계를 거친다고 하였다. 성정체성이란, 유아가 자신의 생물학적 성을 인식하는 것으로 대개 만 3세 정도가 되면 알게 된다. 성안정성이란, 사람이 평생을 같은 성으로 있다는 것을 이해하는 것으로 3~5세경에 획득된다. 성항상성은 유아가 다른 옷을 입거나 머리를 길러서 변화를 주어도 자신의 성은 변하지 않는다는 것을 인식하는 것으로 피아제(Piaget)가 제시한 보존개념이 획득되는 6~7세가 되어서야 성항상성을 이해하게 된다(조복희, 1999; 문혁준 외, 2015, 재인용).

② 도덕성 발달

유아의 도덕적 문제에 대한 피아제의 연구에서는 도덕적 사로를 타율적 도덕성 단계와 자율적 도덕성 단계를 구분하여 설명하였다. 4~7세의 유아는 타율적 도덕성의 단계로 정의와 규칙은 불변하여 임의로 바꿀 수 없다고 믿지만, 7~10세가 되면 어떤 부분은 타율적이거나 자율적인 도덕성의 특징을 보인다. 10세 이후가 되면 자율적 도덕성의 단계로서 규칙이나 법은 사람이 만드는 것임을 알고, 행동의 결과뿐만 아니라 의도까지 고려하여 도덕성 여부를 판단할 수 있다. 피아제에 의하면, 유아기는 타율적 도덕성 단계로 행동의 결과로 행동의 좋고 나쁨을 판단한다. 예를 들면, 의도를 갖고 유리컵 한 개를 깬 아이보다 실수로 열 개를 깬 것이 더 나쁜 행동이라고 해석한다.

③ 마음이론

사회적 능력은 대인관계 능력을 설명하는 광범위한 용어로, 사회구성원으로 잘 적응하는 데 필요한 사회적 · 정서적 · 인지적 · 행동적 능력을 통칭한다. 대인관계 능력이 발달하기 위해서는 다른 사람의 사고, 감정, 행동을 이해할 수 있는 인지능력이 필요한데, 이를 사회인지(social cognition)라고 한다. 유아기에 발달하는 사회인지능력인 '마음이론(Theory of mind)'은 다른 사람이 무엇을 생각하고, 원하며, 어떤 정서상태를 갖는지 등에 대해 예측하기 위해 필요한 정신작용으로 각자가 가지고 있는 '마음의 작용'에 관한 생각이다.

유아가 타인의 심리상태에 관심을 갖기 시작하면서 마음이론도 발달한다. 대개 2세 이후부터 다른 사람이 마음에 대한 이해가 급증하여 2~3세경에는 '하고 싶다', '기분이 좋다'와 같은 감정과 욕구에 대한 표현이 증가하고, 3세가 지나면서 '생각한다', '안다', '기억한다' 등의 인지에 대한 어휘를 사용할 수 있다. 이러한 표현은 유아가 마음은 물리적 세계와 다르고, 생각, 기억, 꿈은 물리적 실체가 아니란 것을 안다는 것을 의미한다(이영, 2015).

(5) 정서발달

① 정서표현

유아기 정서발달과정에서 중요한 과업으로 타인이나 상황에 적합한 방식으로 자신의 정서를 나타내는 능력이다. 유아기 정서표현은 다음과 같은 특징이 있다.

- 정서의 지속시간이 짧다.
- 정서를 강하게 표출한다.
- 정서의 전환이 빠르다.

정서는 개인의 경험과 지각에 따라 다르게 나타나므로 개별적이고, 주관적이지만 모든 문화권에서 공통적으로 나타나기 때문에 보편적인 특성을 갖는다. 영유아기에 나타나는 대표적인 정서로 기쁨, 분노, 공포, 질투가 있다.

■ 기쁨

- 정생애 초기부터 느끼는 기본정서로 미소나 웃음 등으로 표현된다.
- 정언어가 발달하면서 언어를 통한 기쁨의 표현이 점차 증가한다.
- 정기쁨을 유발하는 원인은 연령에 따라 차이가 있다.

예) • 영아기: 생리적, 감각적 원인
　• 유아기: 인간관계, 특정 사건이나 경험

■ 분노

• 불편함, 좌절감, 불쾌감 등의 부정적 감정에서 표출된다.

• 분노를 유발하는 원인은 연령에 따라 차이가 있다.

예) • 영아기: 신체적 욕구불만(배고픔, 통증, 기저귀 상태)

• 유아기: 신체적 및 심리적 욕구불만(요구거절, 무관심, 박탈, 강요)

■ 공포

• 심장박동의 변화, 땀 분비, 체온변화 등의 생리적 변화를 동반한다.

• 연령이 증가할수록 공포의 대상이 많아진다. 공포대상의 증가는 인지발달로 공포유발 대상물이나 위험물에 대한 인식이 증가하기 때문이다.

〈표 3-13〉 **유아기의 공포를 도와주는 방법**

공포 유형	공포 극복방법
괴물 유령 어둠	• 유아가 현실과 실제를 구별할 수 있을 때까지 책이나 TV 속의 무서운 이야기를 들려주거나 보여주지 않도록 한다. • 유아와 함께 방에서 괴물을 찾아보는 놀이를 함으로써 방에는 아무것도 없다는 것을 알게 해 준다. • 야간 등을 켜 놓고 유아가 잠들 때까지 옆에 있어 준다. • 유아가 보호받는다는 느낌을 갖기 위해 좋아하는 장난감을 껴안고 자게 한다.
어린이집 유치원	• 유아가 기관생활은 재미있어 하지만 가기를 싫어 한다면 분리불안일 수 있다. 이런 경우에는 따뜻함과 보살핌을 주는 동시에 점진적으로 독립심을 고무시켜 준다. • 유아가 기관을 두려워한다면 무엇을 무서워하는지 알아내도록 노력한다(예: 교사인지, 친구인지, 사람이 많고 시끄러운 환경인지 등). 처음에는 유아와 함께 기관에 머물며 특별한 지지를 제공해주고 점차 함께 있는 시간의 양을 줄인다.
동물	• 유아가 공포를 유발하는 강아지나 고양이, 혹은 다른 동물에게 가까이 가는 것을 강요하지 않는다. • 유아에게 동물을 어떻게 안아야 하는지, 동물을 안아주면 어떻게 반응하는 지에 대해 설명해 준다. • 유아가 동물보다 크다면 '너가 훨씬 크단다. 그 동물이 너를 무서워 할거야!'라며 크기를 강조한다.

공포 유형	공포 극복방법
격렬한 공포	• 유아의 공포가 매우 격렬하고 오랫동안 지속되어 일상생활을 방해하고, 위에서 제시한 방법으로 감소하지 않는다면 이는 공포병(phobia)에 해당한다. • 공포병은 가족문제와 관련된 경우가 많기 때문에 이를 감소시키기 위해서는 전문가와의 상담이 필요하다. • 때로 공포병은 치료를 받지 않은 채 사라지기도 한다.

출처: 이영 , 이정희, 김온기, 이미란, 조성연(2009). 영유아발달. 학지사.

■ 질투

• 애정과 분노가 혼재되어 나타나는 정서이다.

• 18개월경 나타나 2~3세경에 많이 나타난다.

• 죄책감, 수치심, 자긍심과 같은 자아개념을 증진 또는 손상시키는 자아의식적 정서 중 하나이다.

② 정서이해

정서이해는 타인의 얼굴표정이나 상황적 단서를 참조하여 사람의 감정을 인식하는 능력이다. 유아기가 되면 인지능력의 발달과 함께 정서와 관련된 다양한 표현어휘를 습득하면서 정서를 이해하는 능력이 향상된다. 따라서 타인이 정서를 이해하여 상황에 적합한 정서를 표출할 수 있을 뿐 아니라, 이후 타인의 정서를 예측하여 자신의 행동을 조절하기도 한다.

유아기 정서이해능력의 발달은 다음과 같은 특징이 있다.

• 부정적 정서보다는 긍정적 정서를 쉽게 이해한다.
• 정서를 유발한 원인에 대해 이해한다.
• 정서와 행동의 관계를 이해한다.
• 실제 느끼는 정서와 표현된 정서의 구분에 어려움이 있다.

③ 정서조절

정서조절은 자신의 정서가 타인이나 상황에 미치는 영향을 예측하여 스스로 적절한 방법으로 정서를 변화시키는 것을 의미한다. 정서조절능력을 가진 유아는 바람직한 행동을 유지할 가능성이 높아, 또래 간 인기도나 리더십과의 관계에 있어 중요한 기초가 된다.

정서조절은 좌절을 참는 만족지연과 관련될 수 있다. 만족지연이란, 미래에 더 큰 보상을 위해 현재의 욕구만족을 스스로 지연시키고 그 과정을 참는 행동으로, 지금 처한 상황이 힘들고 유쾌하지 않지만, 그것을 유지하여 지속하는 힘, 자신의 욕구를 통제하고 절제하는 힘을 의미한다. 만족지연능력과 이후 미래의 성공과의 관계를 밝힌 '마시멜로 실험'을 떠올려 보면, 그 의미를 쉽게 알 수 있다.

2) 유아기 발달을 위한 지도방안

- 유아의 발달수준과 흥미에 맞는 다양한 신체운동활동과 규칙적인 운동을 할 수 있도록 가정과 기관이 협력할 수 있는 방안을 모색하도록 한다. 유아의 신체 · 운동발달을 위해 연령별 지도방안은 다음과 같다.

① 3세 유아

- 그리기, 색칠하기, 가위질하기와 관련된 미술놀이와 노래 따라 부르기, 리듬악기를 자유롭게 두드리는 음률활동을 위한 공간과 자료를 제공한다.
- 뛰어 내리고, 밀고, 끌고, 기어오를 수 있는 놀이기구와 공간을 제공한다.
- 안전하게 대근육 활동을 할 수 있는 단순한 놀이기구(예: 미끄럼틀, 그네, 터널 등)를 제공한다.
- 발로 밀고 다닐 수 있는 소형 탈 것이나 흔들 배나 목마 등 흔들림을 즐길 수 있는 기구를 제공한다.

② 4세 유아

• 다양한 형태의 구성물을 만들어 쌓기 놀이를 할 수 있는 공간과 자료를 제공한다.
• 지적 자극에 민감한 시기로 감각적 탐색을 기초로 하는 탐색놀이와 생활 속에서 과학을 발견하고 응용할 수 있는 놀이(예: 비눗방울 놀이, 물레방아 돌리기 놀이 등)를 제공한다.
• 모험적인 욕구를 충족시킬 수 있도록 난이도 조정이 가능한 기구(예: 높낮이 조정 가능한 평균대)를 제공한다.
• 미적 감각능력이 발달하도록 다양한 자료를 제공하고 사용하는 방법과 기술을 안내한다.
• 동작으로 표현하기, 악기 연주하기, 음악 듣고 따라 부르기 등 음률활동을 제공한다.

③ 5세 유아

• 세부적인 기술과 섬세한 표현이 요구되는 미술놀이(예: 오리기, 접기, 점토놀이 등)와 목공놀이(예: 연장 다루기)를 제공한다.
• 섬세한 운동기술을 다양하게 시험해보는 놀이와 놀이기구(예: 팽이, 매트, 자전거 타기, 줄넘기하기, 철봉 매달리기, 나무 오르기 등)를 제공한다.
• 주도적이고 적극적인 신체놀이(예: 원게임, 편게임, 집단게임 등)를 제공한다.

• 유아의 주변환경에서 위험요소를 제거하여 안전환 환경을 제공해야 하며, 일정 시간 안전교육을 실시하여야 한다.
• 유아가 직접 경험할 수 있는 기회를 많이 제공한다.
• 견학을 통해 보고 듣고 느낀 것을 다양한 방법으로 표현하도록 격려한다.
• 일상생활에서 놀이를 통한 학습기회를 제공한다.
• 유아의 말에 관심을 갖고, 유아가 이해하기 쉽도록 간단하고 명료하게 말한다.
• 다양한 사물의 이름을 정확하게 발음해 주며, 일상생활 속의 용어를 올바른 발음으로 들려준다.
• 구체적인 칭찬과 노력에 대한 인정을 통해 유아의 자아존중감을 높여 준다.

- 유아 스스로 활동을 선택하고 의사결정할 수 있는 기회를 준다.
- 유아가 성공적인 경험을 할 수 있는 기회를 제공한다.
- 타인의 관점을 이해하도록 격려하고, 다양한 감정과 관점에 대해 이야기 나눈다.
- 유아의 타고난 기질을 파악하여 적합하게 반응한다.
- 유아의 정서를 공감하고, 존중해 준다.
- 유아의 정서를 말로 표현할 수 있도록 격려한다.
- 부모의 양육방식을 점검해보아야 한다.

03 아동기 행동의 이해

1) 아동기발달과 행동특성

(1) 신체발달

① 신체적 성장

아동기의 신체발달은 영유아기에 비해 훨씬 속도가 완만하다. 신장은 1년에 평균 5.5㎝씩 증가하여 11세경에는 145㎝ 정도로 성장한다. 5세경 남아와 여아는 신장과 체중이 비슷하나, 그 이후에는 여아에 비해 남아의 성장이 빠르지만 10~12세경에는 여아가 남아를 앞지르게 된다. 체중은 1년에 평균 2.7㎏씩 증가하여 11세경에는 38㎏ 정도로 증가한다. 신장과 마찬가지로 11~13세경에는 여아가 남아보다 체중이 더 많이 나간다. 또한 팔다리의 성장이 보다 빨라서 학령기 아동의 전형적인 신체특징인 팔다리가 가늘고 긴 모습을 보이게 된다. 머리 크기는 신장의 1/7~1/8 정도로 거의 성인과 그 비율이 비슷하게 된다.

② 운동기능의 발달

7세경이 되면 대 · 소근육의 운동기능은 거의 완성되어 점차 정교해진다. 6세에는 줄넘기가 가능해지고, 7세가 되면 자전거나, 수영, 악기연주 등도 능숙해진다. 이러한 운동기능의 발달에는 성차와 개인차가 크게 나타난다. 남아의 경우, 17세까지 운동능력이 지속적으로 발달하는 반면, 여아는 13세경에 최고조에 도달하여 점차 감소 또는 유지하는 경향이 있다. 또한 운동기능의 성차를 살펴보면, 남아는 여아에 비해 물리적인 힘이 강해지는 반면, 여아는 유연성이 증가한다. 결과적으로 남아는 야구, 축구와 같이 대근육을 사용하는 스포츠에서 우세하고, 여아는 체조나 수공예와 같이 소근육을 사용하는 활동에서 우세하다(정옥분, 2016).

③ 뇌발달

아동기가 시작되는 만 6세경에는 뇌무게가 거의 성인 수준에 달하기 때문에 아동기의 뇌성장은 매우 느린 편이다. 그러나 뇌의 좌반구와 우반구가 각기 다른 기능을 맡아 하는 뇌의 편측화와 미엘린이라는 지방성 물질이 축색돌기 둘레에 막을 형성하는 수초화 현상은 계속된다. 만 6~12세경에는 공간 입체적인 사고기능, 즉 수학 · 물리학적 사고를 담당하는 두정엽과 언어를 담당하는 측두엽이 빠르게 발달하는 시기로 수학, 과학 등의 학습과 글자를 읽고, 쓰는 학습이 보다 수월해지는 시기이다. 이 시기 뇌발달을 촉진시키는 몇 가지 사항을 살펴보면 다음과 같다(서유헌, 2006).

- 본격적으로 언어교육을 도입할 시기이다.

- 실험, 실습, 관찰위주의 수학, 과학교육을 시킨다.
- 너무 많이 쓰게 하지 않는다.

(2) 인지발달

아동기는 피아제의 인지발달단계 가운데 3단계인 구체적 조작기에 해당하는 시기로 보존개념, 조망수용능력, 서열화, 유목화 개념이 획득되고, 주의집중능력의 증가, 다양한 기억전략의 활용으로 효율적인 기억을 할 수 있다. 이러한 사고의 특성을 구체적으로 살펴보면, 첫째, 보존개념의 획득으로 물체의 외형이 변해도 물체의 속성은 보존됨을 이해한다. 둘째, 자기중심적 사고에서 벗어나 타인의 감정, 입장 등을 추론하고 이해할 수 있다. 셋째, 물체의 특성을 양적차원에 따라 배열하는 서열화의 개념이 발달한다. 넷째, 물체의 속성에 따라 분류하는 유목화의 개념이 발달한다. 마지막으로 이 시기에는 주의집중력이 증가하고, 다양한 기억전략을 활용할 수 있어 이 시기의 학습은 영유아기보다 훨씬 효과적이다.

(3) 언어발달

아동기의 언어발달 특징은 어휘와 문법이 확장되어 단어의 형태적 지식을 획득하고 단어의 이중적 의미를 파악할 수 있고, 읽기와 쓰기능력이 발달되며, 의사소통기술이 발달되어 대부분의 문제를 언어로 해결할 수 있다. 특히 분명한 언어적 메시지를 전달할 수 있는 능력인 참조적 의사소통기술이 발달하여, 상대방이나 자신의 메시지가 분명하지 않을 때 어느 부분이 모호한지를 인식하고, 그 부분을 분명하게 할 수 있다.

(4) 사회성 발달

① 자아개념

자아개념은 '나'는 누구인가에 대한 정의로 신체적 특성, 성, 태도, 능력, 가치관 등을 포함한 개념이다. 유아기에 자기에 대한 개념은 이름, 소유물, 신체적 특성 등의 눈에 보이는 구체적인 특성이 포함된 것이었다면, 초등학교 아동들은 자신의 성격, 심리특성, 인간관계 등에 중점을 두는 경향이 있다. 따라서 유아기와는 달리 아동기에는 학업에서의 성공과 실패, 자신에 대한 타인이 평가, 친구관계, 외모 등이 자아개념에 영향을 주는 중요한 요소이다.

② 또래관계

학령기 아동에게 또래는 부모 이상으로 중요한 대상이다. 출생 초기의 사회성 발달은 주로 부모와의 애착 관계에 중점을 두지만, 점차 또래관계가 아동의 삶에 더 중요한 영향을 미친다고 볼 수 있다. 학령기로 접어들수록 또래는 아동의 사회화에 중요한 영향을 미치는 요소로 사회성 발달의 모델, 강화자로서 기능하고, 또래로부터의 수용정도는 학교생활의 적응과도 관련된다. 특히 아동의 신체적, 심리적 특성은 또래집단에서의 인기도에 영향을 미친다. 대개 인기 있는 아동은 리더십이 있고, 창의적인 사고를 하며, 신체적으로도 매력적인 특성이 높은 반면, 또래집단에서 거부 또는 무시되는 아동은 공통적으로 매력적이지 않은 신체, 인지적인 측면에서도 평균보다 낮은 경향이 있다. 한편, 공격성이 높거나 쉽게 화를 내는 성향의 아동은 거부될 가능성이 높다.

(5) 정서발달

학령기 아동들은 성인처럼 많은 정서적 경험을 하고, 다른 사람의 정서와 감정을 이해하려고 노력한다. 이 시기의 아동들은 정서에 대해 생각할 수 있는 능력이 증가하고, 같은 사건이 다른 사람들에게 있어 다른 감정을 이끌 수 있다는 사실을 이해하기 시작한다. 또한 사회적 기준을 만족시키고자 정서를 통제하거나 다루는 것에 대해 점점 알게 된다. 영유아기와 초기 아동기의 정서에 대한 언어의 특징과 연령별 정서에 대한 이해를 요약하면 다음과 같다.

① 2~4세

- 대부분 정서 단어가 빠르게 증가한다.
- 자신과 타인에 대한 간단한 정서는 올바르게 표시하며, 과거, 현재, 미래의 정서에 대해 언급한다.
- 어떤 정서의 원인과 결과에 대해 말하며, 어떤 상황과 관련된 정서를 동일시한다.

② 5~10세

- 정서에 대해 언어적으로 반영하고 정서와 상황 사이의 복잡한 관계를 더 고려할 수 있는 능력이 증가한다.
- 같은 사건이 다른 사람에게는 다른게 인식될 수 있으며, 감정이 그것을 불러일으킨 사건 후에도 오랫동안 지속된다는 것을 이해한다.
- 정서를 사회적 기준과 일치하도록 통제하고 다루는 것에 대한 자각이 증가함을 보여준다.

한편, 아동 중기와 후기의 몇 가지 중요한 발달적 변환점은 다음과 같다

- 자긍심과 수치심과 같은 복합정서를 이해하는 능력이 증가한다.
- 특정 상황에서 한 가지 이상의 정서를 경험할 수 있음을 이해한다.
- 정서적 반응을 초래하는 사건을 충분히 설명하려는 경향이 증가한다.
- 부정적인 정서적 반응을 억압하거나 숨기는 능력이 증가한다.
- 감정을 바꾸기 위한 자기전략을 사용하기도 한다.

2) 아동기발달을 위한 지도방안

- 아동의 운동능력을 향상시킬 수 있는 다양한 기회를 제공해주고, 아동의 노력과 열정, 동기를 북돋아주는 것이 필요하다. 또한 이 시기는 성정과 2차성장을 위해 신체가 필요로 하는 열량이 높은 시기이므로, 고른 영양분 섭취를 통해 영양실조나 비만을 방지해야 한다.
- 인지발달을 촉진시키기 위하여 부모나 교사는 학습경험을 제공해야 한다. 가정 내에서 공부하는 습관, 가정 밖에서 다양한 집단활동 참여가 필요하다.
- 아동기의 언어발달을 촉진하기 위한 제시사항은 다음과 같다
  - 언어적인 설명을 할 때 아동의 주의집중시간을 벗어나지 않도록 설명의 길이를 조절하고, 한꺼번에 너무 많은 정보를 제공하지 않아야 한다.
  - 비판적은 듣기를 촉진해야 한다.
  - 아동이 구조화된 상황이나 비구조화된 상황에서 말할 수 있는 기회를 충분히 제공해야 한다.

- 말을 할 때 창의성을 촉진해야 한다.
- 다양한 주제의 독서를 하게 하고, 자신이 읽은 내용에 대해 또래들과 토론을 즐기도록 한다.
- 자신이 읽은 내용을 다양한 방식으로 해석하도록 촉진하는 활동을 마련해야 한다.
- 학교 밖에서의 읽기활동을 촉진해야 한다.

• 긍정적인 자아개념 발달을 돕기 위해서 아동의 장점을 발견하여 인정, 격려해주어야 한다.

• 아동의 능력과 흥미에 맞는 과제를 부여하여 성공의 경험을 할 수 있게 한다.

• 아동에 대한 애정과 관심으로 그들의 생각과 감정을 인정해주어야 한다.

• 아동이 또래관계에서 어떤 지위에 소속되어 있는지 점검해볼 필요가 있다.

• 아동이 자신과 타인의 정서를 파악하고 조절하며, 적절하게 표현할 수 있도록 도와준다.

• 자신의 정서를 조절하고, 타인과의 감정이입을 강화시킬 수 있는 토론이나 협력 프로그램을 제공한다.

토의과제

1. 영아기 발달을 지원하는 부모와 현장교사의 역할에 대해 제시해 보세요.

2. 유아기 발달특징에 따른 연령별 지도방안에 대해 토의해 봅시다.

CHAPTER

4

영유아 행동의 이해방법

01 영유아 행동의 영향요인　02 영유아 행동의 평가

01 영유아 행동의 영향요인

1) 개인적 요인

(1) 성

신체발달과 관련하여 일반적으로 남아가 여아보다 약간 더 큰 경향이 있고, 남아가 여아보다 약간 더 무겁다. 그러나 신장과 체중 모두 유전적으로 부모와 관련되고, 개인차가 존재한다. 또한 일반적으로 유아는 근육보다 지방조직이 먼저 발달하는데, 여아가 남아보다 신체지방이 더 많으며 학령기 이후에는 그 차이가 더욱 커진다. 특히 근육은 지방조직과 달리 나아가 여아에 비해 1.5배 더 빠른 속도로 증가한다. 성에 따른 근육과 지방조직의 발달차이로 인해 7세 이후부터 서서히 성차가 나타나며, 사춘기 이후에는 이러한 성차가 더 부각된다.

한편, 영유아의 지능은 성에 따른 성에 따른 전반적인 지능의 차이가 아니라 특정한 능력에서의 성차가 존재한다. 즉, 여아는 언어적 과제, 수학적 계산, 소근육 기술, 지각 기술을 필요로 하는 과제에서, 남아는 공간, 추상적인 수학적 추론과 과학적 추론을 필요로 하는 과제에서 더 우수하다. 이와 같은 특정 영역의 지능에서 성차가 있는 이유는 사회화, 인지적 성숙, 뇌 구조의 크기와 모양 등에서 차이가 있기 때문이다(이영 외, 2009).

언어발달의 측면에서는 보편적으로 여아가 남아보다 우수하다고 생각하지만, 여러 학자들이 보고한 연구결과를 종합해보면 일관된 결과를 확인하기는 어렵다. 대개 어휘 수, 문장길이, 읽기능력 등의 발달은 여아가 남아보다 우세한데, 이는 여아의 생물학적 성장속도와 초기 뇌의 좌반구발달이 더 빠르거나 부모-자녀 간의 의사소통과정에서 여아와의 언어적 상호작용이 더 많기 때문으로 해석할 수 있다. 그러나 이러한 차이들은 성에 의한 것이라기보다는 다른 개인적 요인들이 작용했을 가능성도 간과할 수 없다.

표준신장(cm)

남자		여자
50.1	출생시	49.4
67.6	5~6개월	66.3
76.0	11~12개월	74.8
81.2	15~18개월	79.9
86.2	21~24개월	85.0
93.1	2.5~3세	91.9
100.3	3.5~4세	99.2
107.2	4.5~5세	106.1
113.6	5.5~6세	112.5
119.5	6.5~7세	118.3
123.7	7~8세	122.4
129.1	8~9세	127.8
134.2	9~10세	133.5
139.4	10~11세	139.9
145.3	11~12세	146.7
151.3	12~13세	152.7
159.0	13~14세	156.6
165.5	14~15세	158.5
169.7	15~16세	159.4
171.8	16~17세	160.0
172.8	17~18세	160.4
173.4	18~19세	160.7

표준체중(kg)

남자		여자
3.4	출생시	3.3
8.0	5~6개월	7.5
9.9	11~12개월	9.4
11.1	15~18개월	10.5
12.3	21~24개월	11.7
14.0	2.5~3세	13.4
15.9	3.5~4세	15.3
18.1	4.5~5세	17.4
20.4	5.5~6세	19.6
22.9	6.5~7세	22.0
24.8	7~8세	23.9
27.8	8~9세	26.9
31.3	9~10세	30.5
35.5	10~11세	34.7
40.3	11~12세	39.2
45.5	12~13세	43.8
50.7	13~14세	47.8
55.4	14~15세	50.9
59.4	15~16세	52.8
62.4	16~17세	53.6
64.5	17~18세	53.9
65.8	18~19세	54.1

[그림 4-1] 신장과 체중의 성차

영유아의 사회성 발달과 관련하여 공격성은 성차에 관심을 둔 대표적인 영역이다. 공격성에서의 성차를 해석하기 위한 방법으로 생물학적 관점에서는 남성의 높은 테스토스테론과 공격성이 관련된다고 본다. 즉, 여성에 비해 테스토스테론 수치가 높은 남성이 공격적으로 행동할 가능성이 많고, 분노 정도도 높은 것으로 본다(Dabbs & Morris, 1990). 반면, 사회학습적 관점에서는 남아가 여아보다 더 공격적이 되도록 하는 사회적 영향에 많이 노출되어진 결과라고 보는데(Shaffer, 2005), 대개 남아들이 거친 신체놀이와 공격성을 나타내는 총기류의 장난감을 가지고 노는 것에 관대한 반면, 여아의 공격적 행동에 대한 부정적 피드백이 상대적으로 남아의 공격성향을 증가시킬 수 있다고 본다. 부모와 성인들의 반응 즉, 겉으로 드러나는 외현적 공격성에 있어서 남아에게는 관대하나 여아에게는 민감한 반응을 보이는 등의 성에 따른 차별화된 반응이 남아에게 외현적 공격성을, 여아에게 관계적 공격성을 더 증가시키게 되는 원인으로 작용하게 되는 것이다(Underwood, 2003)

한편, 상호작용적 관점에서 보면 공격성은 생물학적 요인과 사회학습의 영향이 함께 작용하여 공격성의 성차를 나타낸 것으로 본다. 유아기 남아들이 신체적이고 언어적인 공격성과 같이 직접적이고 드러나는 외현적 공격의 성향이 여아들보다 높으며, 여아들은 겉으로 잘 드러나지 않고 간접적인 관계적 공격성향이 남아에 비해 높다고 보고된 바 있는데(신유림, 2008), 이것은 남아의 공격행동이 여아보다 허용적인 우리나라의 사회 · 문화적 분위기를 고려해 볼 때, 남아가 외현적 공격행동을 보이기 쉬운 것으로 볼 수 있다.

이밖에 친사회적 행동에서도 성차도 고려할 수 있다. 대개 여아가 남아보다 더 많은 친사회적 행동을 보이는 경향이 있는데(이순형, 김정연, 1997), 남아는 사회적 기술이 부족하여 여아보다 친사회적이지 않고, 여아의 경우 타인을 돕고 순응적이어야 한다는 부모의 기대치와 성역할 고정관념의 정서적 측면을 이미 학습했기 때문일 수 있다.

마지막으로 정서발달 측면에서 정서지능 또한 성차가 제기된 영역이다. 정서지능이란, 자신을 동기화하고 좌절에 직면했을 때 끈기를 갖는 능력, 자신의 정서를 인식하고 관리하는 능력, 타인의 정서를 인지하고 공감하며 인간관계를 잘 하는 능력(Goleman, 1995)이다. 정서지능에서의 성차를 알아본 연구에서는 여아와 남아 간에 정서를 표현하는 데 있어서 차이가 있고, 여아가 남아보다 타인정서와 감정이입에 대한 관심이 높고, 정서조절능력에 있어서도 더 높은 발달을 보이며, 정서상태에 대한 사고와 인식의 발달 측면에서도 남아보다 더 뛰어나다고 보고된 바 있다(Goleman, 1995).

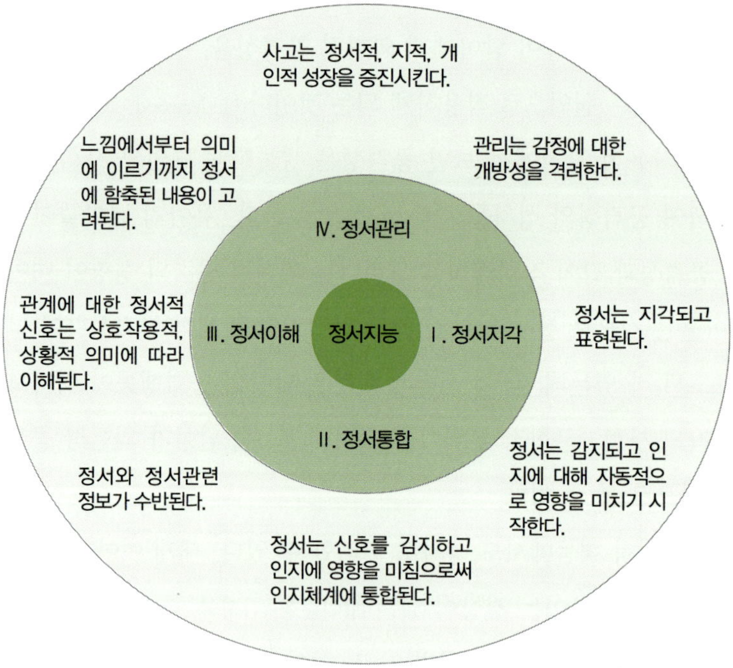

[그림 4-3] 정서지능의 요소

출처: Mayer, J. D., & Salovey, P. (1997). What is emotional intelligence. In P. Salovey & D. J. Sluyter (eds.), Emotional Development and Emotional Intelligence; Educational implications. New York: Basic Books.

(2) 기질

기질은 생애 초기 행동양식의 개인차를 설명하기 위한 개념으로, 생물학적인 근거를 두고 개인의 적응에 영향을 미치는 비교적 안정적인 행동의 개인차라고 할 수 있다(Thomas & Chess, 1977). 이는 출생 직후부터 반응 및 행동양상의 차이를 발생시키며, 여러 상황에서 비교적 일관되게 나타나는 특성이 있으나, 환경과의 상호작용을 통하여 상황에 따라 다르게 발현되고 변화할 수도 있다.

토마스와 체스(Thomas & Chess, 1977)의 NYLS(New York Longitudinal Study)에서 기질을 생후 2~3개월부터 확인할 수 있는 활동성, 규칙성, 접근/회피, 적응성, 산만성, 지속성, 기분, 반응강도, 반응역치의 9가지 하위요소로 분류하였다.

〈표 4-1〉 **기질의 구성요소**

활동성	일상생활에서의 신체활동량
규칙성	수유, 수면, 배변 등 생리활동의 규칙성
접근/회피	새로운 자극에 대한 접근과 회피반응
적응성	변화된 상황에 대한 적응정도
산만성	외부자극에 의해 진행 중인 활동이 방해받는 정도
지속성	방해를 받았을 때도 진행 중인 활동을 지속하는 정도
기분	즐겁고 우호적인 행동의 양이나 불쾌하고 슬프고 적대적인 행동의 양
반응강도	자극에 대한 반응의 강도
반응역치	반응을 유발하는 데 필요한 최소자극의 양

출처: Thomas, A., & Chess, S. (1977). Temperament and development. New York: Brunner/Mazel.

이러한 9가지의 기질 하위요소에 근거하여 기질 유형을 순한(easy) 기질, 까다로운(difficult) 기질, 느린(slow to warm up child) 기질로 분류하였다. 기질별 특성은 순한 기질의 영아는 수면, 음식섭취, 배설 등의 일상생활습관에 있어서 대체로 규칙적이며, 반응강도는 보통이다. 새로운 음식을 잘 받아들이고, 낯선 대상에게도 스스럼없이 잘 접근하며, 환경의 변화에 대한 적응력도 높고 대체로 평온하며 행복한 정서가 지배적이다. 반면, 까다로운 기질의 영아는 적극적이고 민감하고 불규칙적이며 예측이 불가능하다. 환경으로부터의 자극이나 욕구좌절에 대한 반응강도는 강하다. 또한 느린(slow-to warm-up child) 기질의 영아는 새로운 음식을 받아들이는 속도가 늦고, 낯선 사람에게 의심을 보이며, 환경의 변화에 대한 적응도가 늦고, 크게 웃거나 우는 등 강한 정서가 자주 나타나며, 부정적인 정서도 자주 보인다.

(3) 애착

애착은 영아와 양육자간의 강한 정서적 유대감으로 선택성과 정서적 요소가 내포된다. 먼저 선택성의 측면을 살펴보면, 영아는 아무에게나 애착을 형성하지 않는다. 영아들은 문자 그대로 특별한 사람, 자신의 생존에 일차적으로 기여하는 양육자에게 애착을 형성한다. 또한 정서적 측면에서 애착이 안정적으로 형성되면, 엄마와 아기는 서로 상호작용하는 과정에서 즐거움과 편안함을 느끼게 된다. 이 때문에 불안을 느끼면 영아들은 어머니에게 다가가 위안을 얻으려고 한다(곽금주, 김연수, 2014).

애착을 설명하는 동물행동학의 보울비(Bowlby)이론에 기초한 아인스워드(Ainsworth, 1979)는 '낯선 상황 실험'을 이용하여 영아-엄마 간의 네 가지 애착유형을 제시하였다. 이 네 가지 애착의 유형은 안정애착, 불안정 회피애착, 불안정 저항애착, 혼란애착으로 유형별 특징은 다음과 같다. 첫째, 안정애착 유형을 가진 영아는 엄마를 안전기지로 인식하여 함께 있을 때 주위를 탐색하기 위해 엄마로부터 쉽게 분리가 된다. 또한 엄마와 분리되었을 때에는 불편함을 느끼지만, 엄마가 돌아왔을 때 반갑게 맞이하고 적극적으로 신체적 접촉을 요구하며 편안함을 느낀다. 둘째, 불안정 회피애착 유형의 영아는 엄마와 함께 있을 때뿐만 아니라, 분리되었을 때에도 엄마에게 별 반응을 보이지 않으며, 엄마가 다시 돌아와도 이를 무시하거나 회피하며, 엄마가 안아주려고 해도 거부하는 반응을 보인다. 셋째, 불안정 저항애착 유형의 영아는 낯선 상황에 엄마와 함께 있어도 불안해하며, 엄마 옆에 붙어 있으려 하며 주위를 탐색하지 않는다. 엄마가 나가면 매우 당황하고, 엄마가 다시 돌아오면 엄마에게 접촉하고 매달리기도 하지만 화를 내고 밀어내는 저항행동을 보이는 등 양면적인 행동을 보인다. 넷째, 혼란애착 유형의 영아는 불안정 애착의 유형 중 가장 심각한 형태로 낯선 상황에서 멍해보이거나 심하게 두려워하는 모습을 보이며, 엄마와 재결합 시 멍하고 얼어붙은 듯한 행동을 한다.

아인스워드(1979)의 '낯선 상황 실험'의 결과를 보면, 실험에 참여한 영아 중 65%는 안정애착 유형에 속한 반면, 20%는 회피애착 유형, 10%는 저항애착 유형, 5~10%가 혼란애착 유형으로 분류되었다.

〈표 4-2〉 **아인스워드의 낯선 상황 실험절차**

에피소드	사건	관찰되는 애착 관련 행동
1	실험자가 부모와 영아에게 놀이방을 소개하고 떠남	
2	영아가 노는 동안 부모는 앉아 있음	안전기지로서의 부모
3	낯선 이가 들어와 앉아서 부모와 이야기함	낯선 이 불안
4	부모가 나가고, 영아가 불안해하면 낯선 이가 위안을 제공함	분리불안

에피소드	사건	관찰되는 애착 관련 행동
5	부모가 돌아오고, 영아에게 인사하고 영아가 불안해하면 위안을 제공, 낯선 이가 떠남	재결합 행동
6	부모가 방을 나감	분리불안
7	낯선 이가 들어와 위안을 제공함	낯선 이에 의해 위로받는 능력
8	부모가 돌아와 영아에게 인사하고, 필요하다면 위안을 제공함. 그리고 영아가 장난감에 흥미를 갖게 하려는 시도를 함	재결합 행동

이러한 애착의 결정요인은 양육가설, 기질가설로 설명할 수 있다(곽금주, 김연수, 2014).

첫째, 양육가설은 양육자의 특성에 따라 애착유형이 달라질 수 있다는 가설(Ainsworth et al., 1978)로 안정애착을 형성한 영아의 엄마는 영아의 상태에 민감하고, 긍정적인 반응을 보인다. 반면, 불안정 회피애착을 형성한 영아의 엄마는 영아를 거부하는 경향이 많고, 불안정 저항애착을 형성한 영아의 엄마는 일관되지 않은 양육방식을 취하는 경우가 많다. 애착 유형 중 가장 심각한 형태인 혼란애착을 형성한 영아의 엄마는 영아에 대해 부정적으로 반응하거나 학대할 가능성이 있다.

둘째, 기질가설은 영아의 기질이 애착 유형에 영향을 줄 있다는 가설(Kagan, 2006)로 '낯선 상황 실험'과정은 영아의 기질차이를 알아보는 것이라고 본다. 즉, 양육자보다는 영아의 기질이 애착 유형을 결정짓는 일차적인 요소로 보는 것이다. 영아의 애착형성 결과는 이후 대인관계, 사회정서적 발달 등의 중요한 지표가 되므로 영아의 타고난 기질뿐만 아니라, 양육자의 특성을 함께 이해함으로써 안정된 애착형성을 위해 노력해야 한다.

2) 환경적 요인

(1) 양육태도

인간은 태어나면서 양육자를 통해 돌봄을 받고 점차 성장하며 사회화 과정을 거치게 된다. 이 과정에서 양육자는 자녀가 성인이 될 때까지 의식주를 해결해주고, 위험으로부터 보호하며, 세상에 적응하며 살아갈 수 있도록 사회에서 통용되는 가치나 규범을 가르쳐주며, 심리적으로도 건강하게 자랄 수 있도록 정서적으로 지지하면서 길러주게 되는데, 이를 '양육'이라고 한다. 이러한 양육기간 동안 자녀가 바람직한 성장과 발달을 할 수 있도록 자녀를 대하는 모든 태도들을 양육태도라고 하는데, 양육태도는 양육방식, 양육행동 등의 용어와 유사하게 사용되기도 한다. 양육태도는 자녀를 양육하는 과정의 다양한 상황에서 나타나는 부모의 행동으로 '허용과 참여', '조정', '자율성의 인정'의 세 가지 측면에서 양육태도의 효과성 정도가 구분된다(Berk, 2008).

- 허용과 참여: 부모가 자녀를 정서적으로 안정된 애착관계를 형성하기 위해 자녀의 요구를 허용하는 수준과 부모의 자녀생활에 대한 개입 또는 참여정도
- 통제: 자녀의 성숙한 행동을 증가시키기 위한 부모의 조정 · 통제수준
- 자율성의 인정: 자녀의 자기신뢰도를 향상시키기 위한 자율성에 대한 인정

이상의 세 가지 측면에서 부모의 양육태도를 온정적 권위형, 권위적, 허용적, 무관심 유형으로 구분할 수 있으며, 각 유형별 특성과 다음과 같다.

〈표 4-3〉 **자녀양육의 유형별 특성**

양육태도	허용과 참여	통제	자율성의 인정
온정적 권위형	자녀의 요구에 대해 민감하게 반응하고, 관심이 있으며, 참을성을 갖고 자녀와 관계를 형성함	자녀에게 합리적 요구를 하고 부모의 지시에 대해 설명하며, 일관된 입장과 태도를 유지함	자녀 스스로 결정하도록 기회를 제공하고 자녀의 생각, 감정, 욕구를 표현하도록 지지하며, 의견이 불일치하는 경우에는 함께 의사결정함
권위적	자녀에 대해 냉담한 태도를 보이고 거부적으로 행동하며 자녀를 자주 비난함	체벌과 권력을 이용해 자녀에게 강압적으로 요구하고, 자녀의 자율성을 인정하지 않으며, 사랑을 회피함	자녀를 대신하여 부모가 모두 의사결정하고 드물게 자녀입장에서 의견을 고려함
허용적	자녀에게 따뜻하게 반응하지만 지나치게 관대하고, 자녀와 건성으로 관계를 형성함	자녀에게 요구 자체가 거의 없음	발달단계상 자녀가 충분히 준비되지 않은 상태에서 많은 것을 결정하도록 함
무관심	자녀와 정서적으로 분리, 고립된 관계를 유지함	자녀에게 요구 자체가 거의 없음	자녀의 의사결정이나 입장에 대해 무관심함

◆ 온정형 권위형 양육태도(Authoritative child-rearing style)

자녀양육에 있어 가장 성공적인 접근방법으로 온정적이면서 자녀의 요구에 대한 수용도가 높고 민감하게 반응하며 참여적인 유형이다. 따라서 즐겁고 정서적으로 충만한 부모-자녀관계를 형성하는 밑거름을 마련할 수 있는 동시에 부모는 자녀에게 일관되고 합리적인 기대수준을 제시하면서 자녀의 행동을 효과적으로 통제한다. 아울러, 자녀와의 원활한 의사소통을 유지하고 자녀가 본인의 생각과 감정, 욕구를 정확하게 표현하도록 장려하며, 부모와 자녀의 의견이 불일치할 경우에는 가능한 범위에서 함께 의사결정이 이루어지도록 노력한다.

◆ 권위적 양육태도(Authoritarian child–rearing style)

권위적 양육태도를 갖고 있는 부모는 자녀의 요구에 대해 비교적 덜 수용적이며, 참여정도 또한 낮고 자녀의 자율성을 거의 인정하지 않는다. 따라서 이러한 부모의 행동을 자녀들은 부모가 자신에게 냉담하고 거부적이라고 인식하며, 부모로부터 비난받는다고 생각한다. 자녀가 부모의 지시에 복종하지 않을 경우, 체벌이나 강압적인 태도를 보이기 쉽다. 부모의 권위적 양육태도를 경험한 자녀는 행복감을 갖지 못하고 항상 불안을 느끼게 되며, 결과적으로 낮은 수준의 자존감과 자기 신뢰감을 형성하여 자신의 욕구가 충족되지 못하는 불만족스러운 상황에 대한 강한 적대감을 표현한다.

◆ 허용적 양육태도(Permissive child–rearing style)

허용적 양육태도는 대체로 온정적이고 수용적이지만, 부모가 자녀의 요구에 대해 지나치게 관대하거나 건성으로 부모–자녀관계를 형성하는 경향이 높다. 부모로서 자녀의 행동을 조정 · 조절하고자 하는 의지도 희박하고, 자녀의 발달수준과 상관없이 모든 결정을 자녀가 하도록 허락한다. 이러한 상황에서 영유아는 규칙을 준수하거나 책임과 역할을 수행하는 것에 대한 적절한 훈련을 받을 수 없다. 허용적 양육태도를 가진 부모들의 일부는 자녀양육에 있어 이러한 태도가 최선이라고 믿지만, 대부분 자녀양육에 대한 바람직한 인식과 태도를 갖지 못하거나 자녀의 행동에 미칠 수 있는 자신의 영향력에 대한 확신이 부족하기 때문이다. 이러한 부모의 자녀는 성인에게 의존적이고 과도한 요구를 하는 경우가 많고, 참을성이 부족하며, 학교생활에서도 부적응을 나타내는 사례가 많이 보고되고 있고, 청소년기에 이르면 자기조절능력이 취약하며, 권위에 대한 반항감이 커져 반사회적 행동을 보이게 된다.

◆ **무관심한 양육태도**(uninvolved child-rearing style)

자녀양육에 대한 참여의지도 희박하고, 자녀의 요구에 대한 수용정도도 낮은 무관심한 양육태도를 가진 부모는 정서적으로 자녀와 유리되어 있거나 우울감에 빠져 있는 경우가 많다. 그렇기 때문에 생활 속의 다양한 문제를 해결하고 스트레스 대처에 급급한 나머지 자녀를 위한 에너지와 시간 투자가 불가능하다고 생각하여, 간단하게 해결될 수 있는 자녀의 요구에만 대체로 응하게 된다. 그러나 지속적인 관계를 유지하고 개입과 조정, 지도와 보호가 필요한 경우에 무관심한 양육태도를 가진 부모들은 그 상황을 회피하고 모면하려 한다. 결과적으로 최악의 경우, 아동학대 유형 중 하나인 방임의 단계로 이르기도 한다. 한편, 부부갈등이나 경제적 문제, 사회적 관계망의 문제 등으로 인한 과도한 스트레스를 경험하거나 우울증이 있는 부모에게서 주로 나타나는 자녀양육 유형이기도 하다.

이상의 네 가지 양육태도 가운데 대부분의 영유아는 온정적 권위형 양육태도를 가진 부모로부터 경험한 부모의 애착과 적절한 수준의 조정 · 조절, 자기결정에 대한 존중을 통해 성장 · 발달에 긍정적인 영향을 받는다. 따라서 자녀가 성숙함에 따라 부모의 온정적 권위에 점진적으로 적응하고 협조하게 되며, 부모는 자녀양육의 기쁨과 만족감을 경험할 수 있다.

〈표 4-4〉 양육태도에 따른 영유아발달과 적응

양육태도	영유아발달 및 적응결과
온정적 권위형	낙관적이고, 즐거운 기분, 높은 자존감, 자기조절, 참을성 있는 과업수행, 협조적
권위적	불안, 고립, 불행한 기분, 욕구불만 시 적대감 표출, 저조한 학업성취
허용적	충동적, 반항적, 성인에게 과다한 요구, 의존적, 인내심 부족, 저조한 학업성취
무관심	애착관계 형성, 인지발달, 놀이관계, 정서적 · 사회적 기술 등 발달과정 전반의 문제발생

(2) 형제자매

형제자매 관계는 출생에서 죽음에 이르기까지 개인의 삶에서 평생 지속되는 관계로, 갈등과 경쟁뿐 아니라 사랑과 온정을 동시에 지니고 있는 독특한 관계로(Buist, Dekovic & Prinzie, 2013) 생애 초기 형제자매 관계에서 경험하는 다양한 역할들이 영유아의 사회, 인지, 정서, 사회성 발달에 영향을 미친다. 형제자매는 동료적 관계, 도움, 정서적 지지의 원천이 될 수 있을 뿐 아니라, 서로에게 교사와 학생, 지휘 감독자와 부하, 보호자와 의존자 등의 역할을 하기도 하며, 민감하고 다정한 손위 형제자매는 애착의 대상으로서 동생들에게 안전한 보금자리가 되어 주기도 한다. 이런 상호관계의 역할을 통해 형제자매 관계는 인지적 발달과 사회성, 정서의 발달, 그리고 사회적 기술에 도움을 준다.

영유아의 발달과 적응에 있어 형제의 영향력은 현대사회에 들어 더욱 커지고 있다. 형제 영향력의 증가는 다양한 요인에 의해 영향을 받지만, 특히 다음 두 가지를 통해 이해할 수 있다(소미자, 이희영, 2016). 첫째, 가족규모의 축소이다. 2012년 통계청의 보고에 따르면, 인구 천 명당 출생아 수는 9.6명, 가구당 출산율은 1.21명으로 출생률이 매우 낮으며, 출생서열별 구성비도 첫째 및 둘째가 총 출생아의 89.6%로 출생아의 대부분을 차지하고 있고, 셋째 이상은 감소하고 있다. 가족 규모가 축소되면서 형제 수는 감소시켰지만, 과거 형제가 많아 개인의 관심이 여러 형제에게 분산되었던 것에 반해, 한 사람이 다른 사람에게 미치는 영향력은 더욱 커져 관계 자체의 질적인 변화를 초래하여 형제가 개인에게 미치는 영향은 오히려 증가되었다(김상희, 1990; 이경희, 1991). 둘째, 어머니의 사회진출의 증가이다. 여성의 교육수준 향상으로 인한 여성의 경제활동 참여율은 매년 조금씩 증가하고 있고, 통계청에 따르면, 2015년 기준 51.8% 수준으로 어머니들의 사회 진출 또한 과거에 비해 많이 증가하였다. 이로 인해 자녀의 육아가 심각한 문제로 대두되면서 관련 시설 등이 증가하고는 있지만, 자녀들이 부모의 돌봄 없이 서로를 돌보면서 같이 지내야 하는 시간이 늘어난 것은 사실이다. 이러한 사회적 흐름 속에서 형제의 영향력은 커지고 있다(전귀연 · 임주영, 2006).

특히 형제자매 관계는 부모-자녀관계와는 다른 차원에서 영유아의 성장 및 발달에 중요한 의미를 지닌다. 영유아들은 형제자매 관계를 통하여 자아에 대한 인식, 집단적 소속감, 연대감 등을 획득하고, 협동, 방어, 갈등, 경쟁, 지배의 원리 등을 학습하게 되며, 이러한 경험의 결과들은 아동의 정서발달 및 지적발달의 기반을 형성해 준다. 또한 형제관계는 부모와의 수직적인 관계와는 달리 수평적인 관계를 맺고 있다. 형제관계는 또래관계에서의 속성인 상호성을 내포하고 있어서 상대방의 관점을 쉽게 이해하고 서로의 관심을 인식, 공유할 뿐만 아니라, 형제자매 간의 연령차로 인해 부모-자녀관계의 속성인 보완성도 내포하게 된다(Dunn, 1983). 따라서 영유아는 형제자매 관계를 통해 가족 밖의 다른 아동 및 대인관계의 기초가 되는 협동, 방어, 갈등, 경쟁, 지배의 원리를 학습하게 되며, 또한 부모가 이해하지 못하거나 무관심한 것을 대신하여 보충적인 이해와 관심을 제공하고, 형제가 안고 있는 문제나 처한 상황을 더 잘 이해하는 효과적인 교사의 역할을 함과 동시에, 놀이친구나 공부친구와 같은 동료적인 역할도 한다(박미진, 김광웅, 2002).

한편, 형제자매 관계의 질(quality)은 온정과 애정, 친밀성과 같은 긍정적인 감정과 갈등과 경쟁, 질투와 같은 부정적인 감정의 양가적인 특징을 동시에 지닌다(Buist et al., 2014). 형제자매 관계에서의 논쟁, 말다툼, 주먹다짐, 공격, 적대감, 반항과 강압과 같은 갈등보다는 친밀감, 보살핌, 지지, 우정같은 온정을 경험하는 영유아가 심리적 발달과 적응에 있어 훨씬 긍정적인 것으로 보인다(박진희, 박지선, 2015).

(3) 또래관계

인간의 발달단계에서 영유아기는 그 이후의 성장과 발달에 기초가 되는 중요한 단계로 가족뿐만 아니라, 또래와 관계를 맺기 시작하는 시기이다. 또래는 정신적 발달, 신체적 발달 및 행동이 유사하고 사회적으로 동일시되는 대상(Erwin, 1998; Shaffer, 2000)으로 또래와의 상호작용을 통해 유능하고 적응적인 사회적 행동을 습득한다(Rubin, Bukowski, & Parker, 1998). 유아는 또래와의 관계를 통해 타인의 관점을 이해하고, 사회적 지식을 습득하여 넓은 사회에서 생활할 수 있는 능력을 기르게 되며, 타인이 자신과는 다른 관점을 가질 수 있음을 이해하게 됨으로써 자아중심성에서 벗어나게 된다.

자아중심성에서 벗어난 영유아는 자신의 욕구를 충족시키는 단계에서 점차 타인의 감정을 이해하고, 존중하는 상호호혜적인 또래관계를 발달시키게 된다. 또한 또래와의 관계를 유지하고, 주변 또래로부터 인정받고 수용되기 위하여 집단의 규칙을 준수하며 노력하면서 사회성이 발달하게 되는 것이다(Bukowski & Hoza, 1989; Shaffer, 2005).

이러한 또래 간의 상호작용은 인간관계 기술을 비롯한 사회성 및 성격발달, 정서발달, 언어발달 등을 포함한 사회적 능력발달에 기여하며 영향을 미치므로(Shaffer, 2005), 영유아가 또래관계에 성공적으로 진입하고 능동적으로 참여하여 또래와의 긍정적인 상호작용을 통해 자신의 능력을 향상시키는 것은 발달의 주요한 과업이다.

◆ 또래지위

다른 사회집단에서처럼 유아의 또래집단에서도 지위체계가 형성된다(이혜옥, 1991). 유아의 또래지위는 또래집단 내에서 한 유아에 대한 또래 유아들의 선호 및 수용되는 정도를 나타낸 것으로 사회적 수용도, 또래 수용도, 인기도라는 용어를 사용하기도 한다(이은해, 고윤주, 1999).

또래지위는 유아의 또래들과의 관계적 적응과정에서 자연스럽게 위계구조로 형성되며, 또래들이 설정한 기준에 따른 수용되는 정도로 유아들은 그들만의 또래집단에서 새로운 지위를 부여받게 된다(송미선, 1995; Coie & Kupersmidt; 1983). 먼저 또래지위에 따른 유아의 특성을 살펴보면, 또래로부터 수용되고 인정받는 유아들은 재치와 유머가 있고, 명랑하며 활동적이다. 반면 또래들에게 거부당하거나 또래지위가 낮은 유아들은 공격적, 파괴적이며 자신에게만 관심을 끌려고, 수줍어하거나 위축된 행동을 보이기도 한다. 그리고 또래의 따돌림으로 심각한 어려움을 겪게 되며, 스스로 가치가 없다고 생각함으로써 낮은 자아존중감을 갖게 된다. 이로 인해 자신에 대해 부정적인 개념을 형성하고, 적대적이거나 위축되어서 또래들과 잘 어울리지 못한다. 특히 거부당하고 인기가 없는 영유아들이 초등학교뿐만 아니라 청소년기와 성인기에도 부적응을 보이는 경우가 많아 유아의 또래지위는 이후는 적응을 예측할 수 있는 중요한 요인이 된다고 볼 수 있다(Hartup, 1983).

집단 내에서 또래지위를 파악하기 위하여 사회측정법(Sociometric)을 활용한다. 코이와 도지(Coie & Dodge, 1983)가 사용한 사회측정법은 한 반의 모든 유아에게 각각 좋아하는 친구와 싫어하는 친구 3명씩을 지명하도록 한 후, 사회측정법의 기준에 따라 인기아, 보통아, 무시아, 거부아, 양면성아 다섯 가지 또래지위로 분류한다. 각 지위별 특성은 다음과 같다.

◆ 인기아의 특성

- 친사회적이고, 공격적이지 않다.
- 타인과의 관계에서 민감하다.
- 관계에서 자신이 필요한 것을 얻기 위한 다양한 방법을 알고 있다.
- 유머를 사용하고, 창의적인 사고가 가능하다.

◆ 보통아

- 또래들로부터 인기가 특별히 많은 것은 아니지만 싫어하는 유형도 아니라 무난하게 또래와 잘 어울린다.

◆ 무시아

- 말수가 적으며, 수줍고 위축되어 있어 수동적이다.
- 자신이 가진 학업적인 수행능력과 운동능력을 낮게 평가하는 경우가 많다.
- 긍정적인 상호작용을 적게 한다.
- 또래관계에서 싸우거나 방해하는 등의 부정적인 상호작용은 많이 하지 않는다.

◆ 거부아

- 협동에 어려움을 보인다.
- 사교성이 없으며, 긍정적인 상호작용을 잘하지 못한다.
- 공격성과 방해행동을 보인다.

◆ 양면성아

- 인기가 있지만 거부되기도 한다.
- 협동심, 높은 사회적 능력 등의 긍정적인 행동특성을 보인다.
- 공격적이고 파괴적·부정적인 행동특성을 나타내기도 한다.
- 지도력을 가지고 운동 등의 특별한 영역에서 좋은 능력을 보여주기도 한다.

(4) 미디어

유아가 일상생활에서 접하는 미디어의 형태도 과거의 종이책 중심에서 현대사회의 전자기기 중심의 미디어로 변화하고 있다. 2012년 통계에 의하면 대표적인 전자미디어인 컴퓨터와 인터넷의 가구 보급률은 각각 81.9%이며, 컴퓨터를 접하는 연령은 계속 하향화되고 있는 것으로 나타났다. 또한 기존 미디어의 장점을 통합적으로 가지면서도 사용의 편리성과 소형화가 이루어진 스마트기기의 사용 또한 증가하고 있다. 특히 컴퓨터 기능의 발달에 따라 텍스트, 사진, 동영상, 소리와 같은 상이한 형태의 미디어들이 통합되는 형태인 멀티미디어가 널리 사용되고 있다. 따라서 이 시대를 살아가는 영유아들은 특별한 노력이나 의식 없이도 다양한 미디어에 노출된다고 보아야 한다.

미디어는 어떤 사실이나 정보를 담아서 수용자들에게 보내는 역할을 하는 매개체, 스마트폰, 컴퓨터, TV, 게임기 등을 의미하는 것으로 오늘날 우리는 미디어라는 단어에 스마트라는 용어를 접목한 '스마트미디어'라는 용어를 흔히 사용하고 있다. 스마트라 함은 소프트웨어나 하드웨어에 관하여 말할 때 정보처리 능력을 가지고 있다는 것을 나타내는 용어이며, 특히 지금까지는 기대할 수 없었던 정도의 정보처리능력을 가지고 있다는 의미를 나타낸다(목승관, 2011). 스마트미디어는 스마트기기를 통해 표현되고 시간적, 공간적 제약이 없으며, 사용자와 상호작용이 가능한 융·복합 콘텐츠 서비스를 일컫는다. 스마트미디어는 스마트폰, 태블릿 PC, 스마트 TV, 컴퓨터, 노트북, 넷북, 디지털 정보영상장치 등 인터넷 접속이 가능한 기기를 기반으로 방송뿐만 아니라 인터넷 콘텐츠를 이용할 수 있는 신유형 방송 서비스이다(한국정보화진흥원, 2014).

◆ 텔레비전

최근 우리 사회에서 텔레비전과 같은 대중매체는 영유아의 일상생활에서 중요한 생태학적 맥락이 되고 있다. 영유아에게 일방적으로 메시지를 전달하는 텔레비전의 영향에 대한 연구들은 대체로 부정적인 영향을 보고하였다. 최근 들어 관련 연구가 급격히 줄어들었으나, 1950년대부터 시작되어 1970년내에는 텔레비전이 영유아에게 공격성을 증가시킨다는 측면에서 부정적 영향을 준다는 보고가 많았다. 텔레비전 폭력 프로그램에 노출된 영유아가 정서적, 언어적으로 적대적이거나 신체적으로 공격적 행동을 나타낼 가능성이 높다는 연구결과들이 일관적으로 보고된 바 있고, 비디오 시청이 늘어나면서 '비디오 증후군'으로 인해 발달에 문제도 심각하게 고려할 필요가 있어(이영 외, 2015) 영유아기 적절한 텔레비전 시청을 위한 성인의 노력과 관심이 필요하다.

◆ 컴퓨터

컴퓨터는 현대사회를 살아가는 영유아에게 매우 익숙한 생활매체이다. 컴퓨터를 이용하여 영유아는 물론 성인들도 다양한 학습과 오락을 즐길 수 있다. 최근에는 3세 미만의 영아들도 컴퓨터를 이용한 놀이를 즐기고, 간단한 키보다 명령어를 이해하고 있으며, 집단활동시간에 컴퓨터를 제공할 경우, 쉽게 관심을 유발할 수 있다. 문자를 이해하기 시작한 영유아들은 다양한 문서작업을 위해 컴퓨터를 사용하기도 하는데, 정확한 쓰기기능을 습득하지 못한 경우라도 컴퓨터를 이용한 쓰기기 가능할 뿐만 아니라, 특정 컴퓨터 프로그램을 활용할 경우에는 영유아의 조작적 능력과 문제해결력 및 창의성을 키울 수 있다. 그리고 연령이 높아질수록, 숙제 등을 위한 문서작업 및 인터넷을 이용한 정보검색용으로 컴퓨터 사용이 증가하는 경향이 있다.

그러나 컴퓨터의 긍정적 측면에도 불구하고, 컴퓨터를 오락용으로 장시간 사용한다는 점이 문제로 부각된다. 특히 폭력적인 TV 프로그램을 시청하는 것과 마찬가지로 폭력적 게임을 할 경우 적대감과 공격성이 증가하고, 많은 컴퓨터 게임물들을 통해 편견과 고정관념이 여과없이 전달될 수 있다. 이밖에 컴퓨터 프로그램의 다양한 가상현실 자극으로 인해 현실에 무감각해지거나, 반사회적 특성을 갖게 하는 등 부정적 영향이 제기된다(Berk, 2006)

◆ 스마트폰

스마트폰은 기존의 휴대전화가 가진 음성통화 외에 컴퓨터의 기능을 함께 가지고 있는 기기이며, 기술적인 측면에서는 PC와 유사하게 메일, 음악, 인터넷게임 등의 여러 프로그램과 무한한 콘텐츠를 자유롭게 이용할 수 있으면서도 무선으로 작동하고 크기가 작아 휴대가 간편하다는 장점 등의 개방성과 다양성이 대표적인 특징인 기기이다.

특히 우리나라의 스마트미디어 보급률은 2013년에 67.6%로 다른 나라 평균치 14.8%에 비해 매우 높고, 스마트기기 사용의 저연령화가 급속하게 진행되고 있는데, 영유아 가정의 98.0%, 영아 가정의 99.1%가 스마트폰을 보유하고 있고, 유아 가정의 24.5%, 영아 가정의 20.9%가 스마트패드를 보유하고 있는 것으로 보고된 바 있다. 또한 스마트폰의 경우에는 유아가 68.4%로 영아 34.9%에 비해 더 많이 사용하는 것으로 나타났고, 유아의 56.7%, 영아의 22.1%가 스마트패드를 사용한 경험이 있다(이정림, 도남희, 오유정, 2013).

전문가들은 어린 연령부터 스마트미디어에 장시간 노출되면 추후 사회성 결여, 주의집중 저하 등의 문제들에 직면할 수 있다고 지적하고 있다(Cordes & Miller, 2000). 한국정보진흥원(2012)에서도 관련 분야연구를 통해 스마트 기기가 제공하는 다양한 기능으로 인해 한시도 손에서 놓을 수 없는 증상이 심화되어 불필요한 과다사용, 사용절제가 안 되고, 옆에 없으면 불안함을 느끼는 등 강박사용 현상을 경험하는 이들이 증가하고 있다고 보고하고 있다. 인터넷이 가진 상호작용의 중독요소가 언제 어디서든 꺼내서 할 수 있는 이동성이 겸비된 스마트폰과 같은 매체와 결합됨으로써 그 부정적 영향이 증폭될 것이라 예측하며, 과다사용에 따른 중독적 증상을 우려하고 있다. 영유아의 스마트미디어 사용에 있어 문제가 되는 점은 아직 신체적, 심리적으로 성숙하지 않고, 자기통제력이나 조절능력 등이 미숙한 영유아가 지나치게 스마트미디어를 과다사용한다는 점이다. 미래창조과학부와 한국정보화진흥원(2012)에서 발표한 '2012년 인터넷 중독 실태조사 결과를 살펴보면, 만 10세 이상 49세 이하 스마트폰 사용자 1만 683명을 대상으로 한 조사에서 10대의 경우, 중독률이 18.4%로 2011년 11.4%보다 7% 포인트 증가한 반면, 성인의 중독률은 평균 청소년의 절반수준인 9.1%였다. 즉, 영유아와 청소년의 스마트폰 중독률이 성인의 2배 수준인 것으로 볼 수 있다.

스마트미디어의 과다사용은 주의집중력과 자기조절능력이 저하시킬 뿐 아니라, 유아의 정서지능에 속하는 감정조절과 충동억제에서도 부적응을 유발할 수 있다(유은정, 2014). 특히 인간의 욕구와 충동을 억제하고 조절하는 기능을 담당하는 전두엽이 발달해야 할 시기에 스마트미디어를 통해 자극적인 영상을 반복적으로 오랜 시간 접하게 되면, 욕구와 충동을 조절하는 기능이 발달하지 못해 충동과 욕구를 억제하지 못하는 동물과 유사한 특성을 갖게 된다(권장희, 2012). 다시 말해, 뇌가 충분히 발달하지 않은 영유아기에 시·청각적으로 강력한 자극을 반복적으로 장시간 접했을 때 왕성하게 진행되어야 할 영유아의 뇌발달이 오히려 저하되어 인지 영역, 언어 영역, 정서 등의 발달에 병리적인 심각한 문제가 생길 수 있다.

02 영유아 행동의 평가

영유아는 인지적, 사회적으로 성인보다 미성숙하여 여러 가지 다양한 상황에 있어서 자신의 기분이나 행동을 세분화하여 보고하기 어려운 면이 있다. 그러므로 이들의 행동이나 심리상태를 평가하고, 진단하기 위해서 부모나 교사의 평가를 중요하게 고려해야 한다. 유아교육에서 영유아 평가는 전통적으로 가장 중요시되어 온 영역으로 다음과 같은 목적을 가진다.

- 영유아의 현재 발달단계의 이해

- 시간경과에 따른 영유아의 변화와 진보한 영역탐색
- 학급 전체 영유아의 현재상태 이해
- 교육과정 계획과 의사결정에 필요한 정보수집
- 도움이 필요한 영유아 선별
- 영유아의 학습준비 여부 결정

이상에서 제시된 목적으로 영유아에 대한 평가가 필요하지만, 영유아는 스스로를 평가하는 데 어려움이 있다. 따라서 영유아와 가장 밀접하게 접촉하고, 상호작용하는 부모나 교사의 적절한 평가가 요구되는데, 교육과학기술부 · 보건복지부(2012)에서 제시한 영유아 평가의 구체적인 방법은 다음과 같다.

- 일과 속에서 유아가 하는 놀이와 일상활동을 주의 깊게 관찰하고 체계적으로 자료를 수집하여 유아를 평가한다.
- 유아의 작업 결과물을 통해 유아를 평가한다. 유아가 놀이나 활동에서 그린 그림이나 글, 만든 구조물의 사진, 언어나 음률활동의 동영상, 언급한 말 등 작업 결과물을 수집하고, 기록함으로써 유아발달의 객관적인 증거를 파악한다.
- 생활기록부나 가정환경 조사서, 부모와의 면담을 통해 유아에 관한 정보를 가지고 있으며, 유치원과 어린이집에서 보이는 행동과는 다른 측면의 유아의 모습을 알려 준다. 이를 통해 유아행동의 원인을 이해할 수 있고, 유아의 발달을 총체적으로 파악할 수 있다.
- 특정 영역을 평가하는 표준화된 검사나 질문지 등을 사용하여 유아의 발달정도를 파악한다. 형식적인 평가보다는 관찰 같은 비형식적인 평가가 기본적이다.

영유아의 행동평가를 위한 자료수집방법은 형식적 평가와 비형식적 평가로 구분할 수 있다. 첫째, 비형식적 평가는 개인의 성장 및 진보를 살펴보기 위한 것으로 관찰, 면담, 포트폴리오 등이 해당된다. 둘째, 형식적 평가는 구체적이고 제한된 범위의 영유아 행동에 대한 평가로 발달검사, 지능검사 등을 예로 들 수 있다. 이와 같이 영유아의 행동을 평가할 수 있는 방법은 다양하며, 평가 유형별로 특징이 다르므로 평가의 목적이나 상황에 적절한 방법을 선택하여 활용해야 한다.

1) 비형식적 평가

(1) 관찰

영유아의 행동을 관찰하고, 관찰한 내용을 객관적으로 기록하는 것은 영유아 행동연구방법 중 가장 오래되고 대표적인 방법으로, 전문적인 훈련과정을 거치지 않더라도 누구나 쉽게 사용할 수 있는 방법이다. 그러나 관찰의 객관성을 확보와 관련된 문제들이 제기될 수도 있어, 다음의 〈표 4-5〉에 제시된 관찰이 갖는 장단점을 고려할 필요가 있다(임재택, 1997).

〈표 4-5〉 **관찰법의 장단점**

장점	단점
• 교사는 어떤 특별한 훈련 없이 쉽게 관찰할 수 있다. • 시간적 · 상황적 구애를 받지 않고 관찰할 수 있다. • 다른 측정방법과 병행하여 사용가능하다. • 집단적 혹은 개별적으로 관찰 가능하다. • 어떤 발달 영역에서도 적용 가능하다.	• 타당도가 관찰자의 능력에 달려 있다. • 관찰자의 편견이 개입될 수 있다. • 시각적으로 보여지는 행동 유형에 의해 부정확하게 측정될 우려가 있다. • 교수행위와 동시에 관찰을 진행할 경우, 전체적 맥락을 파악하기 어렵다.

또한 의미 있는 관찰이 이루어지려면 관찰목적, 관찰장면이나 행동, 관찰결과의 분석 등을 체계적으로 계획하는 과정이 선행되어야 한다. 특히 관찰내용의 분석이 영유아의 진보를 도울 수 있는 자료로 활용되지 않는다면, 관찰 자체만으로는 의미가 없다. 일반적으로 영유아 행동관찰은 다음과 같은 목적을 가진다(이정환, 박은혜, 1996;).

- 유아에 대한 이해
- 교사 자신의 수업에 대한 평가 및 수정
- 교수 · 학습과정 및 방법에 대한 평가 및 수정

이상의 관찰의 목적 이외에도 영유아의 행동과 영유아를 둘러싼 환경의 관계, 영유아 발달전반에 관한 규준을 기술하거나 관찰을 통해 영유아 행동발달에 관련된 변인간의 관련성을 연구하여 발달이론을 수립하고 일반화하는 목적도 달성할 수 있다(이은해, 1995).

관찰의 목적을 분명히 설정하는 것 이외에도 무엇을 왜 관찰하는지 목표를 분명하게 설정하고, 관찰한 내용을 객관적으로 기록하며, 기록된 것을 추론과 평가의 과정을 거쳐서 편집하고 기록물에 대한 반성적 사고를 하여 교수–학습활동에 반영하는 단계를 거쳐야 한다. 이러한 과정 중에 관찰한 영유아의 행동에 대한 객관적인 기록은 매우 중요한 단계로 관찰된 내용을 기록하는 방법에는 표본식 기록법, 일화기록법, 행동목록법, 평정척도법, 시간표집법, 사건표집법이 있다. 각 양식이 가진 특성과 지침 및 구체적인 사례는 다음과 같다(한국보육진흥원, 2011).

① 표본식 기록법

표본식 기록은 행동의 일화를 가장 자세하고 완전하게 연속적으로 기록하는 방법이다. 즉, 관찰자가 참여대상이나 장면을 미리 정해놓고 그 장면에서 일어나는 영유아의 행동이나 사건내용을 기록하고, 그것이 일어나게 된 환경적 배경을 상세하게 이야기식으로 서술하는 것을 말한다. 표본식 기록법은 관찰대상 영유아의 행동이 일어난 상황을 보지 않은 사람도 표본기록만 보고도 그 당시의 상황을 머릿속에 떠올릴 수 있을 정도로 자세하고 완전하게 기술해야 한다. 표본식 기록법은 개인에 대한 완전한 이해를 도울 수 있으므로 개별 영유아를 위한 교수방법 계획, 문제행동 원인파악 및 중재방안 고안, 학기 초 적응, 발달정도 파악, 사회성 정도 파악 등에 도울 수 있다. 반면, 상세한 기록을 위해서는 많은 시간과 노력이 필요하다.

◆ 관찰지침

- 관찰일, 시간, 대상, 이름, 생년월일, 연령, 성별 등은 미리 적어 놓는다.
- 관찰장소, 장면을 적는다.
- 1회 관찰은 보통 10분 내외가 적당하며, 30분을 넘지 않도록 한다.
- 모든 행동을 전체적으로 기록하는데, 즉 사건이 일어난 순서대로, 행동이 출현된 순서대로 객관적으로 기록한다.
- 일상적 용어를 사용하여 기록하고 객관적 사실만 기록한다. 판단, 추론은 포함하지 않는다.
- 필요할 경우 오른쪽 한 면을 이용해 보충설명을 별도로 기록한다.
- 관찰대상의 말뿐 아니라 상호작용하는 사람들의 말, 행동도 기록한다.
- 현재형으로 기록하고, 직접 화법으로 기록한다.

〈표 4-6〉 표본식 기술의 관찰양식

관찰유아		관찰일	
현재연령		관찰시간	
관찰자		관찰장면	
시간	기록		주석
요약 :			

② 일화기록법

일화기록법은 관찰자가 영유아의 특정행동에 초점을 맞추어 그 행동이 나타날 때마다 이를 상세하게 관찰, 기록하는 것이며, 시간의 흐름에 따라 반복적으로 기록할 수 있다. 교사들이 가장 용이하게 활용하는 방법으로 일화를 기록하는 과정에서 특정한 형식이나 절차는 필요하지 않다. 그러나 일화기록을 통해 작성된 내용은 영유아의 발달과 성장을 이해하는 데 의미가 있어야 한다.

◆ 관찰지침

- 교사는 사건이나 행동이 일어난 직후에 일화를 기록하는 것이 바람직하나, 현실적으로 여의치 않을 경우 핵심어를 기록해 두었다가 추후에 기록한다.
- 객관적인 사실에 입각한 목표행동을 간단하게 기술한다.
- 객관적 사실과 이에 대한 관찰자의 해석, 처리방안은 명확하게 구분하여 기록한다. 해석은 한 번의 일화기록으로는 어려우므로 적어도 일정기간 동안 수집된 몇 번의 일화에 기초해서 하는 것이 바람직하다.
- 여러 시기에 일어난 서로 다른 일화들을 총괄적으로 기록하지 말고 각각의 일화를 독립적으로 기록한다. 일화기록은 계속적인 기록이 보존될 때에만 진단적 가치를 가지게 되므로, 동일한 피관찰자에 대한 장기간의 누적된 기록이 보존되도록 노력한다.
- 여러 사건이나 여러 명의 영유아가 참여한 사건에 대해서 기록하려고 할 때는 대체로 한 번에 한 가지 사건만 취급하도록 한다.

〈표 4-7〉 **일화기록의 예**

관찰대상	김성호	관찰일	20○○년 3월 31일
현재연령	4년 2개월(남아)	관찰시간	오전 9시 40분 ~ 9시 45분(5분)
관찰자	유은희	관찰장면	자유선택활동 시간 중 역할놀이 영역
기록	성호가 창규에게 역할놀이 영역에서 놀자고 하였다. 그러나 창규는 성호의 제안을 거절하고 쌓기놀이 영역으로 가버렸다. 화가 난 성호는 창규에게 달려가 머리를 한 대 때렸다. "너랑 안 놀아."라고 성호가 말하자 창규는 그 자리에 앉아서 울었다. 교사가 다가오자 창규가 "성호가 때려요."라고 말하였다. 성호는 화가 나서 씩씩거리며 "내가 놀자고 했는데 안 논댔어! 너 나빠."라고 말하였다. 교사는 창규를 달랬다. 창규는 이야기를 하지 않고 계속 울고 있다. 성호에게 창규가 어떤 기분인지 설명하였다.		
요약 :			

출처: 김송이,정지나,최혜영,민성혜(2009). 영유아 관찰 및 실습.

③ 행동목록법

행동목록법은 관찰할 행동의 목록을 미리 만들어 놓고 특정행동의 유무를 표시하는 기록방법이다. 영유아의 발달과 관련된 행동목록 또는 활동참여목록, 환경구성 관찰목록 등을 교사가 작성하거나 이미 개발된 체크리스트를 이용하여 '예/아니요'로 표시한다. 이 방법은 관찰시간이 절약되고 영유아의 행동을 쉽게 관찰할 수 있으며, 그 결과를 활동계획 및 영유아의 행동평가 등에 간편하게 적용할 수 있어 현장에서 흔히 사용되는 방법이다. 행동목록법은 행동의 유무를 결정하는 효율적인 방법이지만 그 행동의 빈도, 지속시간, 특성 등에 대한 정보는 제공하지 못하고 자세하게 행동을 설명해주지도 못한다.

◆ 관찰지침

- 문항은 가능한 한 관찰가능한 구체적 행동들을 명확하게 정의하여야 한다.
- 문항은 하나의 관찰내용만을 포함해야 한다.
- 특정 영역에 대해 가능한 포괄적이고 대표적인 목록으로 구성하되 문항 간에 서로 중복되지 않아야 한다.
- 관찰자가 행동관찰 결과를 보다 쉽게 기록할 수 있도록 체크리스트 순서나 위치를 논리적으로 구성해야 한다. 즉, 문항배열과 조직에 체계가 있어야 한다.

〈표 4-8〉 **행동목록법에 의한 기록의 예**

행동발달관찰기록지				
관찰아동		생년월일		
관찰자		관찰일		
다음은 영유아의 발달을 전체적으로 평가할 수 있는 체크리스트이다. 1) 영유아를 선택하여 관찰한다. 2) 체크리스트에 있는 행동이 나타나면 V로 표시한다. 3) 체크리스트 마지막에 각 발달 영역별로 요약을 한다. 4) 관찰결과에 따라 각 영역별로 한 가지씩 교수방법을 계획한다				
기본생활습관		예	아니요	비고
1. 정리정돈을 할 수 있다.				
2. 간식/식사 전에 손을 씻는다.				
3. 규칙(차례, 약속)을 잘 지키는 편이다.				

기본생활습관	예	아니요	비고
4. 어른에게 존댓말을 사용한다.			
5. 음식을 골고루 먹는다.			
6. 낮잠을 잔다.			
7. 교사의 지시를 잘 이해하고 따른다.			
8. 물건을 소중히 다루고 아껴쓴다.			
9. 고마워, 괜찮아, 미안해 등의 말을 적절하게 사용한다.			
10. 혼자서 옷을 입을 수 있다.			
11. 화장실 사용 후 뒷처리를 혼자 한다.			
인지발달	**예**	**아니요**	**비고**
1. 질문을 많이한다.			
2. 사물을 주의깊게 본다.			
3. 상식이 풍부하다.			
4. 문제상황이 생겼을 때 다양한 방법으로 해결을 시도한다.			
5. 자연현상에 대해 관심이 있다.			
6. 기본도형의 이름을 안다.			
7. 기본색깔의 이름을 안다.			
8. 사건의 순서에 따라 배열한다.			
9. 사물을 한 가지 속성에 따라 분류한다(색, 모양, 크기).			
10. 5까지는 합리적인 수세기를 한다.			
11. 하루일과의 순서를 안다.			
12. 하루 전에 무슨 일이 일어났는지 안다.			
13. 사물의 수량이 많고 적음을 보고 변별한다.			
14. 일대일 대응으로 두 집단의 수를 짝짓는다.			

출처: 김송이 외(2009). 영유아 관찰 및 실습.

④ 평정척도법

평정척도법은 관찰된 행동의 유무뿐 아니라 특정 행동의 질적인 특성이나 출현빈도의 정도를 가장 낮은 수준에서 가장 높은 수준의 연속성이 있는 단계로 평정하는 것이다. 평정척도는 연속성이 있는 어떤 행동의 차원 또는 영역에 대해서 영유아의 행동을 관찰한 후일정한 위치에 평정하도록, 즉 수량화된 점수를 부과하도록 작성된다. 따라서 관찰과 동시에 작성할 수 없으며, 관찰을 충분히 한 후에 그 결과를 요약하는 수단으로 사용된다.

미리 정해 놓은 범주에 따라 평가할 때 사용되는 관찰도구이므로, 관찰자는 사전에 관찰하려는 행동 영역에 대해 미리 알고 있어야 한다. 평정척도법은 관찰항목의 출현여부뿐만 아니라 행동의 질도 평가할 수 있어서 이를 반복 사용하는 경우, 영유아의 행동이나 발달에 대한 정보를 얻을 수 있다. 대표적인 유형으로 기술평정척도, 숫자평정척도, 도식평정척도, 표준평정척도 등이 있다.

◆ 관찰지침

- 관찰자가 객관적으로 관찰한 결과를 토대로 종합적으로 판단해야 하므로, 관찰자의 전문성이 요구된다. 특히 평정자 오류를 줄이는 노력이 필요하다.
  - 평정자 오류의 일반적 경향에는 중심화 오류, 인상의 오류, 논리 오류, 기준의 오류, 근접의 오류, 대비의 오류 등이 있으며, 이러한 경향성을 미리 관찰자가 인지하는 것이 중요하고, 객관성 점검을 위해 동일한 유아를 두 명의 관찰자가 평정을 하여 그 결과를 비교해보고, 관찰자 간의 기준을 맞추어 볼 수도 있다.

〈표 4-9〉 **숫자평정척도법 관찰양식의 예**

<table>
<tr><th colspan="6">관찰기록표(만 3세용)</th></tr>
<tr><td>이름</td><td></td><td>학급명</td><td></td><td rowspan="2">관찰자</td><td rowspan="2"></td></tr>
<tr><td>생년월일</td><td></td><td>관찰일시</td><td></td></tr>
<tr><td colspan="6">유아의 행동과 가장 일치하는 정도에 동그라미 하세요.</td></tr>
<tr><td>행동목록</td><td>아주
못함</td><td>못함</td><td>보통</td><td>잘함</td><td>아주
잘함</td></tr>
<tr><td>1. 자기 물건을 스스로 정리할 줄 안다.</td><td>1</td><td>2</td><td>3</td><td>4</td><td>5</td></tr>
<tr><td>2. 줄을 서서 기다릴 수 있다.</td><td>1</td><td>2</td><td>3</td><td>4</td><td>5</td></tr>
<tr><td>3. 친구에게 양보할 수 있다.</td><td>1</td><td>2</td><td>3</td><td>4</td><td>5</td></tr>
<tr><td>4. 바깥놀이에서 규칙을 지킬 수 있다.</td><td>1</td><td>2</td><td>3</td><td>4</td><td>5</td></tr>
<tr><td>5. 교실에서 작은 소리로 말할 수 있다.</td><td>1</td><td>2</td><td>3</td><td>4</td><td>5</td></tr>
</table>

출처: 김지은,김진숙(2006). 유아 관찰 및 평가.

⑤ 시간표집법

시간표집법은 시간을 표집해서 관찰하는 방법으로 관찰하고자 하는 특정 행동이 정해진 짧은 시간 내에 얼마나 자주 일어나는지의 행동 출현빈도를 수집하는 방법이다. 비교적 짧고 일정한 시간 사이에 행동이 얼마나 발생하는가를 양적으로 측정한다. 시간표집법은 관찰을 하기 전에 언제, 어디서, 무엇을, 어떻게 기록할 것인지 미리 정해야 한다.

관찰자가 미리 정해 놓은 시간간격에 맞추어 그 시간 동안 관찰하려고 했던 행동에 대해 계획된 방법으로 표집을 한다. 시간표집에서 관찰하고자 하는 행동이나 사건을 설명하는 데 쓰이는 용어는 분명하게 정의되어야 하며, 관찰자는 각 범주의 정의를 충분히 이해하고 있어야 한다. 외현적으로 관찰이 가능한 행동을 수집하는 데 효과적이며 관찰하고자 하는 행동의 출현빈도가 빈번해야 한다. 시간표집법은 상황 속에 관찰자의 생각이나 해석을 집어넣지 않고, 객관적으로 정의된 행동목록을 사용하므로 객관성이 유지되기 쉬우며, 사전에 관찰행동 목록표를 작성할 때 포함되어야 할 주요 행동들과 범주에 대한 이론적 근거를 가지고 체계화하므로 결과의 신뢰성과 타당성을 높힐 수 있어 과학적인 연구논문에 많이 사용된다.

◆ 관찰지침

- 관찰하고자 하는 목표행동과 관찰범주에 대한 조작적 정의가 명료해야 하며, 관찰가능한 행동으로 기술되어야 한다.
- 관찰단위, 즉 관찰시간 간격을 결정해야 한다.
- 관찰횟수와 총 시간 수를 결정해야 한다.
- 관찰기록지를 논리적이고 체계적으로 구성해야 한다. 즉, 관찰행동을 어떤 부호나 빈도 표시방법으로 기록할 지 결정한다. 관찰기록용지는 관찰행동의 발생 여부, 출현빈도, 행동의 지속성 등을 신속하게 부호화하여 표시하도록 고안되어야 한다. 또한 관찰 동안 특기사항이 나타날 경우 관찰기록지에 기록할 수 있도록 비고란 또는 여백자리를 마련한다.
- 관찰 후 관찰을 통해 얻은 자료를 다양한 방법으로 분석한다.

〈표 4-10〉 시간표집법 관찰양식의 예

관찰유아												성별										
생년월일												관찰일시										
관찰일 기준연령												관찰장소										
시작시간												종료시간										
관찰자												기타										
범주	항목	1	2	3	4	5	6	7	8	9	10	11	12	13	14	15	16	17	18	19	20	계
비놀이 행동	아무것도 하지 않는 행동																					
	방관자적 행동																					
	일상적 행동																					
	활동																					
	교사와 상호작용																					
놀이 행동	혼자놀이																					
	병행놀이																					
	연합놀이																					
	협동놀이																					
관찰 안 됨																						
비고																						

출처: 김송이 외(2009). 영유아 관찰 및 실습.

⑥ 사건표집법

사건표집법은 단순히 어떤 행동의 발생 유무만을 관찰하기보다, 행동이나 사건이 발생하기를 기다렸다가 관심을 가진 행동이나 사건이 일어나면 일정한 형식에 따라 행동의 순서를 자세하게 기술하는 것으로, 관찰대상을 표집하는 방법 중에서 관찰 시간이 아닌 관찰장면이나 사건을 추출하는 방법이다. 따라서 관찰자가 관찰대상 영유아의 특정행동이 나타날 때까지 기다렸다가 발생 유무에 따라 기록함으로써 언제 꼭 관찰해야 한다는 시간적 제약이 없다. 사건표집법으로는 관찰자가 미리 정해진 범주에 따라 행동의 발생빈도를 기록하는 빈도사건표집법과 관찰하고자 하는 사건이나 행동이 일어나기 전의 상황(Antecedent event: A), 사건이나 행동 그 자체(Behavior: B), 사건이나 행동이 일어난 후의 결과(Consequence: C)를 순서대로 기록하는 ABC 사건표집법이 있다. ABC 사건표집법은 교사들이 어떤 행동의 원인을 알고자 할 때 가장 적합한 관찰방법이다.

◆ 관찰지침

- 관찰하고자 하는 행동이나 사건을 명확히 정하고, 정해진 행동이나 사건을 조작적으로 정의한다.
- 언제, 어디서 관찰할 것인지를 정하고 관찰자는 관찰하고자 하는 행동이나 사건의 성격에 대해 충분히 이해하고 있어야 한다.
- 어떤 종류의 정보를 기록할 것인지 미리 결정해 놓는다.
- 자연관찰 상황에서 이 방법을 활용할 때 사건의 포착 시점이나 정황에 대해 간과하기 쉬우므로, 자연관찰과 더불어 비디오 테이핑 또는 오디오 녹음을 병행하면 효과적이다.

〈표 4-11〉 **ABO 서술식 사건표집 관찰기록의 예**

<table>
<tr><th colspan="6">관찰기록표(만 3세용)</th></tr>
<tr><td>관찰아동</td><td>김인우</td><td>연령</td><td>4년 3개월</td><td>성별</td><td>남아</td></tr>
<tr><td>관찰자</td><td>유은희</td><td>관찰 일자</td><td>20○○년 4월 3일</td><td>관찰 시간</td><td>오전 10시 20분 ~ 10시 40분</td></tr>
<tr><td>시간</td><td>사건 전(A)</td><td colspan="2">사건(B)</td><td colspan="2">사건 후(C)</td></tr>
<tr><td>10시 20분 ~ 10시 40분</td><td>인우가 역할놀이 영역의 소파에서 쌓기 놀이 영역에서 놀이하는 친구들을 쳐다본다. 소파에 혼자 누워 뒹굴뒹굴거린다.</td><td colspan="2">역할놀이 영역의 소파에서 누워있다가 현이가 등원하자 출입문으로 간다. 놀이실을 돌아다니며 친구들의 놀이를 쳐다본다. 역할놀이 영역으로 갔다가 쌓기놀이 영역으로 향한다. 쌓기놀이 영역에서 친구들과 놀이하고 있는 보조교사 옆에 앉는다. 주위에서 얼굴을 기웃거리며 교사에게 말을 건다. 놀이에 참여하지 못하고 주위를 돌아다니다가 블록을 하나 들고 "뭐해"라고 물으며 친구들에 블록을 건넨다.</td><td colspan="2">교사가 인우에게 새로운 공간(다른 친구들의 놀이가 진행 중인 곳)에 장난감을 놓아주면서 "여기는 좁으니까 저 쪽에서 할까"라고 한다. 교사가 "다른 블록을 친구들이 가지고 있으니까, 나무 블록으로 하면 어떨까? 작은 블록으로도 해보자."라고 한다. 인우가 교사가 건네 준 블록을 만들면서 놀이를 시작한다.</td></tr>
<tr><td colspan="6">요약 및 평가
• 인우는 친구들과 놀이하고 싶으나 적극적으로 참여하지 않고 배회하는 모습을 보였다.
• 교사가 제안하는 활동으로 인해 성오가 놀이에 진입하였다.
– 인우는 친구주변을 서성거리며 친구들과 함께 어울리고 싶은 듯하였지만, 쉽게 접근하지 못하고 주위를 배회하는 행동을 보였다. 인우는 놀이하고 싶은 마음을 적극적으로 표현하기보다 주위를 서성거리거나 교사에게 말을 걸면서 자기의 관심을 환기시키는 듯하다. 교사가 적절한 놀잇감이나 놀이방법을 제안하면서 인우의 배회하기는 종료가 되었다.
– 인우의 발달연령을 고려할 때, 또래관계를 형성해 가는 과정에 있다고 볼 수 있으므로 인우가 보여주는 배회하기 행동은 인우의 또래 연령의 유아들이 보여주는 일반적인 행동 중 하나라고 판단된다.
– 인우에게는 교사의 민감한 관찰과 지원이 필요하고, 인우가 적극적인 놀이참여를 할 수 있도록 놀이의 모델을 보여주는 등의 도움이 필요하다고 생각한다.</td></tr>
</table>

출처: 김송이 외(2009). 영유아 관찰 및 실습.

(2) 면접

영유아에 관한 정보를 얻기 위해 가장 빠르고 직접적인 방법이 영유아 또는 그들 부모에게 질문하는 것이다. 영유아의 경험이나 태도를 알아보기 위하여 때로는 면접법(interview)이 이용된다. 면접은 주로 일대일로 얼굴을 맞대고 이루어지지만, 가끔 전화로도 가능하다. 면접법에는 면접질문의 구조화 정도에 따라 구조적 면접법과 비구조적 면접법이 있다.

먼저 구조적 면접은 사전에 작성된 면접용 질문지를 가지고 면접을 진행한다. 면접조사표에는 면접자의 질문순서, 내용, 사용되는 표현, 응답범주, 면접방법이 자세하게 포함되어 있다. 질문에 대한 연구대상의 응답이 미리 범주화되어 있기 때문에 면접조사표에 명시된 항목만 표시하면 된다(정옥분, 2008). 반면, 비구조적 면접은 연구주제와 관련해서 연구대상의 사고, 신념, 의도, 태도, 지식, 동기, 생각, 느낌 등에 관하여 보다 심층적인 정보를 수집하기 위해서 사용된다. 따라서 질문내용, 순서 및 과정은 연구대상의 응답에 따라 융통성 있게 달라질 수 있으므로 개방적인 방법이라 볼 수 있다(문혁준 외, 2015). 구조적 면접의 질문의 예가 "지난 1주간 몇 번이나 친구에게 양보했는가?", "지난 한 달간 유치원에서 얼마나 자주 친구와 싸웠는가?"라면, 비구조적 면접법의 질문의 예는 "너는 얼마나 협력적인가?" 등이다.

이러한 면접을 통해 관찰만으로 파악하기 어려운 구체적인 내용을 발견할 수 있다는 장점이 있다. 그러나 영유아의 인지능력, 언어이해 · 표현능력 등에 따라 질문이해의 정도가 다를 수 있음을 유의해야 한다. 다음은 영유아와 면담할 때 고려해야 할 내용이다(조순옥 외, 2002)

- 일관성: 영유아가 같은 유형의 질문에 같은 방법으로 안정되게 반응하는가를 관찰한다.

- **정확성**: 영유아가 모든 가능한 반응을 포함하여 반응할 수 없거나, 비교적 정확하게 반응하는가를 관찰한다.
- **명료함**: 반응이 분명하고 받아들일 수 있는지 평가한다.
- **충분함**: 관련 개념이 얼마나 많은 반응을 나타냈는지 살펴본다.
- **광범위함**: 면접에서 나타난 개념을 살펴본다.

(3) 포트폴리오

포트폴리오는 작업의 결과나 작품 혹은 어떤 수행의 결과를 모아 놓은 자료집이나 서류철을 의미하며, 포트폴리오를 이용한 평가라 함은 이러한 포트폴리오에 담긴 자료를 기초로 평가하는 것을 의미한다. 포트폴리오 평가는 기존에 사용되어 오던 전통적 평가방식의 한계를 보완하고 좀 더 총체적인 평가를 하기 위한 것으로, 작업의 결과나 작품 혹은 어떤 수행의 결과를 모아 놓은 자료집이나 서류철을 보고 평가하는 방법을 말한다(황해익 외, 2001).

포트폴리오 평가에 대한 개념은 학자들마다 다양하나, 다음과 같은 공통점을 지닌다.

- 포트폴리오 평가는 목적을 가지고 의도적으로 모은 작품집으로 특정 영역에서 학습자의 관심, 능력, 진도, 성취를 파악하는 것이다.
- 포트폴리오 평가는 유아의 성장발달을 관찰할 수 있도록 장기적·체계적으로 모은 작품집으로 평가하는 것이다.
- 포트폴리오 평가는 유아의 목표, 반성적 진술, 자기평가, 교사와 유아의 의견이 포함된 총체물로 평가하는 것이다.

또한 포트폴리오 평가의 목적은 학자들마다 다양하나 다음과 같은 공통점을 지닌다(Hart, 1994; Meisels & Steel, 1991).

- 영유아의 발달과 진보를 확인하는 것이다. 포트폴리오 평가는 표준화 검사와는 달리 진보되어 가는 과정에 대한 풍부하고 다양한 정보를 제공해주기에 영유아의 발달과 성장을 평가할 수 있다.
- 포트폴리오 평가과정에서 알게 된 영유아의 발달에 관한 정보를 교수계획에 활용하는 것이다. 포트폴리오는 각 영유아의 장점과 단점을 잘 알 수 있도록 하기에 교사의 교수계획을 도와주는 역할을 한다.
- 자기평가를 통해 유아의 학습동기를 증진시키고, 자율성과 책임감을 기르는 것이다. 포트폴리오는 영유아로 하여금 자신의 학습에 대한 자기평가를 해볼 수 있는 기회를 주고, 자신의 진보를 확인하는 과정을 통해 아동으로 하여금 자신의 학습목적이나 기준을 스스로 설정해 볼 수 있도록 도와준다.
- 가정과 유아교육기관의 연계성 있는 교육을 위한 정보를 제공하기 위해서이다. 포트폴리오는 부모와 교사가 유아의 작업에 대해 효과적으로 의사소통할 수 있기에 가정과의 연계성 있는 교육을 할 수 있다.

즉, 유아교육현장에서 포트폴리오를 실시하는 목적은 영유아의 발달과 진보를 확인할 수 있고 이를 바탕으로 교수계획의 도구로 활용하며, 자기평가를 통해 유아의 학습동기를 증진시키며, 자율성과 책임감을 기르고, 연계성 있는 교육을 위한 정보를 제공하기 위해서라고 볼 수 있다.

한편, 포트폴리오 평가에 들어가는 구성요소는 포트폴리오의 종류나 특성에 따라 달라지며, 어떠한 것이든 포함될 수 있다. 포트폴리오의 구성요소로는 활동결과물,

활동 요약물, 관찰노트, 자기평가, 동료평가, 비디오테이프, 사진 등 매우 다양하다(Hart, 1994). 포트폴리오에는 작업표본, 날짜, 유아의 자기반영지, 교사와 부모의 코멘트, 교사의 관찰기록 등이 포함될 수 있는데, 각 내용들의 의미는 다음과 같다(김현숙, 2004).

- 작업표본은 유아들의 활동결과물을 의미한다.
- 날짜의 기록으로 날짜를 부착해 둠으로써 일정한 기간 동안의 변화양상을 확인할 수 있다.
- 자기반영지 또는 자기평가지는 자신의 활동에 대해 목표에 비추어 반성하거나 느낀 점, 새로 알게 된 것, 다음의 목표 등을 유아 입장에서 스스로 정리하고 확인하는 것이다. 특히 유아의 자기반영을 위한 질문으로 "이것은 어떻게 만들었니?", "이 작품에서 무엇이 좋으니?", "무엇을 다르게 하고 싶니?", "이것처럼 다른 것도 해볼래?" 등을 제안한다. 그러나 글을 통한 자기평가는 형식에 치우칠 수 있고, 글쓰기에 어려움을 겪는 유아에게는 심리적인 부담감을 줄 수 있다. 따라서 면접, 인터뷰 등을 통한 자연스런 자기평가도 필요하다.
- 코멘트는 교사, 부모, 또래와 같은 유아 외의 다른 사람들이 유아의 활동에 대해 개인적인 의견을 기록하는 것이다. 다양한 사람들의 작품에 대한 피드백은 유아가 자신의 능력과 기술을 되돌아보고, 자신의 성장과정과 성취결과를 평가하여 앞으로의 학습목표를 설정하는 데 도움을 준다.
- 관찰기록은 교사가 유아의 활동과 그 결과물을 지켜보고 남긴 기록으로 일화기록, 연속기록, 표본기록, 평정척도, 체크리스트 등의 다양한 기법들을 사용할 수 있다.

2) 형식적 평가

형식적 평가인 심리검사는 전반적인 인지적 능력과 정서상태, 성격특성에 대한 객관적인 평가와 개인의 문제영역가 관련된 세부적인 특수검사들을 시행하는 것이다. 이러한 개인이 보이는 문제점들을 밝혀내고, 그와 더불어 잠재력과 강점 및 약점들을 파악하여 가장 적합하고 효율적인 지도방법들을 설계하는 데 효과적이다.

검사도구를 선정할 때에는 표준화 과정에 의해 올바르게 제작된 것으로 제작시기가 오래되지 않아야 하며, 검사의 타당도와 신뢰도가 높은 것이어야 한다. 또한 검사는 상황에 따라 영유아의 반응이 제한적으로 나타나므로 교사는 영유아발달 전문가와 연계하여 적절한 도구를 선정하여 활용하는 것이 바람직하다(조운주, 최일선, 2013).

(1) 발달검사

영유아의 발달을 보다 객관적이고 체계적으로 파악하기 위해서는 발달검사가 필요하다. 발달검사는 영유아의 생물학적 성숙을 따르는 기본능력과 함께 환경적 자극에 의해 변화되는 다양한 범위의 행동을 평가하는 도구이다(Goldman, Stein, & Guerry, 1983). 영유아 발달검사의 목적은 영유아의 발달적 진전을 정상적인 영유아의 규준적 행동에 비교하여 서술하고, 발달적으로 지진 또는 이탈의 여부를 판별하며, 나아가 미래의 성취를 예측하고자 하는 것으로(이은해, 1995) 영유아의 발달수준을 파악하는 것과 함께 발달적 지체를 발견하여 조기에 중재하기 위해서 필수적으로 요구되고 있다.

특히 조기중재를 통해 영유아의 발달적 잠재력을 신장시키고, 이후 학교에서 실패할 가능성이 높거나 특수교육 서비스를 받아야 할 영유아의 수를 감소시킬 수 있다(Schweinhart & Weikart, 1980). 그 외에도 발달검사는 유아교육기관 프로그램 운영측면에서 프로그램 평가를 시도할 때 적용될 수 있다. 영유아들이 프로그램에서 기대하거나 목표로 하는 발달적 진보를 보이는지 전반적으로 점검해 볼 수 있으며, 어떤 측면에서 프로그램이 효과적으로 영유아를 발달적으로 촉진시키는지 혹은 성과를 이루지 못하는지 평가할 수 있다. 국내용으로 표준화되거나 국내에서 개발된 영유아 발달검사의 유형은 다음의 〈표 4-12〉와 같다.

〈표 4-12〉 표준화된 영유아 발달검사 목록

검사명	대상	저자 및 제작연도 한국판 표준화 저자 및 제작연도	출처
한국형 Denver II (KDDST)	2주~6세	W.K. Frankenburg(1986) 신희선 외(2002)	현문사
3 · 4세용 유아발달검사	3~4세	손원경(2004)	부산대학교 박사학위논문
베일리 영아발달검사 III (BSID-III)	생후 16일~42개월	N. Bayley(2006) 최선(2007)	이화여자대학교 대학원 석사학위논문
영유아 언어 인지 사회 · 정서발달평가도구 (KEBA-2 to 5)	2~5세	이종숙 외(2008)	교육과학기술부
아동발달검사 (K-DCI)	15개월~6세	Ireton(1992) 김정미, 신선희(2010)	학지사
한국 영유아 발달선별 검사 제 1판 (K-DST)	4개월~71개월	대한소아과학과(2014)	보건복지부 질병관리본부

① **베일리 영유아 발달검사(3판)**

베일리 영유아 발달검사 3판(Bayley Scales of Infant and Toddler Development-Third Edition; Bayley-III, Bayley, 2006)은 인지, 언어(수용언어, 표현언어), 운동(대근육 운동, 소근육 운동), 사회-정서, 적응행동을 측정하는 5가지 하위 검사들로 이루어져 있으며, 생후 16일~42개월 영유아를 대상으로 하고, 검사 소요시간은 약 45~60분 정도이다.

Bayley-III의 이러한 구성은 미국장애인교육법(2004)에서 규정한 출생 후 만 3세까지의 아동발달 영역에 기초한 것이며, 영유아의 발달상태를 총체적으로 알아볼 수 있도록 한다. 다음 〈표 4-13〉에 Bayley-III의 구조 및 각 하위 척도들이 측정하고자 하는 내용을 제시하였다. Bayley-III(2006)는 BSID-II(1992)의 개정판으로, 규준자료 개정, 5가지 척도 개발, 측정도구로서의 질적 향상, 임상적 진단기능의 강화, 시행절차 간소화, 문항실행 개정, 자극재료 개정, 그리고 베일리 척도의 기본적 질 유지 등을 목적으로 개정되었다. 적응행동척도는 사회-정서척도와 함께 Bayley-III에서 새롭게 추가된 영역으로, 아동의 주 양육자가 보고하는 설문지 형태로 이루어져 있다.

〈표 4-13〉 Bayley-III의 구조 및 측정내용

하위척도	측정내용	
인지척도	놀이 영역, 정보처리, 수 영역	
언어척도	수용언어	청각적 기민한, 단어와 지시를 이해하고 반응하는 능력
	표현언어	발성능력, 소리나 단어모방, 몸짓을 통한 의사소통능력
운동척도	대근육	앉거나 걷기 등의 주요한 운동발달과 운동조절능력
	소근육	지각-운동통합, 시각적 추적, 대상파악 및 조작능력
사회-정서척도	• 기능적 정서수준: 자기조절, 관계참여, 의사소통 참여 등 • 감각처리: 시각, 청각, 촉각, 전정감각	

하위척도	측정내용
적응행동척도	• 개념적 영역: 의사소통, 학령 전 학업기능, 자기관리
	• 사회적 영역: 여가, 사회성
	• 실제적 영역: 지역사회 이용, 가정생활, 건강과 안전, 자조기술, 운동성

② 한국 영유아 발달선별검사(K-DST) 1판

K-DST(대한소아과학회, 2014)는 각 월령에 따른 영유아의 발달사항을 반영한 20개의 개별적인 연령구간별 검사지로 구성되어 있다. K-DST는 생후 4개월부터 71개월 사이의 영유아를 대상으로 개발되었으며, 생후 초기의 나이가 어린 월령집단의 경우 발달속도가 매우 빠른 반면, 상위 월령집단인 만 4~5세 집단은 상대적으로 발달속도가 느린 영유아의 발달특성을 반영하여 각 월령집단의 간격을 2개월에서 6개월 사이로 차이가 있다.

이에 4~5개월용, 6~7개월용 등은 2개월 간격으로, 24~26개월용, 27~29개월용 등은 3개월 간격, 36~41개월용부터는 6개월 간격으로 구성되어 있다.

또한 K-DST는 각 영역당 8문항으로 구성되어 있다. 월령별 검사문항은 4~5개월용부터 16~17개월용까지, 즉 생후 18개월 미만의 영유아를 대상으로 하는 검사지는 40문항, 18~19개월용부터 66~71개월용까지의 검사지는 48문항으로 구성되어 있다. 이는 4~5개월용부터 16~17개월용까지는 대근육 운동, 소근육 운동, 인지, 언어, 사회성 등 총 5개의 발달 영역을 다루고 있는 반면, 18~19개월용부터는 자조 영역이 포함된 6개의 발달 영역을 다루기 때문이다. 자조는 일정한 발달기술을 획득한 후 계발되는 특성을 지니고 있어, 18개월 미만 아이의 자조 영역을 독립적으로 평가하기 어렵기 때문에 18개월 이후에서만 평가하도록 되어 있다.

K-DST는 총 6개의 핵심발달 영역을 평가하며 기본적인 움직임과 관련된 영역부터 인지발달과 그 외의 적응기능을 포괄적으로 평가한다. 각 영역에서 평가하는 내용은 다음과 같다.

◆ 대근육 운동 영역

대근육 운동 영역에서는 팔·다리와 고개, 몸통 등을 움직이는 행동, 즉 목 가누기, 기기, 걷기, 달리기, 차기 등의 대근육 운동을 평가한다. 대근육 운동발달은 중추신경계나 말초신경계, 혹은 근골격계의 정상적인 발달에 문제가 있을 때 나타나는 운동장애와 직접적인 관련이 있다. 생후 초기에 급속도로 발달하게 되며, 이러한 운동기능은 세상을 탐색하고 확장하는 역할을 하고 신체, 인지, 정서발달에 매우 중요하다.

◆ 소근육 운동 영역

소근육 운동 영역에서는 팔과 손, 손가락을 사용하는 미세한 운동과 사물의 조작능력, 협응 운동발달을 알 수 있는 잡기, 블록 쌓기, 쓰기, 그리기, 자르기 등의 미세운동을 평가한다. 소근육 운동은 미세함과 정교함을 요하는 운동으로, 영유아는 자신이 의도한 대로 손을 움직여서 원하는 대상을 직접 탐색하고 시험해볼 수 있는 능력을 키우게 된다. 소근육 운동발달은 몸의 균형이 잡히는 시기부터 더욱 활발하게 진행되며, 지능발달에도 밀접한 연관이 있다.

◆ 인지 영역

인지 영역에서는 주변 환경과의 관계에 대한 시청각적·통합적 지각, 사고, 추리, 비교와 분류, 기억 및 모방, 수 개념, 공간 개념, 문제해결 등과 관련된 행동을 평가한다. 인지능력은 놀이와 학습 영역의 상당 부분을 포함한다. 인지발달은 감각한 자료를 해석하고 기억하여 필요할 때 재생시켜 사고, 추리, 문제해결에 이용하며, 이를 기초로 환경에 대한 지식과 태도를 획득해 나가는 과정이다. 피아제의 인지발달이론에 따르면, 영유아는 생후 초기 자신의 신체를 중심으로 일어났던 활동을 반복하며 자신의 행동에 대한 결과에 관심을 갖게 되고, 점차 목표달성을 위해 이전에 획득한 행동을 통합하기 시작한다. 이때 영유아는 인과개념을 획득하며 의도적인 목적지향적 행동, 즉 모방을 시작하고 대상 영속성을 획득하게 된다. 이후 영유아는 적극적으로 시행착오를 반복하며 눈앞에 없는 사물이나 사건들을 정신적으로 그려내고 문제해결에 사용하기 시작한다. 영유아는 만 2세 이후 전조작기에 돌입하며, 심상을 활용하고 상징적 사고가 가능해지게 된다. 인지발달은 생후 초기에는 운동발달과 밀접한 연관을 갖고, 언어발달과 사회성 발달에 많은 영향을 주며 점차 상호작용을 하게 된다. 인지발달이 지연될 경우 지적장애를 보일 수 있다.

◆ 언어 영역

언어 영역은 옹알이, 말하기, 듣기 등 연령에 기대되는 수준의 언어발달을 하고 있는지를 포괄적으로 평가한다. 언어 영역은 후반 월령대에 갈수록 인지 영역, 사회성 영역과 상당한 관련성을 보인다(예: 36~41개월용의 '간단한 대화를 주고받는다.', 66~71개월용의 '자기 이름이나 2~4개의 글자로 된 단어를 보지 않고 쓸 수 있다.').

영유아는 옹알이로 시작하여 이후 음성 모방을 거치고 만 1세가 넘어가면서 언어를 획득하기 시작한다. 점차 타인과 의사소통하기 위해 단어에 흥미를 보이고 그 뜻을 이해하기 시작한다. 피아제의 인지발달이론에 따르면, 만 2세 이후 영유아는 전조작기에 들어서며 외부 환경과 사물을 심상(image)이나 언어 등의 상상체계를 활용할 수 있게 되며, 어휘 수가 폭발적으로 팽창하게 된다. 언어의 발달과 함께 사고의 범위가 시간과 공간의 제약을 넘어서며 다른 사람과의 의사소통이 활발해지고, 이에 따라 사회적 관계를 형성할 수 있는 기반을 마련하게 되므로, 이 시기의 언어발달은 특히 중요하다고 볼 수 있다. 만약 청각이나 조음기관의 이상이 있을 때는 언어발달의 문제가 있을 수 있다.

◆ 사회성 영역

사회성 영역은 타인과 상호작용에 필수적인 기술로 눈 맞춤, 공동주시(joint attention), 모방행동, 타인의 감정 파악, 규칙이 있는 놀이하기, 상상놀이 등의 행동을 포함한다. 영유아는 생애 초기 주변 인물의 존재를 인식하고 이들과의 상호작용을 통해 관계를 형성해나가게 된다. 이후 영유아는 주변 구성원이 기대하는 가치관, 태도, 규범, 행동양식을 형성한다. 이때 아이는 가족으로부터 같은 연령의 또래 유아들을 비롯한 다른 사람들로 점차 관계를 확장시킨다. 만 3세 이후로는 도덕성에 대한 개념이 급격하게 발달하며 성에 대해 이해한다. 만 4세 이후로는 역할놀이를 하며 다른 사람을 돕는 행동도 함께 발달한다. 기타 운동발달이나 인지발달상의 지연이 관찰되지 않음에도 불구하고, 사회성 영역의 두드러진 지연이 나타난다면 자폐범주성장애를 의심해볼 수 있다.

◆ 자조 영역

자조 영역은 아이가 환경에 적응하고 생존하며 독립적인 일상생활을 하는 데 필요한 기술들로, 식사하기, 대소변 가리기, 옷 입고 벗기, 청결과 위생 등과 같은 행동을 포함한다. 자조능력은 자신의 욕구를 스스로 조절하고 통제하는 것과 밀접한 연관이 있다. 에릭슨(Erickson)의 심리사회발달이론을 살펴볼 때, 영유아는 만 2세 이후 자율성을 획득하고자 하며, 신체발달과 함께 여러 가지 자기조절과 자율적 행동이 가능해진다. 이후 세 번째 단계에 접어들며 영유아는 주도성을 획득하고자 한다. 자조능력을 개발하기 위해서는 어느 정도의 대근육 운동 및 소근육 운동발달이 선행되어야 하며, 자조능력의 발달은 대인관계 및 사회활동의 바탕이 된다.

〈표 4-14〉 **한국 영유아 발달선별검사(30~32개월용)**

□ 다음 사항을 기재해 주십시오. 빈 칸에 작성하시고 해당 사항에 □ 표시 하십시오.

아이 이름		(남, 여)	설문 응답자	□어머니 □아버지 □할머니 □기타(　　)
생년월일	년 월 일 (조산아인 경우 출산예정일: 년 월 일)			
부모정보 (선택사항)	어머니	나이: 만 세	학력: □대학원 이상 □대졸 □대학중퇴 □고졸 □중졸 이하	
	아버지	나이: 만 세	학력: □대학원 이상 □대졸 □대학중퇴 □고졸 □중졸 이하	
아이가 신체나 기타 발달 상의 문제가 있나요?			□아니오 □예 (있다면 구체적 병명은?　　)	

* 이 질문지는 만 30~32개월 유아를 위한 질문지입니다. 아이의 월령에 해당하는 질문지가 아닌 경우, 질문지를 교체해 주세요.

■ 각 질문 항목에 대하여 다음 네 가지 중 하나에 표기해 주십시오.
만약 아이가 질문 내용을 할 수 있는지 모르는 경우 직접 시켜보고 답해 주십시오.

잘 할 수 있다 ③	할 수 있는 편이다 ②	하지 못하는 편이다 ①	전혀 할 수 없다 ⓪

대근육운동

1	계단의 가장 낮은 층에서 두발을 모아 바닥으로 뛰어내린다.	③ ② ① ⓪
2	서있는 자세에서 머리 위로 팔을 높이 들어 공을 앞으로 던진다.	③ ② ① ⓪
3	발뒤꿈치를 들고 발끝으로 네 걸음 이상 걷는다.	③ ② ① ⓪

4	난간을 붙잡지 않고 한 계단에 양발을 모으고 한발씩 계단을 올라간다.	③ ② ① ⓪
5	아무 것도 붙잡지 않고 한 발로 1초간 서 있는다.	③ ② ① ⓪
6	아무 것도 붙잡지 않고 한 계단에 양발을 모으고 한발씩 계단을 내려간다.	③ ② ① ⓪
7	아무 것도 붙잡지 않고 한발씩 번갈아 내딛으며 계단을 올라간다.	③ ② ① ⓪
8	큰 공을 던져주면 양팔과 가슴을 이용해 받는다.	③ ② ① ⓪

소근육운동

1	문손잡이를 돌려서 연다.	③ ② ① ⓪
2	연필의 아랫부분을 잡는다.	③ ② ① ⓪
3	유아용 가위를 주면 실제로 종이를 자르지는 못해도 한 손으로 종이를 잡고 다른 손으로는 가위 날을 벌리고 오므리며 종이를 자르려고 시도한다.	③ ② ① ⓪
4	신발 끈 구멍이나 구슬 구멍에 끈을 끼운 후 빼낸다.	③ ② ① ⓪
5	수평선 그리는 시범을 보여주면 흉내 내서 그린다(이미 그려져 있는 선 위에 따라 그리는 것은 해당되지 않는다).	③ ② ① ⓪
6	엄지손가락과 다른 손가락 사이로 연필, 크레용 또는 펜 등을 잡는다.	③ ② ① ⓪
7	자신의 옷이나 인형 옷의 단추를 푼다.	③ ② ① ⓪
8	원이 그려진 것을 보여주면 원을 그린다(그리는 과정의 시범을 보지 않고도 그려야 한다).	③ ② ① ⓪

인지

1	빨간, 노란, 파란 토막들을 섞어 놓으면 같은 색의 토막들끼리 분류한다.	③ ② ① ⓪
2	"많다-적다"와 같은 양의 개념을 이해한다(예: 사탕 2개와 사탕 6개를 놓고 어떤 것이 더 많은지 물었을 때 많은 것을 가리킬 수 있다).	③ ② ① ⓪
3	6조각으로 된 퍼즐을 맞춘다.	③ ② ① ⓪

4	2개의 선 중에서 길이가 긴 것과 짧은 것을 구분한다.	③ ② ① ⓪
5	"틀"이라는 개념을 이해한다(예: 사탕3개를 책상 위에 놓고 "두 개 주세요"라고 하면 두 개를 줄 수 있다).	③ ② ① ⓪
6	크기가 다른 3개의 사물을 놓고, "가장 큰 것", "중간 크기의 것", "가장 작은 것"을 구분한다.	③ ② ① ⓪
7	"안, 밖, 사이"와 같은 공간에 대한 개념을 이해한다("컵을 상자 안에 넣어"라고 시키면 그대로 따라할 수 있다).	③ ② ① ⓪
8	연관성이 없는 두 가지 지시사항을 시키면 2가지를 순서대로 기억하여 수행한다.(예: 휴지 버리고 책 가지고 와).	③ ② ① ⓪

언어

1	손으로 가리키거나 동작으로 힌트를 주지 않아도, "식탁 위에 컵을 놓으세요"라고 말하면 아이가 정확하게 행동한다.	③ ② ① ⓪
2	"안에", "위에", "밑에", "뒤에" 중 2가지 이상을 이해한다.	③ ② ① ⓪
3	그림책을 볼 때, 그림에서 일어나는 상황이나 행동을 말한다(예: 아이에게 "멍멍이가 뭘 하고 있지요?"라고 물으면 "잔다", "먹는다", "운다" 등 책에 나와 있는 상황을 말한다).	③ ② ① ⓪
4	"이름이 뭐예요?" 하고 물으면, 성과 이름을 모두 말한다.	③ ② ① ⓪
5	"~했어요"와 같이 과거형으로 말한다.	③ ② ① ⓪
6	간단한 대화를 주고받는다.	③ ② ① ⓪
7	"예쁘다" 또는 "무섭다"의 뜻을 안다.	③ ② ① ⓪
8	"할아버지, 할머니, 오빠(형), 누나(언니), 동생"과 같은 호칭을 정확하게 사용한다.	③ ② ① ⓪

사회성

1	어른이 시키면 "미안해", "고마워"라는 말을 한다	③ ② ① ⓪
2	다른 아이들의 행동을 보고 (간단한)놀이의 규칙을 따른다.	③ ② ① ⓪
3	자신의 기분을 말로 표현한다(기분이 좋으면 좋다고 말하고, 나쁘면 나쁘다고 말한다).	③ ② ① ⓪

4	3~4명과 어울려서 숨바꼭질, 술래잡기 등을 한다.	③ ② ① ⓪
5	어른이 이끄는 집단놀이에서 규칙을 따른다.	③ ② ① ⓪
6	자기 차례를 기다린다(예: 놀이터, 미끄럼틀).	③ ② ① ⓪
7	놀이 중에 도움이 필요한 친구를 도와주고 달래준다.	③ ② ① ⓪
8	혼자서 혹은 또래와 함께 인형놀이(상상놀이)를 한다.	③ ② ① ⓪

자조

1	음식을 먹다 흘리면 손이나 옷으로 닦지 않고 스스로 휴지나 냅킨으로 닦는다.	③ ② ① ⓪
2	바지에 발끝을 약간만 넣어주면 허리까지 완전히 끌어올린다.	③ ② ① ⓪
3	낮 동안 소변을 가린다	③ ② ① ⓪
4	낮 동안 대변을 가린다	③ ② ① ⓪
5	물을 틀어주거나 받아주면 혼자서 비누로 손을 씻는다.	③ ② ① ⓪
6	양말을 혼자서 신는다.	③ ② ① ⓪
7	도와주지 않아도 혼자서 밥을 먹는다.	③ ② ① ⓪
8	단추를 풀어주면 셔츠나 내의를 벗는다.	③ ② ① ⓪

추가 질문(예 [1], 아니오 [2])

1	걷지 못한다.	[1]	[2]
2	의미있는 단어를 말하지 못한다.	[1]	[2]
3	아이가 보호자와 이야기를 하거나 놀 때 눈을 맞추지 않는다.	[1]	[2]
4	청력이 정상임에도 불구하고 이름을 불러도 쳐다보지 않는다.	[1]	[2]
5	어른들의 관심을 끄는 행동을 하지 않는다(멀리 있는 사물을 가리키기, 물건을 가져다 보여주기, 같이 놀자고 건네주기, 소리내어 부르기, 손가락으로 가리키기 등).	[1]	[2]

(2) 지능검사

심리검사의 중요한 기능 중의 하나는 인지능력을 평가하는 것이라 할 수 있다. 인지능력을 평가하기 위한 대표적인 검사로는 지능검사를 들 수 있다. 지능검사 중에서 대표적인 지능검사로는 웩슬러 지능검사를 들 수 있는데, 아동과 청소년을 위한 지능검사로는 WISC-Ⅳ가 대표적인 검사 중 하나이다. 한국 웩슬러 아동지능검사-4판(K-WISC-IV)은 6세 0개월부터 16세 11개월까지의 아동과 청소년의 인지능력(cognitive abilities)을 평가하기 위해 개별적으로 실시하는 심리검사이다.

이것은 한국 웩슬러 아동지능검사-3판(K-WISC-III; Wechsler, 2001)의 개정판으로 전반적인 지적능력(즉, 전체검사 IQ)을 나타내는 합산점수는 물론, 특정 인지 영역에서의 지적 기능을 나타내는 소검사와 합산점수를 제공한다. WISC-Ⅳ의 사용 및 평가의 목적과 기능은 다음과 같다(오상우, 2012).

- 일반적인 지적능력을 평가하기 위하여 지능검사가 사용된다.

지능수준이 어느 정도인지, 인지적인 문제해결능력은 어느 정도인지의 전반적인 지적능력을 평가한다. 내담자가 문제를 어떻게 해석하는지, 그리고 인지적인 적응 능력은 어느 정도인지를 평가하고자 할 때 지능검사가 사용된다.

- 특수한 영역에서의 인지능력을 평가하기 위하여 지능검사가 사용된다.

예를 들어, 언어이해능력은 어떠한지, 지각추리능력은 어느 정도인지, 작업기억이나 처리속도능력은 어느 정도인지를 평가하고자 하는 목적에 맞게 살펴볼 수 있다.

- 인지능력의 결함이나 손상을 평가한다. 인지능력의 특수한 영역뿐만 아니라, 어느 특정 영역의 결함과 손상을 보이는지를 평가한다.
- 인지능력의 평가를 통하여 내담자에 대한 심리진단을 하고, 이를 통해 치료계

획을 세우는 데 중요한 도구로 활용할 수 있다. 내담자의 전반적인 인지능력은 어느 정도인지, 여러 인지능력 중에서 강점 영역과 약점 영역을 파악하여, 내담자에 대한 구체적인 치료계획을 세울 수 있다.

다음의 〈표 4-15〉는 K-WISC-Ⅳ의 소검사에 대한 간략한 설명이다.

〈표 4-15〉 **K-WISC-Ⅳ 소검사 설명**

토막 짜기	아동이 제한시간 내에 흰색과 빨간색으로 이루어진 토막을 사용하여 제시된 모형이나 그림과 똑같은 모양을 만든다.
공통성	아동이 공통적인 사물이나 개념을 나타내는 두 개의 단어를 듣고, 두 단어가 어떻게 유사한지를 말한다.
숫자	숫자 바로 따라하기에서는 검사자가 큰소리로 읽어준 것과 같은 순서로 아동이 따라한다. 숫자 거꾸로 따라하기에서는 검사자가 읽어준 것과 반대 방향으로 아동이 따라한다
공통그림 찾기	아동에게 두 줄 또는 세 줄로 이루어진 그림들을 제시하면, 아동은 공통된 특성으로 묶일 수 있는 그림을 각 줄에서 한 가지씩 고른다.
기호쓰기	아동은 간단한 기하학적 모양이나 숫자에 대응하는 기호를 그린다. 기호 표를 이용하여, 아동은 해당하는 모양이나 빈칸 안에 각각의 기호를 주어진 시간 안에 그린다.
어휘	그림 문항에서 아동은 소책자에 있는 그림들의 이름을 말한다. 말하기 문항에서는 아동은 검사자가 크게 읽어주는 단어의 정의를 말한다.
순차연결	아동에게 연속되는 숫자와 글자를 읽어주고, 숫자가 많아지는 순서와 한글의 가나다 순서대로 암기하도록 한다.
행렬처리	아동은 불완전한 행렬을 보고, 다섯 개의 반응 선택지에서 제시된 행렬의 빠진 부분을 찾아낸다.
이해	아동은 일반적인 원칙과 사회적 상황에 대한 이해에 기초하여 질문에 대답한다.
동형 찾기	아동은 반응 부분을 훑어보고 반응 부분의 모양 중 표적 모양과 일치하는 것이 있는지를 제한시간 내에 표시한다.

빠진 곳 찾기	아동이 그림을 보고 제한시간 내에 빠져 있는 중요한 부분을 가리키거나 말한다.
선택	아동이 무선으로 배열된 그림과 일렬로 배열된 그림을 훑어본다. 그리고 제한 시간 안에 표적 그림들에 표시한다.
상식	아동이 일반적 지식에 관한 광범위한 주제를 다루는 질문에 대답을 한다.
산수	아동이 구두로 주어지는 일련의 산수문제를 제한시간 내에 암산으로 푼다.
단어추리	아동이 일련의 단서에서 공통된 개념을 찾아내어 단어로 말한다.

이상의 내용을 토대로 K-WISC-IV의 특징을 정리하면 다음과 같다(학지사 심리검사연구소, 2012).

- K-WISC-IV는 15개의 소검사로 구성되어 있다. 이 검사는 K-WISC-III와 동일한 10개의 소검사(토막 짜기, 공통성, 숫자, 기호쓰기, 어휘, 이해, 동형 찾기, 빠진 곳 찾기, 상식, 산수)와 5개의 새로운 소검사(공통그림 찾기, 순차연결, 행렬추리, 선택, 단어추리)가 포함된다.
- K-WISC-Ⅳ는 다섯 가지 합성점수를 산출하여 아동의 전체적인 인지능력을 나타내는 전체검사 IQ를 제공한다.
- K-WISC-Ⅳ는 3개의 소검사(토막 짜기, 숫자, 선택)에서 7개의 처리점수를 제공한다. 이 점수는 아동의 소검사 수행에 기여하는 인지적 능력에 대한 보다 자세한 정보를 제공하도록 고안되었다.
- 심리교육적 도구이다. K-WISC-Ⅳ는 전반적인 인지적 기능에 대한 포괄적인 평가를 할 때 사용할 수 있고, 지적영역에서 영재, 지적장애, 그리고 인지적 감정과 약점을 확인하기 위해 평가의 일부분으로 사용가능하다. 따라서 임

상장면이나 교육장면에서 치료계획이나 배치결정을 내릴 때 유용하다.

- 다양한 인지기능 수행여부를 평가할 수 있다. 인지능력이 평균 이하로 추정되는 아동, 인지기능을 재평가해야 하는 아동, 낮은 지적능력이 아닌 신체적, 언어적, 감각적 제한이 있는 아동, 청각장애아 또는 듣는 데 어려움이 있는 아동의 평가 등이 가능하다.

토의과제

1. 영유아 행동에 영향을 주는 유아교육현장 요인에는 어떤 것들이 있을까요? 구체적인 사례를 들어 요인을 탐색해 봅시다.

2. 영유아 평가의 목적과 평가유형에 따른 특징에 생각해 봅시다.

CHAPTER 5

아동생활지도를 위한 환경

01 바람직한 생활지도를 위한 물리적 환경

02 바람직한 생활지도를 위한 심리적 환경

영유아생활지도는 하루의 절반 이상을 어린이집 혹은 유치원이라는 사회에서 영유아가 또래와 생활하며 발생하는 다양한 문제를 스스로 해결할 수 있는 능력을 기르도록 도와주는 것이다. 그러므로 또래 간 문제상황을 방지하고, 영유아의 문제해결능력에 도움을 주는 환경의 조성이 필요하다. 본 장에서는 생활지도를 위한 물리적, 심리적 환경구성과 운영방안에 대해 살펴보고자 한다.

01 바람직한 생활지도를 위한 물리적 환경

1) 물리적 환경구성

교실 환경을 구성하는 것은 매우 중요하다. 특히 영유아기는 인간의 신체, 언어, 인지, 사회성 발달의 결정적 시기이므로 주변 환경이 큰 영향을 미치기 때문이다. 또 영유아의 학습능력은 교실 환경에 대해 영유아가 어떤 생각을 하는지, 어떤 느낌을 가지고 있는지와 밀접한 관련성이 있다(Greenman, 2005).

물리적 환경이 잘 구성된 교육 및 보육기관의 영유아는 주변의 성인이나 또래와 긍정적인 상호작용을 한다. 보건복지부(2016)에서는 보육실의 면적을 영유아 1인당 2.64㎡으로 규정하고 있다. 이는 영유아의 교실 환경이 영유아의 놀이행동뿐 아니라 과제에 대한 집중력, 문제를 해결할 수 있는 능력, 과제 수행에 대한 행동, 또래에 대한 적대적 행동과 스트레스에 영향을 미치는 요소임을 말해주고 있다. 따라서 물리적 환경은 영유아가 스스로 선택할 수 있는 기회를 제공하고, 주어진 과제에 집중하며 자발적으로 문제를 해결할 수 있도록 구성하는 것이 좋다.

특히 영유아기는 자신의 신체나 감정을 스스로 통제하는 데 어려움이 있으므로 안전을 고려하여 환경을 구성해야 한다. 영유아의 부모나 교사가 우선으로 생각하는 것은 영유아가 안전하게 어린이집에서 일과를 보내는 것이다. 사고나 위험으로부터 영유아를 보호할 수 있는 환경은 영유아가 편하게 놀이에 참여하도록 하여 신체적, 심리적 안정감을 발달시킬 수 있도록 도와준다. 그러므로 어린이집에서는 환경을 안전하게 설치, 관리하여 영유아가 안전하게 활동할 수 있도록 도와주어야 한다(한국보육진흥원, 2016).

영유아의 생활지도를 위해 교사가 물리적 환경을 구성할 때 고려해야 할 사항은 다음과 같다(권정윤 외, 2013).

① 공간은 대집단, 소집단, 개별활동을 편안하게 진행할 수 있도록 구성한다.

② 영유아의 연령과 발달수준에 적합한 영역을 흥미 영역으로 구성한다.

③ 각 흥미 영역에 적합한 배치 장소를 생각한다.

④ 어떤 종류의 활동을 제공할 것인지 계획한다(예: 개별활동-집단활동, 영유아중심활동-교사중심활동, 동적인 활동-정적인 활동).

⑤ 영역에 적합한 시설물의 배치를 고려한다(예: 전기를 사용하는 카세트가 있는 영역의 경우 전기콘센트 사용이 편리한 곳에 배치).

⑥ 사람의 이동이 많은 곳은 영유아의 집중력을 떨어뜨릴 염려가 있으므로 영유아의 활동을 방해하지 않도록 영역을 구성한다.

⑦ 영유아가 쉽게 접근할 수 있고 스스로 정리하는 능력을 기를 수 있도록 영역에 필요한 자료를 제시한다.

⑧ 영유아의 사적 생활을 보호할 수 있는 개인사물함과 같은 공간을 마련한다.

⑨ 교수-학습자료와 영유아의 작품을 전시할 장소를 마련한다.

⑩ 교실 내의 자료와 활동이 영유아의 다양한 문화적 요인을 반영하는지 고려한다.

2) 집단활동을 위한 환경구성

영유아를 위한 교실에는 집단활동을 위한 공간이 마련되어 있다. 집단활동의 공간은 교실의 중앙이나 TV 앞, 스크린 앞 등에 위치하는 경우가 많다. 집단활동은 교사가 주도하여 스크린이나 TV 등을 활용, 시각적인 자료를 제시하여 활동을 하는 것이다. 경우에 따라서는 집단활동의 공간이 소집단활동을 위해 활용되기도 한다. 소집단으로 교사와 영유아의 긴밀한 상호작용의 기회가 주어지고, 교사는 영유아를 더 잘 관찰할 수 있다. 또 흥미 영역의 활동을 전개하는 공간으로 활용되기도 한다. 이때는 활동 간의 갈등과 영유아 간의 혼란을 초래할 수 있기 때문에 교사의 주의와 교육이 필요하다.

교실의 공간이 부족하여 집단활동 공간을 다양한 영역으로 활용할 경우에는 교구장이나 책상 등으로 공간을 구분하는 것이 좋다(Maxwell, 2007).

[그림 5-1] 영유아를 위한 교실

3) 흥미 영역 구성

교실 내 환경은 흥미 영역으로 구성되며 흥미 영역 구성의 예를 연령별로 살펴보면 다음과 같다(한국보육진흥원, 2016).

첫째, 만 0~1세 영아를 위한 흥미 영역은 신체 영역, 언어 및 휴식 영역, 탐색 영역, 일상생활 영역(수유, 기저귀갈이 영역 포함)으로 구성하고, 놀이보다는 일상생활에 비중을 두고 있다.

둘째, 만 2세 영아를 위한 흥미 영역은 신체 영역, 언어 및 휴식 영역, 탐색 영역, 음률 영역, 미술 영역, 역할놀이 영역, 쌓기놀이 영역으로 구성되며, 만 0~1세 영아에 비해 일상생활과 함께 놀이의 비중이 커진다.

셋째, 만 3~5세 유아는 언어 및 휴식 영역, 수조작 영역, 과학 영역, 음률 영역, 미술 영역, 역할놀이 영역, 쌓기놀이 영역으로 나누어 구성되고, 놀이활동의 비중이 일상생활보다 크게 나타난다.

흥미 영역은 영유아의 다양한 학습을 촉진시키는 중요한 공간이다. 흥미 영역의 배치는 발견학습, 교과의 통합, 영유아의 자율성과 밀접한 관련성이 있다. 흥미 영역의 배치가 영유아의 발견학습을 도모하지 않고, 교과의 통합을 이루지 못하고, 영유아의 자율성을 보장하지 못할 때는 영유아 간 갈등을 일으키고 문제행동을 일으키는 원인이 된다(Maxwell, 2007).

또한 흥미 영역은 교실의 크기와 연령, 영유아의 발달수준을 고려하여 구성하며, 각 영역은 적어도 3~4명 이상의 영유아가 활동할 수 있는 크기의 공간을 확보할 필요가 있다. 이는 흥미 영역이 너무 복잡하여 참여 영유아의 수가 많으면 문제가 발생할 수 있기 때문이다. 또 교실 내 영유아의 수를 고려해 놀잇감을 제공하여 놀잇감으로 인한 갈등이 발생하지 않도록 해야 한다. 따라서 교사는 영유아의 흥미, 욕구, 호기심과 동기유발, 또래 간의 긍정적인 상호작용을 촉진시킬 수 있도록 놀잇감을 제공하고, 문제행동을 줄이기 위해 매일의 활동평가를 통해 흥미 영역의 배치를 수정할 필요가 있다.

다음은 흥미 영역 구성 시 고려해야 할 사항이다(이윤경 외, 2008).

첫째, 흥미 영역의 공간은 융통성 있고 독립적인 느낌을 주도록 구성하여야 한다.

둘째, 각 영역의 활동 유형에 따라 공간을 충분히 확보해야 한다.

셋째, 흥미 영역의 활동 중 소음 정도에 따라 다른 영역에 방해가 되지 않도록 해야 한다. 바닥에 설비를 하거나 시끄러운 영역과 조용한 영역을 분리 배치한다.

넷째, 수활동과 과학활동은 두 영역 간 교구와 도구를 같이 사용할 수 있도록 수 영역과 과학 영역은 가까이 배치하도록 한다.

다섯째, 역할놀이 영역과 쌓기놀이 영역은 인접하게 배치하여 두 영역 간 놀이를 확장할 수 있도록 해야 한다.

여섯째, 영유아의 발달적 특성과 욕구, 흥미, 개인차를 고려하여 안전하게 구성한다.

일곱째, 선반이나 서랍장, 자료의 배치를 할 때 영유아의 접근이 용이하도록 높이와 너비를 조절해야 한다.

여덟째, 책상, 의자, 교구장 등은 마감 처리를 하여 영유아의 안전한 생활을 도모해야 한다.

아홉째, 공간의 사용을 융통성 있게 하고, 다양한 공간을 충분하게 마련하여 복잡하거나 쉽게 싫증나지 않도록 한다.

열째, 활동에 따라 교구장과 책상의 배치를 달리하여 같은 공간에서도 다양한 연출이 가능하게 한다.

열한 번째, 또래 간의 사회적 상호작용과 활동의 유형을 고려하여 공간을 구성한다.

열두 번째, 영유아가 교실에서 특별하게 수행하는 작업을 위한 별도의 공간을 마련하거나 공동으로 쓰는 자료를 배치한 탁자를 교실에 둘 수 있다.

이를 바탕으로, 교사가 흥미 영역의 특성과 상호작용 시 고려해야 할 사항을 각 흥미영역별로 살펴보고자 한다.

(1) 신체 영역

영유아기는 신체적인 발달과 운동능력의 발달이 급속하게 이루어지는 시기이다. 영유아는 신체를 활용한 다양한 활동을 하면서 신체 및 운동능력을 발달시켜 나가며, 이를 통해 정서적 만족의 기회를 경험한다. 영유아기 활발한 신체활동은 영유아의 주변에 있는 다양한 환경과의 상호작용을 자발적으로 할 수 있는 기회를 제공하여 인간관계를 이루기 위한 기본적인 기회를 제공한다. 따라서 영유아기 신체활동은 영유아의 발달과 환경에 대한 적응, 사회적 관계 형성에 중요한 역할을 한다고 할 수 있다.

영유아는 잠시도 쉬지 않고 신체를 움직이고, 주변을 탐색하고 또래와의 활동에 집중한다. 그러므로 걷기, 뛰기, 오르기, 구르기, 타기, 던지기 등의 대근육발달을 돕는 활동을 할 수 있는 놀잇감과 안전한 공간을 확보해야 한다. 또 영유아가 마음대로 움직이고 이동할 수 있는 넓은 공간을 확보해야 다툼이나 부적절한 상황이 발생하지 않는다. 영유아기에는 대근육뿐만 아니라 찢기, 구기기, 끼우기, 자르기, 맞추기, 두드리기 등의 소근육발달을 도울 수 있는 놀잇감도 준비해 주어야 한다. 신체 영역에서 영유아와 상호작용할 때 교사는 다음과 같은 사항을 고려해야 한다(박찬옥 외, 2011).

첫째, 영유아의 안전을 최대한 고려하여 신체활동을 계획, 운영한다.

영유아는 자신의 몸을 스스로 통제하기 어렵기 때문에 넘어지는 일이 자주 발생하고 또래와 부딪히고 다치는 상황이 발생하기도 한다. 교사는 영유아가 넘어지거나 부딪혀서 발생할 수 있는 모든 상황을 예상하고 방지하여야 한다. 특히 대근육 활동자료는 크거나 던지고 받을 수 있는 것이 많으므로 작은 다툼이 일어나면 큰 문제를 일으킬 수 있으므로 주의를 기울여야 한다.

둘째, 영유아의 활동을 관찰해야 한다.

영유아가 어떤 활동을 할 수 있는지, 얼마나 잘 참여하는지, 누가 참여하지 않는지, 자료와 공간은 영유아의 발달에 적합한지를 교사는 항상 관찰해야 한다. 교사는 특히 영유아의 두 가지 행동에 초점을 맞추어 관찰해야 한다. 그것은 드러나는 행동과 숨겨진 행동을 관찰하는 것이다. 겉으로 드러나는 행동은 비교적 쉽게 관찰할 수 있는 것으로 어떤 활동에 적극적으로 참여하는가, 얼마나 반응을 잘 하는가를 보는 것이다. 숨겨진 행동은 영유아의 감정과 사고에 관한 것으로 알 수 없다. 그러나 우리가 보고 들은 것을 토대로 유추할 수 있을 것이다. 영유아는 종종 몸으로 자신의 생각과 감정을 표현한다. 관찰자로서의 교사는 영유아가 비언어적으로 표현하는 것을 알고 해석할 수 있어야 한다.

영유아를 관찰할 때는 영유아의 실수를 찾기보다는 발전적인 행동을 발견하도록 해야 한다. 또 영유아에 대한 느낌이나 태도에 교사의 편견이 없어야 하며, 실제 일어난 상황만을 객관적으로 보고 기록으로 남긴다.

셋째, 영유아와 함께 활동에 참여한다.

영유아와의 놀이를 통해 경험을 공유하고 친밀감을 형성하게 되어 영유아와의 신뢰할 수 있는 관계를 맺는 계기가 된다. 영유아와 활동에 참여할 때는 자발적으로 참여하고, 활동 중에 일어나는 또래 간 다툼이나 문제상황은 교사가 해결해 주기보다 놀이자로서 함께 해결해 가도록 한다. 놀이에 참여하여 함께 하다 보면 지도가 필요한 행동을 하는 영유아를 볼 수 있고, 그 원인을 파악하고 해결해 나가는 데 도움을 준다. 예를 들면 다음과 같다(보건복지부, 2013).

◆ 걸을 수 있는데 안아달라고 떼쓰는 영아

평소에 교사가 해당 영아를 사랑하고 있다는 말이나 행동을 많이 해 준다. 많은 또래 속에서 더욱 관심을 받고 싶은 마음을 표현하는 한 방법으로 보고 개별적으로 관심을 갖고 상호작용해 주어야 한다. 영아가 스스로 걸을 수 있도록 교사가 개방적인 태도로 영아를 지원해주는 것이 필요하다. 또 게으른 성격으로 걷기 싫어하는 영아의 경우, 신체활동에 함께 참여할 수 있도록 유도하여 신체활동에 흥미를 갖도록 도와준다. 이때 혼자 걸을 수 있는 기회를 주기 위해 단호하게 거절하면 교사에게 거부당했다고 느낄 수 있기 때문에 단호한 거절은 피해야 한다. 그리고 안기고 싶은 마음은 읽어주되, 편안한 분위기에서 혼자 걸어볼 수 있도록 제안하고 손을 잡고 함께 걸어주기도 한다.

◆ 가위로 자르기를 잘 못하는 유아

눈과 손의 협응훈련을 꾸준히 시키도록 한다. 연필로 선 따라 긋기를 하며 유아가 선 긋기한 것에 대해 구체적으로 격려해 준다(예: 우와, ○○이가 색연필로 선을 끝까지 따라 그었네. 선생님이 종이를 잡아줄 테니 ○○이가 그은 선을 따라 잘라볼까?). 또 교사가 종이를 잡아주고 간단한 도형 자르기를 함께 하여 계속 연습할 수 있는 기회를 제공한다. 이때 다양한 크기의 도형과 재질의 종이를 제공하여 활동이 지루하지 않게 하고, 가위는 유아의 손가락에 맞는 것으로 제공한다.

(2) 언어 영역

영유아기는 언어발달이 급속하게 이루어지는 시기이다. 영유아의 언어활동은 다양한 의사소통을 경험하고 듣고 말하는 것을 즐기며, 상황에 맞는 언어를 익혀 일상생활에 필요한 의사소통능력을 길러 바르고 즐거운 언어습관을 형성하는 데 도움을 준다. 언어는 또래 간의 관계형성에 필요하고 문제해결에 도움을 주는 수단이 된다. 언어 영역은 말하기, 듣기, 읽기, 쓰기의 네 가지 영역으로 나누어져 있으나 활동은 통합적으로 이루어져야 한다. 또 언어 영역은 아늑한 분위기를 조성하고 쿠션, 매트 등을 준비하여 영유아가 쉬고 싶을 때 언제든지 쉴 수 있는 장소가 될 수 있도록 해야 한다. 영유아가 휴식을 취할 경우는 어떤 방해도 받지 않도록 교사가 적극적으로 노력해야 한다. 언어 영역에서 영유아와 상호작용할 때 교사는 다음과 같은 사항을 고려해야 한다(박찬옥 외, 2011).

첫째, 언어습득의 전제조건은 친밀하고 의미 있는 관계형성이 우선되어야 한다.

교사는 먼저 영유아와 신뢰감을 형성할 수 있도록 해야 한다. 신뢰감 형성은 교사와 애정적인 유대관계를 맺어 또래와의 관계에도 도움을 준다. 신뢰감을 형성하기 위해서는 영유아와 이야기할 때 얼굴을 마주보고 이야기하고, 일방적인 이야기가 아닌 서로 이야기를 주고받는 방식의 상호작용을 해야 한다. 또 영유아의 요구에 일관되고 민감하게 반응하고, 신체적인 접촉을 자주 한다.

[그림 5-2] 언어영역

둘째, 일상생활의 의사소통 상황에 함께 참여해야 한다.

교사가 하는 말에 영유아가 반응하고 말을 할 수 있도록 자극하는 것은 교사에게 매우 중요한 일이다. 의사소통은 일방적인 메시지 전달이 아니라 상호작용을 해야 하는 것이다. 이를 위해 교사는 일상생활을 함께 하며 영유아의 행동을 언어화하여 들려주어야 한다. 그리하여 영유아는 또래와의 상호작용에 필요한 언어적 기술을 습득하여 배려하고 문제상황 발생에 적절한 상호작용으로 문제를 해결하는 등 친사회적인 생활을 할 수 있게 된다. 교사가 놀이에 참여함으로써 문제상황을 파악하고 이를 지도하기 위한 예를 들면 다음과 같다(보건복지부, 2013).

◆ 또래에 비해 타인이 이해하기 어렵게 발음하는 영아

교사는 영아의 말소리에 민감하게 반응하고 격려해 준다. 영아는 교사의 소리를 모방하여 소리 내는 것에 흥미를 갖게 되고 영아의 듣기, 말하기 행동을 촉진시킬 수 있다(예: 영아가 자동차를 가리키며 소리를 낼 경우–"자동차, 자동차네. ○○이가 좋아하는 자동차지."). 또 평소에 말하기를 자극할 수 있는 거울이나 소리 나는 놀잇감으로 환경을 구성해 둔다. 교사는 말을 할 때 정확한 입모양으로 천천히 말을 해주는 등 활동에 참여자가 되어 지도할 수 있다. 그러나 영아에게 말소리를 반복하도록 강요해서는 안 된다.

◆ 울음이나 몸짓을 이용한 의사표현을 주로 하는 영아

영아가 자신의 욕구나 요구가 수용되지 않을 경우 울음으로 표현할 수 있고, 자신의 존재를 알려 관심을 끌기 위해 울 경우도 있으므로 울음의 의미를 정확하게 파악할 필요가 있다. 또 말로 표현할 수 있는 기회를 제공하고, 이를 표현할 경우 영아의 반응을 격려해주는 것이 좋다. 말보다 울음으로 모든 것을 표현하고자 하는 영아의 경우 또래 사이에서 따돌림을 당할 수도 있어 정서적으로 불안한 상황을 만들 수 있기 때문에 주의를 기울여야 한다(예; "○○이가 속상한 것이 있니? 뭐가 속상했어? 선생님이 도와줄까?"). 이때 울음에 대해 야단을 치거나 잘못된 의사표현을 지적하는 것을 지양할 필요가 있다.

셋째, 교사는 영유아의 언어사용에 좋은 모델이 되어야 한다.

친구의 이야기를 듣는 태도와 이야기하는 태도, 차례를 지켜 말하는 태도를 교사가 모델이 되어 보여주는 것이 중요하다. 영유아는 교사가 자신의 이야기를 들어주는 것을 보고 또래와의 관계에서 일어날 수 있는 부정적인 상황에서도 상대방의 이야기를 들어줄 수 있다. 또 말하기는 영유아의 부정확한 발음을 정확하게 표현할 수 있도록 명료하게 해주고, 비판이나 간섭 등의 부정적인 언어보다는 격려와 칭찬 같은 긍정적인 언어를 사용해주어야 한다. 이러한 태도는 또래 간의 분쟁이나 타인에 대한 감정이입에 도움을 준다.

넷째, 교사는 영유아와의 상호작용을 할 때 처음부터 언어의 상징적 체계를 경험할 수 있도록 해주어야 한다.

언어는 인간의 의사소통의 도구이자 상징적 체계이기 때문이다. 교실의 환경에는 주변에서 볼 수 있는 환경 인쇄물을 활용한 글자를 볼 수 있는 기회를 제공한다. 또 영유아 스스로 긁적이기나 쓰기를 할 수 있는 장소와 자료를 제공해주는 것이 바람직하다. 또 글자를 쓸 수 없는 영유아를 위해 활동 후 말하는 것을 받아 써 주는 것도 좋은 방법이다. 유아들 중에는 또래에 비해 쓰기에 흥미를 보이지 않는 경우가 있다. 이를 위한 지도방법을 보면 다음과 같다(보건복지부, 2013).

◆ 쓰기 표현 행동이 전혀 없는 유아

유아의 현재 수준에 따라 쓰기활동을 제공해주고, 또래 사이에도 서로 다른 수준의 쓰기 표현을 인정할 수 있도록 격려해주어야 한다. 유아기는 또래의 반응에 민감한 시기이므로 서로의 다름을 인정하는 분위기는 유아의 자존감을 키우고, 서로 도우며 함께 하는 방법을 터득할 수 있는 기회가 된다. 또 유아의 생활 주변에서 볼 수 있는 상품의 이름, 가게 이름, 음식의 이름 등을 놀이에 적용하여 쓰기에 대한 동기를 부여할 수 있다. 물이나 자석, 모형 등을 활용한 쓰기활동을 하거나 소근육발달과 협응력 발달에 도움을 주는 활동을 제공해줄 수 있다. 특히 쓰기는 유아의 현재의 발달수준을 파악하여 현재 수준에서 제공하는 것이 가장 바람직한 방법이다.

다섯째, 교사는 영유아에게 매일 책을 읽어주어야 한다.

영유아가 좋아하는 그림책을 반복적으로 읽어주고 내용에 대해 간단하게 질문하여 자신의 생각을 나름대로 이야기하고 들을 수 있는 시간을 가져도 좋다. 영유아와 함께 책을 읽으려면 특별한 이해와 인내, 민감성이 요구된다. 아무리 좋아하는 책이어도 집중할 수 있는 시간이 짧기 때문이다. 유아의 경우 또래에 비해 주변의 글자나 책읽기에 관심을 보이지 못하는 경우가 있다. 이를 위한 지도방법을 보면 다음과 같다(보건복지부, 2013).

◆ 또래에 비해 주변 글자나 책읽기에 관심과 흥미가 없는 유아

유아가 좋아하는 주제와 관련된 다양한 책을 준비하여 제시해주어 책을 통해 흥미를 유발시킨다(예: "○○이가 좋아하는 책을 찾아와 볼까?"). 스스로 책 보기 를 싫어하는 유아의 경우 교사가 그림을 보고 추측할 수 있는 것에 대해 유아에게 질문하여 언어적으로 표현할 수 있도록 유도한다(예: "여기에서 이 친구는 어떻게 되었을까?"). 또 주변에서 볼 수 있는 친숙한 글자를 찾거나 글자를 이용한 다양한 놀이를 해 본다(예; "이 글자는 어떻게 읽을까? '사과'의 '사'자가 들어

가는 글자를 여기서 찾아보자."). 그러나 이러한 활동을 할 때 유아보다 더 나은 유아의 참여로 활동에 대한 흥미를 잃거나 상실감을 갖지 않도록 주의해서 비슷한 수준의 유아들과 활동을 진행하는 것이 좋다.

(3) 탐색(수, 과학) 영역

영유아는 오감과 소근육을 통해 환경을 이해하고 적응하는 시기이다. 그러므로 추상적이거나 언어적인 자료와 함께 직접적인 탐색과 놀이가 가능한 입체적인 자료를 제공해 줄 필요가 있다. 영유아의 생활 주변에서 자주 접하고 친근한 물체와 동식물, 자연물을 탐구하도록 준비해주어야 한다(윤혜경 외, 2013). 그리하여 영유아는 자신의 경험을 또래와 나누며 탐색하고 관찰하고 토의하고 문제를 해결해 나갈 수 있다. 탐색 영역은 실제물이 많아 영유아의 관심을 끌기에 좋은 반면, 빈번한 다툼이 일어날 수 있는 영역이기도 하다. 특히 영아기는 소유에 대한 갈등이 심해지는 시기이다. 영아가 놀잇감을 빼앗길 수 있다는 불안에서 벗어나, 원하는 놀잇감을 충분히 탐색하고 조작할 수 있는 기회를 제공하기 위해 충분한 수의 놀잇감을 준비해야 한다. 탐색 영역에서 영유아와 상호작용할 때 교사는 다음과 같은 사항을 고려해야 한다(박찬옥 외, 2011).

첫째, 교사는 영유아의 감각을 활용한 활동을 격려해주어야 한다.

후각적인 탐색을 격려하기 위해서 교사나 친구에게서 맡을 수 있는 특징적인 냄새나 먹을 것에 대한 냄새, 환경의 변화에 따른 냄새에 대해 격려한다(예: "오늘의 반찬은 무엇일까? 냄새로 알아볼까? 저기 핀 꽃은 무슨 꽃일까? 어떤 냄새가 나지?"). 이때 한두 명의 영유아에게만 국한되면 나머지 영유아는 상처를 받을 수 있으므로 모든 영유아에게 기회를 주는 것이 좋다. 시각적인 탐색을 격려하는 경우 교사나 친구, 자신의 모습을 보고 다양한 모양과 색깔을 관찰하게 한다. 교사의 얼굴에 달라진 부분, 친구의 얼굴이나 옷의 변화 등을 보고 이야기한다. 또 궁금한 것은 친구에게 가서 물어보는 등의 활동을 하면서 또래에 관심을 가질 수 있다.

청각적인 탐색을 위해서는 교사가 주변의 다양한 소리를 들려주는 활동을 한다. 그 중 친구의 목소리를 녹음하여 들려주고 누구의 소리인지 알아보는 활동은 바람직한 또래관계 형성에 도움을 줄 것이다. 촉각을 활용한 경우는 다양한 촉감의 놀잇감을 제공하여 어떤 느낌인지, 무엇인지 알아보는 활동이 주로 이루어진다. 바람직한 생활지도를 위해 사이가 좋지 않거나 다툼이 있는 영유아를 서로 쓰다듬어 주거나 등을 두드려주는 등의 활동을 통해 서로를 이해하는 활동을 할 수 있다. 미각을 활용한 활동으로 다양한 음식을 맛보는 기회를 제공할 수 있다.

둘째, 모방하여 탐색활동을 하게 하는데, 자료나 도구의 사용법을 교사뿐만 아니라 또래 친구에게도 배울 수 있고, 서로 도움을 주고 받으며 사회성을 길러갈 수 있다. 영유아가 모방활동을 하면서 문제해결력을 길러 스스로 문제를 해결하는 방법을 터득할 수 있도록 도와준다.

[그림 5-3] 탐색(수, 과학) 영역

셋째, 탐색활동을 하면서 시행착오를 수용하고 문제해결의 과정을 장려해주어야 한다. 영유아는 문제를 해결하거나 목표를 달성하기 위해 많은 시행착오를 거치게 된다. 그리고 탐색의 과정에 또래와 함께 토론하고 관찰하고 문제를 인식하여 해결해 갈 수 있는 기회를 제공해주어야 한다.

(4) 음률 영역

음률 영역은 교실 내에 일정하게 트인 공간에 대집단, 소집단, 개별활동이 이루어질 수 있는 공간으로 마련한다. 시끄럽고 활동적인 영역으로 쌓기와 역할 영역의 가까이에 두는 것이 좋다. 음률 영역은 영유아의 창조적인 생각과 느낌을 자유롭게 몸이나 악기로 표현할 수 있는 공간이므로, 다른 영역에서 활동하는 영유아에게 방해가 되지 않도록 규칙을 정하는 것이 필요하다. 음률 영역에서 영유아와 상호작용할 때 교사는 다음과 같은 사항을 고려해야 한다(박찬옥 외, 2011).

첫째, 반복되는 부분이 많은 언어로 된 짧은 노래나 리듬이 있는 운율을 자주 들려 준다. 일상생활에서 듣고 따라 부를 수 있는 부분에서 천천히 불러주므로 영유아의 언어발달에 도움을 줄 수 있다.

둘째, 영유아가 직접 다양한 소리를 만들 수 있는 기회를 제공해주어야 한다. 주변의 소리를 직접 흉내내어 보거나 주변의 소리를 사물이나 악기로 간단한 리듬이 있는 소리를 만들어볼 수 있다. 교사가 악기를 준비해 두어 영아들이 놀이시간에 함께 소리를 만들어 볼 수 있도록 유도하고, 이러한 과정에 타인의 정서나 감정에 대해 이해할 수 있는 기회를 제공한다.

셋째, 여러 가지 소리를 탐색할 수 있는 기회를 주고, 자신의 느낌이나 생각을 신체, 악기 등으로 표현할 수 있는 기회를 제공해주어야 한다. 소리를 듣고 소리의 차이를 구별해보고, 모방해 보며 소리에 따라 몸으로 표현해 볼 수 있는 기회를 제공한다. 그리고 친구가 내는 소리나 몸짓을 따라함으로써 타인을 인식할 수 있는 기회를 제공해 줄 수 있다.

넷째, 상황에 따라 창의적인 표현을 할 수 있는 기회를 제공해주어야 한다. 다양한 상황을 관찰하고 비교하며 특정한 상황에서 사물의 움직임이 어떠한지 표현하는 활동이다. 상황의 표현은 표현력, 상상력, 창의력, 사고력을 기르는 데 중점을 두는 활동이다.

다섯째, 음악을 듣고 몸으로 표현할 수 있는 기회를 제공해주어야 한다. 음악을 듣고 느낌이나 생각을 아무런 제재 없이 자유롭게 표현하는 활동으로 개인적이고 주관적인 활동이 될 수 있다. 그러나 이 활동을 통해 나와 다른 생각을 하고, 느끼며, 표현할 수 있음을 알게 하는 것에 중점을 둘 필요가 있다.

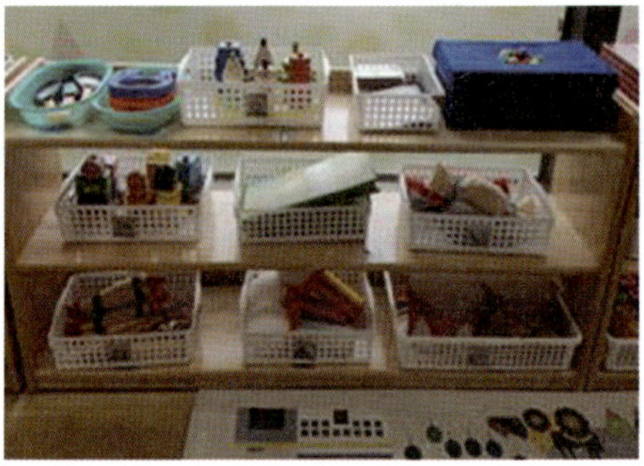

[그림 5-4] 음률 영역

(5) 미술 영역

미술은 영유아가 직접 재료를 다루며 경험하고 만드는 활동을 할 수 있고, 영유아는 이를 통해 자신이 표현하려는 욕구를 실현하고 잠재력을 기르게 된다. 또 여러 가지 재료를 만지고, 찢고, 두드리고, 자르는 과정에서 자유롭게 자기를 표현하고 만족감, 성취감을 고취시키며 응용력, 독창성을 발달시킬 수 있다. 그러나 한꺼번에 너무 많은 자료를 주거나 과정이 복잡한 활동은 주위가 산만해지고 싫증을 낼 수 있으므로 주의해야 한다(윤희경 외, 2013). 영유아의 창의적 표현을 위해 마련된 미술 영역에서 교사나 또래의 작품을 미리 제시하고 따라하게 하는 것은 창의적인 표현력 증진에 바람직하지 않으므로 주의해야 한다. 미술 영역에서 영유아와 상호작용할 때 교사는 다음과 같은 사항을 고려해야 한다(박찬옥 외, 2011).

첫째, 다양한 자료를 활용하여 활동할 수 있도록 준비해주어야 한다. 예를 들면, 종이의 경우 재질이나 크기, 색깔, 두께가 다른 종이를 제공한다. 이를 활용한 활동을 할 때 교사는 다양한 방식의 표현을 격려해 준다.

둘째, 교사가 주제나 자료를 정해주는 것이 아니라 함께 활동하는 영유아들이 주제와 재료를 선택해 활동할 수 있도록 격려한다. 특히 미술 영역에서는 협동작품을 만드는 기회를 제공하여 또래 간에 긍정적인 상호작용이 일어날 수 있도록 격려해 준다.

셋째, 영유아는 자신의 결과물과 또래의 결과물을 보면서 상호작용할 수 있다. 이때 교사는 또래 간에 작품을 보며 격려하고 응원하는 말을 할 수 있도록 도와주어야 한다(예; "○○이가 만든 것은 무엇일까? 친구들이 보기엔 어떤 것 같아? 선생님이 보기에도 버스에 날개가 달려 하늘을 날아다닐 것 같아. 이걸 타면 기분이 어떨까? 친구들이 ○○이에게 멋진 버스 잘 보았다고 이야기해 줄까?").

[그림 5-5] **미술 영역**

(6) 역할놀이 및 쌓기놀이 영역

역할놀이와 쌓기놀이는 다른 영역으로 구성하나 확장활동이 가능하므로 인접하여 구성한다. 영유아기는 일상생활 속에서 경험한 타인의 역할을 보면서 사회적 지식을 재구성하고 다양한 역할을 배운다. 영유아의 역할놀이를 위해 쉽게 상상놀이를 할 수 있는 구체적인 자료를 준비해주어 상상놀이의 수준이 높아지도록 한다. 그리고 자발적으로 주제를 선택하고 놀이역할을 선정하여 진행과정을 또래 간에 의논하여 스스로 선택하도록 해야 한다. 쌓기놀이는 단순하게 블록을 쌓아 무너뜨리는 활동에서부터 도로나 건물 등을 구성하는 것으로 발전하며, 점차 복잡하고 정교한 건물을 만드는 놀이로 연결할 수 있다. 쌓기놀이는 역할놀이와 연계하여 놀이가 더욱 활성화될 수 있다(한국보육진흥원, 2016). 역할놀이 및 쌓기놀이 영역에서 영유아와 상호작용할 때 교사는 다음과 같은 사항을 고려해야 한다(윤희경 외, 2016).

첫째, 교사는 영유아가 여러 가지 역할의 특성을 이해하고 표현할 수 있는 경험이나 자료를 제공해주어야 한다. 영유아 자신이 맡고 싶은 역할을 표현하도록 격려하되 또래 간에 예상되는 갈등상황을 확인하고 미리 해결방안을 마련해주는 것이 좋다.

둘째, 교사는 필요에 따라 정보제공자, 놀이 참여자, 놀이 확장자 등의 다양한 역할을 하고, 영유아의 역할 표현이나 의사결정과정에 지나치게 개입하면 방해가 될 수 있으므로 주의해야 한다.

셋째, 소극적인 영유아나 친구가 적은 영유아도 적극적으로 참여할 수 있는 역할을 계획하여 제시해준다.

넷째, 쌓기놀이 영역에서는 창의적으로 구성하도록 격려하고 주변의 물체를 관찰할 수 있도록 도와서 세부적인 표현을 할 수 있도록 도와주어야 한다.

다섯째, 창의력이 확장될 수 있도록 그림자료, 책, 모형 등을 가까운 곳에 함께 제공하고, 소품이나 자료를 이용하여 역할놀이 등으로 확장시킬 수 있도록 격려한다.

여섯째, 영유아의 놀이가 확장될 수 있도록 적극적으로 상호작용을 하나 활동에 몰입해 있을 때 개입하는 것은 방해가 될 수 있으므로 신중해야 한다.

[그림 5-6] **역할놀이 영역**

역할놀이 및 쌓기놀이를 통해 교사는 사회교육을 계획할 수도 있다(박찬옥 외, 2011). 역할놀이를 하는 동안 사회적 기술을 가르칠 수 있다. 교사는 영유아의 발달에 적합한 사회적 기술을 확인하여 적절한 방법으로 지도해야 한다. 활동을 하는 중에 문제를 해결하기 위해 또래나 교사에게 도움을 요청할 수 있도록 지도한다. 역할을 정하거나 놀잇감을 가지고 다툼이 일어났을 때 협상하는 것은 영유아의 사회화를 용이하게 한다. 그리고 놀이를 할 때는 차례를 지켜야 하고, 먼저 역할을 맡은 친구가 끝날 때까지 기다려야 한다는 것을 교사가 지원하여 이 기술을 습득할 수 있도록 지원해야 할 필요가 있다. 사회적 문제를 해결하기 위해서는 신체보다 언어적으로 접근해야 한다는 것을 지도할 필요가 있다. 이를 위해서 교사는 언어적 모델을 제공해야 한다(예; "고마워, 미안해, 기다려줄래, 빌려 줄래." 등).

[그림 5-7] 쌓기놀이 영역

02 바람직한 생활지도를 위한 심리적 환경

1) 심리적 안정과 환경구성과의 관계

영유아는 신체적·심리적으로 안정을 느낄 수 있는 환경에 있어야 한다. 대부분의 교사는 영유아의 신체적 안전에는 많은 주의를 기울이나, 심리적 안정에는 다소 주의를 기울이지 않는 경우가 있다. 심리적 안정은 영유아의 정서발달에 영향을 미치는 중요한 요소이며, 영유아기 정서발달은 영유아의 사회성 발달에 중요한 역할을 한다. 정서적으로 안정된 영유아는 공격성이나 욕구불만, 분노 같은 부정적인 정서를 잘 조절하며 타인을 배려하고 친사회적 행동을 많이 한다. 또 안정적인 정서발달을 이룬 영유아는 기분 좋은 생활을 하며, 타인에게 의존하지 않고, 타인의 감정을 잘 공감한다.

반면에 불안정한 정서발달을 이룬 영유아는 타인, 특히 교사나 부모에게 의존적이고, 타인의 도움이 필요할 때에도 도움을 요청하지 않고 쉽게 좌절하고 화를 잘 내며, 우울한 성향을 보이고 자기조절 능력이 낮아 또래에게 부적절한 행동을 보인다. 그러므로 정서적으로 안정된 환경에서 생활하는 것은 영유아기 발달에 중요한 요소임을 알 수 있다(서현아 외, 2016).

교사는 환경구성을 할 때 영유아의 정서발달에 영향을 주는 심리적 안정감을 위해 다음과 같은 점을 고려해야 한다.

첫째, 영유아가 또래와 같이 생활하는 공간인 교실의 분위기를 가정과 같이 편안하게 조성해주어야 한다. 특히 영아는 가정과 부모를 떠나 낯선 환경에서 낯선 사람들과 긴 시간을 지내야 하므로 심리적인 불안이 더 심할 수 있다. 그러므로 교사는 영아가 편하게 먹고 자고 생활할 수 있는 분위기의 공간을 마련해주어야 한다.

둘째, 모든 환경은 청결을 유지해야 한다. 보육실은 영유아가 생활하기 적합하도록 환기를 자주 해주고, 실내 온도와 습도를 적절하게 유지해주어 심신이 건강하고 편안하게 생활할 수 있도록 해주어야 한다.

셋째, 하루의 일과는 예측 가능하고 일관성 있게 진행하여야 한다. 일과의 흐름을 영유아가 알고 다음 일과를 예측하므로 준비를 할 수 있고, 안정적으로 활동할 수 있도록 준비해주어야 한다. 일과가 자주 변하여 예측하기 어려울 경우 영유아는 심리적으로 불안하여 부정적인 정서를 보일 수 있다.

2) 심리적 안정과 교사와의 관계

영유아와 교사의 상호작용은 영유아가 스스로 가치 있는 존재임을 깨닫게 하고 자신의 행동에 의미를 부여할 수 있게 한다. 이는 영유아가 독립적으로 생활할 수 있도록 도와주고, 주어진 활동에 대해 성취동기를 부여하며, 주변 환경이 요구하는 것을 잘 처리하고 판단하도록 도움을 준다. 영유아의 성장발달에 교사, 또래와의 상호작용이 매우 중요하므로 교사는 영유아의 자아에 대한 바른 이해와 자아개념 형성에 미치는 영향력이 크다는 것을 인식해야 할 것이다(단현국, 2004). 어린이집과 유치원에서 교사와 영유아의 긍정적인 관계는 영유아의 적응을 촉진하고, 또래와의 긍정적인 상호작용과 동기유발에 도움을 준다. 반면에 부정적인 관계는 갈등적인 상황을 초래하여 심리적인 불안과 부적응 행동, 문제행동을 유발할 가능성이 높다. 그러므로 교사는 영유아와의 긍정적인 관계 형성을 위해 노력해야 할 것이다. 영유아와 교사가 긍정적인 관계를 형성하는 구체적인 방법은 다음과 같다.

첫째, 영유아와의 관계를 형성하기 위해 교사는 등원하는 영유아를 웃으며 인사하고 안아주어 맞이한다. 영유아의 놀이에 참여자로 함께 하고 긍정적인 감정을 구체적인 언어(사랑해, 좋아해 등)로 표현한다. 영유아의 활동에 대해 격려해주고 대화를 할 때는 서로 눈을 마주보고 한다.

둘째, 영유아가 결석 후 등원했을 때 교사는 영유아를 보고 싶었고 기다렸다는 것을 말로 표현한다. 영유아가 아파서 결석을 했을 경우, 교사의 마음이 아팠다는 것을 알리고 영유아를 염려하였다는 것을 말로 표현해 준다.

셋째, 영유아가 처한 상황에 대해 교사는 들어주고 이야기해 준다. 영유아가 어려운 일을 겪었거나 슬픈 일이 생겼을 때 함께 감정을 나눠 준다. 영유아가 힘들어할 때는 격려하고 자신감을 심어주는 말을 해 준다.

넷째, 교사는 영유아와 함께 살아가는 동반자로서 영유아 주변의 사람들에 대해 안부를 묻고, 주말 지낸 이야기를 서로 나눈다. 영유아가 관심을 보이는 부분에 대해 적극적으로 관심을 보여주고 정보를 전해주며, 교사의 생활을 영유아와 이야기 나눈다.

교사와 영유아의 긍정적인 관계를 형성하기 위해서는 상호작용이 영향을 미친다. 교사와 영유아의 상호작용에는 정서적 상호작용, 언어적 상호작용, 행동적 상호작용, 환경적 상호작용이 있는데 이를 구체적으로 살펴보면 다음과 같다(이은해, 이기숙, 1993).

첫째, 정서적 상호작용은 교사가 영유아에게 온화한 미소와 웃는 얼굴로 대하거나 영유아의 개별적인 요구, 감정 등에 민감하게 반응해주는 것이다. 교사는 영유아가 자신의 느낌이나 생각을 자유롭게 표현할 수 있는 허용적인 분위기를 조성해주어 영유아의 활동이 심리적으로 편안하게 진행될 수 있도록 도와주는 것을 의미한다.

둘째, 언어적 상호작용은 교사가 영유아에게 안정감 있는 목소리로 이야기하거나 영유아의 질문과 요구에 민감하게 반응하는 것이다. 교사는 영유아가 자신의 생각과 감정을 언어적으로 표현할 수 있도록 피드백을 제공하는 것을 의미한다.

셋째, 행동적 상호작용은 교사가 자세를 낮추어 영유아와 눈높이를 같게 하거나 스킨십과 모델링을 제시하는 등 신체적인 표현으로 영유아가 긍정적인 행동을 표현할 수 있도록 하는 것을 의미한다.

넷째, 환경적 상호작용은 일과 중 영유아를 위한 다양한 활동을 마련하고 영유아가 스스로 참여할 수 있는 기회를 제공하는 것을 의미한다. 교사는 활동을 촉진시키기 위해 다양한 교수 전략을 활용하고, 보육실의 환경은 다양하고 융통성 있게 조성해 주어야 한다. 즉, 영유아의 자발적이고 주도적인 참여를 보장하는 환경을 제공해야 한다.

토의과제

1. 아동생활지도를 위해 교사가 어떠한 물리적 환경을 구성해야 하는지 이야기해 봅시다.

2. 아동생활지도를 위해 언어영역에서 교사가 할 수 있는 상호작용에 대해 설명해 봅시다.

CHAPTER

6 생활지도를 위한 가정과의 연계

01 부모상담

1) 부모상담의 중요성

가족 형태의 다양화, 가족 기능의 약화, 무분별한 매체의 홍수, 급변하는 사회현상과 문제 속에서 자녀양육을 위한 부모역할은 점점 어렵고 힘들어져 가고 있다. 부모들은 양육기술의 부족과 역기능적 분노 표출에서 오는 스트레스로 자녀와의 갈등을 겪고, 이러한 부모의 양육태도에 따른 영유아들의 공격적 행동과 부적응의 문제 등도 점점 많아지고 있다(강영식, 오경숙, 김혜영, 박창옥, 2016).

따라서, 부모들이 겪는 이러한 자녀 관계에서의 어려움은 더 이상 부모들만의 몫이라기보다는 사회와 유아교육기관 공동의 책임이자 함께 해결해야 할 과제로 인식되어야 한다. 부모와 유아교육기관은 영유아의 올바른 성장과 발달이라는 공동의 목표를 가지고 서로 협력적인 관계를 유지해야 한다. 부모상담은 교사와 부모가 할 수 있는 가장 적극적인 의사소통의 방법으로, 부모와 교사가 1:1로 만나 가치관과 교육관을 함께 공유하고 영유아에 대한 공감대를 형성하기 위한 의견교환활동이다. 이러한 부모상담의 목적은 교사와 부모가 영유아의 생활과 발달에 대한 정보 및 의견을 교환함으로써 효율적이고 바람직한 영유아 지도방안을 모색하는 것이다(교육과학기술부 · 육아정책연구소, 2012).

그러나 교사들은 전문적인 상담자가 아니고 상담에 대한 전문지식도 풍부하지 않은 상황이 많아, '상담자'로서의 역할에 부담을 느끼는 경우가 있다. 특히 초임교사에게는 학부모라는 존재는 매우 불편하고 어려운 존재로 여겨지며, 경력교사라도 여전히 부모상담은 쉽지 않은 부분임에는 틀림이 없다. 부모와 교사가 서로 협력적인 관계를 유지하여 긍정적인 관계가 형성된다면 좋은 파트너로서 교육의 효과를 높일 수 있고, 부모는 교사에게 든든한 지원군이 될 수 있지만, 부모와 교사의 협조가 잘 이루어지지 않는다면 오히려 부모는 심각한 방해요인이 될 수도 있다.

따라서, 영유아교육의 효과를 기대하기 위해서는 부모로 인한 부정적인 요인이 발생하지 않도록 교사가 '상담자'의 역할을 중요하게 여기고 적극적으로 수행해야 한다(유연화 · 서정연, 2016).

2) 부모상담의 진행과정

부모상담에는 특정한 방법과 정형화된 과정이 있지는 않다. 중요한 것은 메뉴얼화된 상담의 기술보다는 교사마다 자신에게 맞는 방법을 찾아 부모의 감정을 공감하고 이해하며, 영유아의 문제를 함께 해결해 나가려는 교사로서의 진실함이 필요하다.

[그림 6-1]은 일반적인 부모상담의 과정으로 교사는 충분한 사전준비와 함께 진솔되고 전문성 있는 부모상담이 이루어 지도록 노력해야 한다.

1단계
상담 준비하기

- 상담안내문, 개별상담 기초자료 작성 및 배부하기
- 원아조사서 등 관련 자료 확인하기
- 영유아 관찰일지 작성하기
- 상담환경 구성하기

2단계
상담하기

- 부모와 반갑게 인사 나누기
- 상담실로 안내하기 · 상담의 목적과 취지, 비밀보장에 대해 알려주기
- 신뢰감, 라포 형성하기
- 영유아 개별 상황에 대해 이야기 나누기
- 적극적인 경청
- 상담 마무리하기

3단계
상담 후 정리하기

- 개인 상담지에 상담내용 작성
- 상담보고서 기록 및 보고

[그림 6-1] **부모상담과정**

3) 부모상담 시 교사의 역할

부모상담의 목적은 부모와 영유아를 돕는 것이다. 부모는 자녀에 대해 상당한 기대감을 가지는 한편, 아이가 잘 자라고 있는지, 부모로서 자신이 자녀를 잘 키우고 있는지에 대한 불안감 또한 매우 크다. 그러므로 교사와 부모는 기대감을 만족감으로 전환하는 양육의 동반자로서 지속적인 교류를 하여야 한다. 따라서 영유아에게 문제가 있으면 그 문제를 해결하고, 문제가 발생할 가능성이 있으면 그 문제를 미리 예방하고, 영유아가 지닌 잠재력을 찾아 최대한 발현시킬 수 있도록 돕기 위해서 부

모와 교사가 함께 노력해야 한다(유연화, 서정연, 2016).

다음은 효율적인 부모상담을 위한 교사의 역할이다.

(1) 신뢰로운 지지적 관계 형성하기

효과적인 상담을 위해 가장 기본적인 것은 교사와 부모가 서로 신뢰하고 편안한 감정으로 대화를 나눌 수 있는 분위기의 형성이라고 할 수 있다. 특히 부모상담을 요청하는 부모 중에는 문제상황이나 긴급한 상황으로 상담을 요청하는 경우가 있다. 이때 교사는 무엇보다도 신속히 부모에게 도움을 줄 수 있어야 한다. 적절한 시기의 도움은 자기감정 또는 부정적 감정을 표현할 수 있는 분위기를 조성해주며, 이러한 분위기는 부모에게 심리사회적인 지지의 역할을 한다. 또한 교사는 부모의 특징을 잘 이해하고, 부모입장에서 부모의 마음을 이해하려는 공감의 노력과 태도를 가져야 한다.

TIP 긍정적 라포 형성 방법

- 상대의 마음을 잘 읽어주자. 공감하고 수용하는 태도는 마음의 문을 열게 한다.
- 상대에게 따뜻한 온정, 관심을 보이자(부모는 자신의 자녀에게 관심을 보이는 교사의 태도에 감동받는다).
- 상대의 의견을 존중하자(상대의 말에 고개를 끄덕이며 잘 듣고 있다는 표시를 한다).
- 비언어적인 의사소통(눈빛, 말투, 손짓 등)에 주의하자.

출처: 유연화, 서정연(2016).

(2) 효율적 의사소통하기

교사와 부모가 만나 영유아에 관해 의논하거나 부모들로 하여금 영유아의 교육문제에 직접 참여하도록 하기 위해 교사는 부모와 이야기를 나눌 수 있는 의사소통 기술을 가지고 있어야 한다. 교사는 학부모의 표정과 비언어적 태도, 말하지 않아도 부모의 이면의 욕구까지도 읽을 수 있는 여유와 전문적 지식을 가질 수 있도록 노력해야 한다.

의사소통 기법으로는 칭찬하기, 경청 등의 기본적인 방법부터 스스로 답을 찾아가도록 돕는 부모코칭 질문기법, 인정하고 수용해주기, 중립적 언어사용 등의 대화방법이 있다.

TIP 부모와 대화 할 때

- 몸짓, 얼굴표정, 목소리 톤 등 비언어적 태도도 주시한다.
- 영유아와 가정환경을 이해하고, 영유아에 대해 구체적으로 알려고 노력한다.
- 타 영유아와 비교하지 않는다.
- 부모의 이야기를 많이 들어주고, 포옹하는 자세로 부모의 욕구를 파악한다.
- 친근감 있는 태도로 대하고, 맥락적 경청을 하며, 알아듣기 쉬운 말을 사용한다.
- 먼저 상황을 수용하고, 인정해주며, 사소한 부분이라도 칭찬하기부터 시작한다.

(3) 객관적인 중재자 역할하기

부모상담 시 교사는 상황에 따라서는 중립적인 자세로 중재자의 역할을 해야 한다. 때때로 자녀를 키우는 데 있어 가족구성원 간의 의견마찰과 갈등으로 인하여 심각한 문제상황이 발생하는 경우가 있다. 이때 교사는 가족들의 행동, 태도, 가치관 등을 객관적으로 평가해야 하며, 어떠한 문제에 대해 일방적인 판단이나 비판을 하지 않도록 주의해야 한다. 교사는 가족구성원들이 스스로 문제해결에 대한 자신감과 노력의 의지를 가질 수 있도록 중재자로서의 도움을 주어야 한다. 즉, 부모가 가족간의 상황을 명백하게 볼 수 있도록 도와주는 역할을 해야 하며, 만약 부모와 교사가 의견이 일치하지 않을 때는 그 사실을 분명하게 부모에게 전달하고, 부모로 하여금 상황을 정확히 파악하도록 객관적인 지각자 · 중재자의 역할을 해야 한다.

02 가정과의 연계방법

영유아의 건강한 성장과 발달을 위해서 유아교육기관에서는 부모와의 적극적인 교류와 참여유도를 위한 다양한 방안이 모색 · 진행되어야 한다. 영유아의 올바른 생활지도를 위한 가정과의 연계방법의 몇 가지를 살펴보자.

(1) 가정통신문

가정통신문은 유아교육기관에서 가정으로 지면을 통해 여러 가지 사항에 대한 정보를 제공하고 협력을 요청하는 형태로 안내문, 서신, 기록과 보고, 쪽지, 뉴스레터 등이 있다. 예를 들면, 유아교육기관은 가정통신문을 통해 교육계획안, 각종 행사안내문, 부모나 가정의 협조를 요청하는 통신문, 부모에게 다양하고 유용한 육아정보를 제공하여 부모들이 영유아를 양육 · 지도하는 데 있어 필요한 정보와 지식, 안내를 받도록 할 수 있다.

(2) 전화상담

전화는 유아교육기관에서 가장 많이 이루어지는 부모상담의 방법이다. 전화상담을 통해 교사와 부모는 영유아의 일상적인 생활에 대해 의견을 나누며 그 해결방안에 대해 서로 의견교환을 나눈다. 이때 중요한 것은 서로 얼굴을 보고 대화를 나눌 수 없기 때문에 충분한 시간을 가지고 부모와 신뢰를 형성하도록 노력해야 한다는 것이다. 교사는 최대한 친근하고 부드러운 목소리로 전화하는 것이 좋으며, 부모가 편하게 전화를 받을 수 있는 시간을 택하는 것이 현명하다. 또한 문제행동과 관련하여 긴 시간의 대화를 나누어야 한다고 판단될 경우에는 전화로 하기보다는 면담을 통해 대화를 하는 것이 좋다. 면담이 이루어지기 전에 전화를 통해 영유아의 문제행동에 대한 사실을 미리 알려 부모가 당황하는 일이 없도록 배려하는 것이 필요하다(권정윤, 안혜준, 송승민, 이민정, 권희경, 2013).

TIP 초임교사를 위한 전화요령

① 전달해야 하는 내용을 메모한다.

- 적어 놓은 내용을 보면 대화를 매끄럽게 이어나갈 수 있다.

② 선배 교사의 모습을 지켜본다.

- 어떤 식으로 대화를 이끄는지, 말문을 어떻게 트는지 등을 꾸준히 보며 머릿속으로 나만의 방법을 구상한다.

③ 자신감을 가지고 상냥히 말한다.

- 너무 떨려 하는 목소리면 신뢰를 얻지 못하고, 얼굴을 못 보기 때문에 말투에서 감정이 느껴지지 않도록 주의한다.

④ 모르는 건 나중에 대답하는 것도 좋다.

- 잘 모르는 내용에 대해 질문하면 대충 둘러대지 않고 "다시 한 번 확인해보고 연락드릴게요" 식의 대답을 하는 것이 좋다.

(3) 면담

면담은 교사와 부모의 상호 친밀감을 형성할 수 있는 소통방법으로, 영유아의 문제행동 지도 시에는 꼭 필요한 연계방법이다. 면담을 통해 교사는 영유아의 가정생활에 있어 다양한 측면과 부모에 대한 이해를 넓힐 수 있으므로, 유아교육기관에서는 연 1~2회의 정기적인 면담과 필요에 따른 수시면담을 병행 진행할 필요가 있다. 면담은 개별면담과 집단면담이 있다.

첫째, 개별면담은 영유아의 생활전반에 대한 모습이나 발달에 대하여 교사와 부모가 일대일로 상호작용하는 방법이다. 개별면담을 통해 부모는 공개적으로 상담하기 어려운 사항들을 심도 있게 상담해 볼 수 있는 기회를 가짐으로써, 영유아의 올바른 성장과 생활지도에 효과적인 도움을 받을 수 있다.

둘째, 집단면담은 교사와 다수의 부모가 자녀양육과 교육기관에 대한 정보와 관심사에 대해 상호작용하는 방법이다. 보통 학기 초 오리엔테이션 후 각 반에서 이루어질 수 있으며, 수업참관이나 유아교육기관 행사 후 집단면담이 이루어질 수도 있다.

TIP 부모면담 시 주의사항

- 부모가 자녀에 대해 가지고 있는 생각 이해하기
- 부모는 자녀에게 도움이 되기 위해 최선을 다한다는 것을 잊지 않기
- 부모와 교사가 공유할 수 있는 바탕을 마련하기 위해 노력하기
- 유아가 실수 후 노력한 점, 향상된 점, 성취한 부분을 부모와 이야기하기

〈표 6-1〉 **함께 자라나는 ○○반(D시 H유치원 부모상담기록지 양식)**

일시	20 년 월 일 요일 (: ~ :)	교사:
이름		
관찰 내용	• 신체운동 · 건강(식습관, 정리정돈, 신체조절력) • 사회관계(또래관계, 놀이참여, 문제해결방법, 기본생활습관 및 학습태도, 협동, 자아존중감) • 예술경험(감상, 그리기, 자르기, 음감, 움직임 표현) • 의사소통(말하기, 듣기, 쓰기, 읽기) • 자연탐구(관찰력, 호기심, 수개념발달)	
준비 내용	**상담요청**	
	돋보여요	
	노력해요	

개인 기록서	
상담 내용	
교사 협의	

(4) 수업참관

영유아가 문제행동을 보일 때 부모는 수업참관을 통해 자녀의 행동과 특성을 보다 객관적으로 이해할 수 있는 기회를 갖게 된다. 수업참관을 통해 부모는 자녀의 발달수준, 의사소통 능력, 흥미, 친구관계, 집중도를 파악하게 된다. 그리고 교사의 교육방법과 교육환경을 관찰하여 가정에서도 유사한 방법으로 영유아를 지도할 수 있는 기회를 가지게 된다. 예를 들어, 영유아가 문제행동을 일으킬 경우 이에 대한 교사의 반응과 부모의 반응이 다르면 영유아는 혼란을 경험할 수 있다. 그러나 부모가 수업참관을 통해 교사의 반응을 관찰하게 되면, 전체적인 교실 분위기를 알게 되어 일관성 있는 지도가 가능해진다. 영유아의 문제행동에 대해 부모와 교사가 함께 생각을 교환하고 구체적인 사건들에 대해 편안한 마음으로 대화하게 되면, 영유아에게 가장 적절한 반응을 제공하게 된다(이윤경 외, 2008).

수업참관의 방법에는 별도의 관찰실에서 참관하는 방법과 교실 안에서 직접 참관하는 방법이 있다. 참관 후에는 부모들이 작성하는 소감록을 통하여 부모들은 유아교육기관의 교육활동에 대한 이해를 높일 수 있고, 유아교육기관에서의 자녀의 생활모습과 적응 등에 대해 알 수 있다. 또한 부모의 수업참관 소감은 추후 유아교육기관의 교육활동 및 영유아지도에 반영될 수 있다.

(5) 자원봉사

영유아의 생활지도를 위한 가정연계방법 중 부모참여의 또 다른 방법은 부모의 자원봉사자 참여이다. 자원봉사자로서의 참여는 유아교육기관의 교육활동 및 그 외 활동에도 참여할 수 있는 방법으로, 교실청소 또는 급 · 간식 도우미, 견학 도우미, 교재 · 교구 도우미, 교육활동 도우미, 행사 도우미 등을 예로 들 수 있다. 부모가 교실활동에 참여하게 되면 영유아는 심리적 안정과 자부심을 느끼게 되며, 부모는 자녀가 유아교육기관에서 어떻게 지내는 지를 좀 더 면밀하게 파악하는 기회를 가지게 된다. 또한 자녀의 또래관계도 파악할 수 있게 되며, 교사의 지도방법을 관찰함으로써 문제행동 지도에 대한 정보와 기술을 도움 받게 된다. 교사도 부모로부터 도움을 받게 되어 상호 협력적인 관계가 형성되는 좋은 점이 있다.

이상에서와 같이 다양한 방법으로 교사와 부모가 지지적이고 협력적인 관계를 형성하게 되면, 그 긍정적인 효과의 수혜자는 영유아이다. 자녀가 문제행동을 보일 때 부모는 교사와 함께 문제행동 및 대처방안을 모색하면서 정서적 안정감을 가지게 된다. 이러한 정서적 안정감은 부모의 불안을 감소시키는 효과를 가져와 영유아의 심리 · 정서적 안정과 올바른 성장에도 긍정적 영향을 미친다. 그리고 교사와 함께 자녀의 상황을 의논하고 협력함으로써 자신을 지원하는 지원자가 있다는 것을 깨닫게 되어, 자녀양육에 대한 책임이 줄어드는 느낌을 가지게 된다. 교사의 경우도 개개 영유아의 독특한 욕구와 흥미, 가정에서의 경험, 생활양식 등에 대한 정보를 부모와 공유함으로써 영유아에게 좀 더 효율적인 상호작용을 할 수 있게 된다. 따라서 교사는 영유아의 올바른 성장을 위해 부모와 항상 상호협력적인 관계를 유지하며 공동양육자로서의 노력을 해야 한다.

토의과제

1. 유아교육현장에서의 부모상담의 사례를 찾아 그 과정과 내용을 정리해보고, 자신이 교사라면 어떤 과정으로 해결책을 모색했을지를 생각해 봅시다.

CHAPTER

7 아동생활지도의 실제

01 기본생활습관 지도

1) 기본생활습관 지도의 중요성

기본생활은 영유아가 건강을 유지하고 사회관계를 유지하기 위해 기본적으로 몸에 익히고 지켜야 할 생활태도를 의미한다.

기본생활습관은 한 개인의 생활에 있어서 기본이 되는 것을 익혀서 습관화 하는 것을 의미한다. 한 개인의 기본생활습관의 형성이 중요한 의미를 갖는 것은 인간다운 삶이 여기서 비롯되기 때문이다. 한 사람이 배워야 할 삶의 기본이 되는 것은 크게 두 가지 영역으로 설명할 수 있다. 첫 번째는 자기 자신을 스스로 관리하는 것이며, 두 번째는 자기와 관계되는 사람과 주변의 환경을 잘 관리하는 일로써 이 두 가지 영역이 적절한 훈련과정이 결여되어 능력이 부족하면 그 개인의 삶이 힘든 삶이 될 뿐 아니라, 그러한 개인이 모인 가정이나 사회의 모습은 결코 아름다울 수가 없다.

자기 자신을 스스로 관리하는 것은 생명체로 살아가는 데 필요로 하는 것으로서 먹는 일, 입는 일, 배설 및 청결하게 하는 일, 휴식하는 일, 활동하는 일 등에 관련된 것이다. 인간은 이 같은 영역에 대하여는 전적으로 의존적 존재로 태어나기 때문에 성장과정을 통해 이에 대한 능력이 걸러져야 하며, 이 능력이 빨리 형성되면 될수록 독립적 삶을 살게 된다. 이 능력은 스스로를 돕는 자조성의 기초가 되며 아울러 남과 더불어 살 수 있는 힘의 뿌리가 되는 것으로 가정, 이웃, 학교 등 다양한 곳에서 의 · 식 · 주의 생활을 남과 함께 나누는 과정에서 자조능력이 형성됨을 의미한다. 그러므로 자조성의 결함은 의존적이 될 수밖에 없으며, 지나친 의존성은 남에게 부담을 주므로 이타적 또는 독자적 삶은 살기 어렵게 할 수 있다.

기본생활습관교육은 어렸을 때 배우고 익힌 기초적인 예절과 생활습관이 이후의 기본생활습관에 중대한 영향을 준다는 점과 기본생활습관 형성의 결정적 시기가 영유아기라는 점을 고려하여, 국가수준의 교육과정에서는 모든 영역에서 기본생활습관 형성이 이루어질 수 있도록 강조하였는데 그 이유는 다음과 같다.

- 우리 사회의 분위기가 교육의 본래적 의의를 상실한 채, 교육이 도구화되고 기능 위주의 교육을 함으로써 도덕적인 영향력을 창출하지 못하고 있는 현실 때문이라고 할 수 있다.
- 영유아기는 발달 특성상 기초성, 적기성, 누적성, 연속성이 있으므로 기본생활습관과 기본생활정신을 형성할 수 있는 중요한 시기라고 보기 때문에, 사회에서 요구하는 인간상 또는 민주질서의 구축은 영유아기에 시작하는 것이 가장 효율적이고 경제적이라고 보는 시각이 있기 때문이다.

기본생활습관이 잘 형성된 영유아는 다른 사람들과의 적응이 원만하여 가정에서 사회로 나아가면서 사회생활을 통해 많은 것을 배우게 된다. 잘 형성된 생활습관은 사회에서 잘 적응하고, 봉사하며, 능동적이고 행복한 삶을 살 수 있도록 하는 것이다.

2) 기본생활습관 지도방법

(1) 일반적 원리

- 영유아의 자율성을 키워주어 영유아 스스로 자신을 통제하고 문제를 해결할 수 있는 힘을 기르는 데 중점을 두어 지도한다.

- 잘못된 행동에 대한 꾸중보다는 행동의 의도나 노력에 대한 긍정적 강화 등을 통해 영유아가 스스로 하도록 동기를 유발하도록 한다.
- 언어를 통한 지시나 훈육보다는 교사가 기본생활에 대한 모범을 보여 주어서 영유아가 이를 보고 배워서 습관을 몸에 익히도록 한다.
- 반복적으로 연습할 수 있도록 일관성 있고 체계적인 지도가 이루어져야 한다.
- 영유아의 발달단계와 개인차를 고려하여 지나치게 빨리 기본생활 관련 자조 능력을 갖추도록 강요하지 않아야 한다.
- 가정과 지역사회 연계를 통해 어린이집에서의 지도가 가정과 지역사회에서도 지속적으로 이루어지도록 해야 효과적이다.

(2) 지도방법

기본생활습관 지도방법은 영유아 행동에 대한 허용과 통제의 정도, 바람직한 행동결과에 대한 강화, 상과 벌의 체계, 그리고 개별활동과 집단활동의 허용정도 등에 따라 타율적 또는 자율적인 것으로 규정할 수 있다.

영유아의 자발적 학습의 과정이 훈련의 효과를 나타내므로, 구체적 경험을 통해 학습하는 탐구 개념의 접근을 제시하는 것이 바람직하다. 이러한 방법은 영유아가 적극적으로 사물과 여러 상황에 개입하여, 상호작용하며 언어적 상호작용의 기회를 많이 가질 수 있고 자율적인 결단과 행동을 할 수 있는 기회를 제공하는 활동을 의미한다. 또한 영유아가 기본생활습관 익혀 나가는 데 요구되는 실제상황의 발견과 관련 내용의 실천에서 생겨나는 갈등 내지 문제상황을 다루면서 바람직한 규칙이나 행동을 결단하는 과정들이 포함되어 있다.

구체적 활동별 지도방법을 살펴보면 다음과 같다.

◆ 이야기 나누기 활동

영유아와 교사, 영유아와 영유아가 함께 일과를 계획하거나 경험을 나눔으로써 자기가 해야 할 일을 약속하고 함께 지켜야 할 규칙을 만들게 된다. 각자의 생활에서 불편하고 불쾌한 것이 무엇인가를 이야기함으로써 확인하게 된다. 그러므로 함께 만든 규칙을 지키며, 남을 불쾌하게 한 행동을 서로 통제하고자 하는 동기가 유발되어 자기 조절이 가능해지는 것이다.

◆ 토의활동

갈등상황이나 문제상황이 있을 때 교사가 문제나 갈등의 해결자로서(또는 중재자) 개입하는 것은 타율적 학습이 되기 쉽다. 영유아를 소집단으로 모아 문제상황이나 갈등상황에 대한 각자의 의견을 차례로 이야기하도록 한다. 많은 사람이 각각 다른 생각과 느낌을 가질 수 있다는 것을 발견하게 하고, 문제해결을 위해 생각을 좁혀나가는 과정에 남의 말을 듣고 양보하며 해결방안을 제안하는 데 뜻을 모으는 경험으로 유도한다.

◆ 극화활동

기본적 생활습관의 덕목에 관련하여 바람직한 행동과 바람직하지 못한 행동이 나타나는 구체적 상황을 이야기로 꾸며 영유아들에게 들려주고, 그 장면을 극화하므로 그 장면을 관람한 영유아들이 함께 느낌을 표현할 기회를 갖게 된다. 바람직하지 못한 행동에 대한 비판적 사고를 갖는다. 한편, 바람직한 장면은 좋은 시범이 될 수 있다.

◆ 그림책을 활용한 활동

예절, 청결, 질서, 절제 등의 덕목을 발견할 수 있는 동화나 동시를 들려줌으로써 기본생활습관의 가치를 발견하고 실천하고자 하는 동기를 유발한다. 동화의 아름다운 장면이 그림으로 제시되면 동화내용을 연상하는 데 도움이 된다. 청결습관이나 예절 등에 대한 동시는 손유희 활동을 하면 쉽게 암송하게 된다.

◆ 체험활동

기본생활습관을 형성하는 데 가장 효과적인 방법은 고련된 상황들을 직접 보고 체험할 수 장소의 견학이나 체험활동이다. 특히 견학은 계획수립에서부터 끝내는 전 과정에서 교사는 생활습관 내용을 지도할 수 있다. 허가를 요청하는 방법, 방문할 때의 예의, 공공시설에서의 자기 행동조절, 설명듣기, 질문하기. 관찰한 내용 발표하고 토의하기(바르게 말하기) 공공기관에 대한 감사하기 등이다. 특별히 교통 질서, 물자절약(재활용센타), 공공시설 바르게 사용하기 등은 견학을 통해 학습한다.

◆ 게임과 음률활동

게임과 음률활동은 기본생활습관의 개념을 이해하게 하고, 구체적 기술을 습득하게 한다. 게임은 규칙에 대한 인식을 발전시킨다. 약속이나 규칙이 즐거운 놀이를 진행시키는 것을 알게 되고, 문제나 갈등을 해결하기 위해서는 합의된 규칙으로 바꿀 수 있다는 규범의 상대적 가치를 알게 된다. 음률활동은 단조롭고 실증나기 쉬운 기본 덕목의 내용을 음률활동으로 익혀나가므로 즐거운 학습과정이 될 수 있다. 예를 들면, 바르게 걷기, 인사하기, 이 닦기, 줄서기 등이다.

3) 기본생활습관 지도의 교사 역할

(1) 시범자의 역할

영유아에게 기대하는 기본생활습관의 구체적 행동은 상황에 따라 모형이 제시되어야 한다. 실수했을 때, 물건을 받았을 때, 음식을 먹을 때, 교사는 어떻게 말하고 행동하는가를 보여주어야 한다. 영유아에게는 세련된 수준의 교사의 행동이 모델링이 된다.

(2) 설명 및 토의자의 역할

전개된 일과에 대해, 규칙이나 약속 등에 대해 기본덕목의 개념에 대해 적절히 설명해야 한다. 갈등과 문제상황을 위한 토의에 적극적인 참여를 하므로 영유아들의 의견을 바람직한 방향으로 이끈다.

(3) 격려자의 역할

많은 영유아들의 경우, 자조능력이 미숙하므로 성인이 기대하거나 약속한 수준에 도달하지 못한다. 특히 청결, 배설습관, 질서 등에 실패할 때에는 죄책감이나 두려움을 갖게 되므로 이들을 격려해야 한다. 지나친 칭찬이나 비교하는 말을 삼가면서 개별적으로 적절한 격려의 표현과 도움이 있어야 한다. 행동통제가 어려울 때는 때때로「생각하는 의자」(Time-out)를 사용하여 격리할 수는 있으나, 벌을 주는 일은 삼가는 것이 바람직하다.

(4) 지도 및 평가자의 역할

교사는 생활습관 학습내용을 결정하고 환경을 구성하며, 자료를 제공하고 지도하며, 영유아의 학습과정을 평가하는 역할을 한다. 특별히 영유아 자신이 가장 이해하기 어려운 기본 덕목의 개념이 무엇인지, 어떤 생활에서 습관형성이 잘 되지 않는 것인지를 개인 또는 집단별로 평가하여 저해되는 요인을 발견 및 수정하면서 지도하는 역할이다.

(5) 부모교육자의 역할

영유아의 기본생활습관의 형성은 가정생활의 영향을 더 크게 받을 수 있기 때문에 부모들의 적극적인 참여 없이는 성공적이 될 수 없다. 유치원에서 계획, 실시하는 기본생활습관의 덕목별 개념과 내용을 부모에게 소개하며, 자율적 학습이 가능하도록 가정의 문제적 환경구성의 배려와 구체적 경험활동을 부모에게 제시해주는 일이다. 과보호나 지나치게 엄격한 훈련은 지양되면서, 유치원이 생활과 균형을 이루도록 부모의 지도를 촉진해야 한다.

4) 기본생활습관 지도의 실제

◆ 활동 : 실내에서는 천천히

① 활동목표

- 실내에서 천천히 걸어 다녀야 할 이유를 알고 실천할 수 있다.
- 규칙을 지키며 친구들과 함께하는 게임에 즐겁게 참여한다.

② 활동자료

• 그림 혹은 사진자료(실내에서 뛰는 모습과 걷는 모습), 공 2개, 공이 들어가는 모자 2개, 반환점, 신호악기

③ 활동방법

• 실내에서 뛰는 모습과 걷는 모습의 그림(사진)을 보여 주며 차이점을 이야기한다.
  – 두 그림(사진)은 어떤 점이 다르니?
  – 실내에서는 어떻게 다니면 좋을까?
  – 실내에서 뛰어 다니면 어떻게 될까?

• 실내에서 뛰어 다닐 때 위험하다는 것을 이야기한다.

• 실내에서 바른 자세로 걷는 것에 대해 이야기한다.
  – 어떻게 걷는 것이 바른 자세일까?

• 바른 자세로 걷는 모습을 시범 보인다.
  – 바른 자세로 걸어 볼 친구 있니?

• 모자와 공을 이용하여 바르게 걷기 게임을 하는 방법을 이야기한다.
  – 공이 든 모자를 쓰고 제자리에서 뛰어 볼까?
  – 손으로 잡지 않고 머리에 있는 공이 떨어지지 않게 하려면 어떻게 해야 할까?
  – 모자에 공을 넣고 반환점까지 걸어갔다 오려고 하는데, 공을 떨어뜨리지

않으려면 어떻게 걸어야 할까?

– 누가 나와서 걸어볼까?

• 두 팀으로 나누어 게임을 한다.

• 게임 후 느낌을 이야기한다.

– 공을 떨어뜨리지 않고 반환점을 잘 돌아올 수 있었니?

– 빨리 가니까 공이 어떻게 되었니?

• 천천히 걸어 다녀야 할 때와 장소에 대해 이야기 나눈다.

④ **유의점**

• 공의 크기는 모자 안에 들어가면서도 적절히 커야 천천히 걷기활동에 도움이 된다(너무 작으면 모자 속에 쏙 들어가 모자만 쓰고 게임하는 것과 같다).

⑤ **추후활동**

• 신체활동으로 빠르기가 다른 음악에 맞춰 걸어 보기를 한다.

• 머리에 얹은 모자 대신 다양한 용기, 혹은 책을 이용하여 할 수 있다.

◆ 활동 : 바르게 전화해요.

① **활동목표**

- 전화통화할 때 바르고 고운 말을 사용할 수 있다.
- 전화통화할 때의 예절을 알고 지킬 수 있다.

② **활동자료**

- 전화통화를 하고 있는 그림, 모형 전화

③ **활동방법**

- 전화를 사용해 본 경험에 대해 이야기 나눈다.
  - 전화는 언제 사용하니?
  - 전화통화를 해 본 경험이 있니?
  - 누구에게 전화를 해보았니?
  - 전화통화를 할 때 어떻게 말해야 할까?
- 그림자료를 보며 전화통화할 때의 예절에 대해 이야기 나눈다.
  - 전화를 할 때 고운 말을 사용하지 않으면 전화 받는 사람의 기분이 어떨까?
  - 전화를 잘못 걸었을 때는 어떻게 해야 할까?
  - 잘못 걸린 전화를 받았을 때는 어떻게 해야 할까?
  - 친구를 바꿔 달라고 할 때는 무엇이라고 말하면 좋을까?

• 모형 전화기를 이용하여 전화기를 들고 통화를 하는 시범을 보인다.

• 2명의 영유아가 전화기를 들고 전화를 걸고 받는 놀이를 해 본다.

④ 유의점

• 다양한 형태의 전화기를 준비하여 영유아들이 상황에 따른 전화예절을 바르게 알 수 있도록 지도한다.

• 위험한 상황에 처했을 때의 긴급전화 사용방법에 대하여 활동할 수 있다.

◆ 활동 : 사물함을 정리할 수 있어요.

① 활동목표

• 자기물건을 정리하는 습관을 지닌다.

• 사물함을 바르게 정리할 수 있다.

② **활동자료**

• 사물함이 정리되지 않은 장면의 교실사진과 정리된 장면의 교실사진, TV, 디지털 카메라, 영유아의 물건들(크레파스, 가방, 색연필, 종합장 등), 바구니

③ **활동방법**

• 사물함이 정리되어 있지 않은 사진을 보여 준다.

– (사진을 보여 주며) 물건들이 어떻게 되어 있니?

– 왜 이렇게 되었을까?

– 흐트러져 있는 물건들을 어떻게 정리하면 좋을까?

– 물건들을 바르게 정리해 볼 수 있을까?

• 물건을 정리하는 방법을 알아본다.

– 물건들을 어떻게 정리하는 것이 좋을까?

– ○○가 나와서 여기에 있는 물건들을 정리해 볼 수 있겠니?

• 사물함에 다양한 물건들을 바르게 정리하는 경험을 갖는다.

• 물건들이 정리되어 있지 않은 장면과 정리된 장면을 보여 준 후에 느낌을 이야기 나눈다.

– 물건들이 잘 정리된 것을 보니 어떤 생각이 드니?

– 앞으로 교실에서 자신의 물건들을 어떻게 정리하면 좋을까?

④ **유의점**

• 사전에 교실에서 물건들이 바르게 정리되지 않은 사진을 찍어 두도록 한다.

• 물건들을 바르게 넣을 수 있는 사물함을 준비하도록 한다.

⑤ **추후활동**

• 물건들을 정리하고 반환점을 돌아오는 게임을 할 수 있다.

◆ 활동 : TV 프로그램 시간을 정해서 봐요.

① **활동목표**

• 자기 일을 스스로 계획하고 실천한다.

• 하고 싶은 일을 참을 수 있도록 감정을 조절한다.

② **활동자료**

• 그림자료(계속 TV만 보고 있는 그림, TV를 보다가 잠드는 영유아의 그림), 자신이 좋아하는 TV 프로그램을 표현한 종이, 신문의 TV 프로그램표

③ **활동방법**

- 자신이 좋아하는 TV 프로그램을 그림으로 표현한 뒤 소개한다.
- 신문의 TV 프로그램을 살펴보고 어린이 프로그램을 함께 찾아본다.
- 어떤 프로그램을 볼 것인지 스스로 계획해 본다.
- 보고 싶은 TV 프로그램의 종류가 많을 경우, TV를 볼 때 어떻게 볼 수 있는지 이야기 나눈다.
- 그림자료를 제시한다.
  - 어떤 그림인 것 같니?
  - 친구가 왜 TV를 켜 놓고 잠이 들었을까?
  - TV를 너무 오랫동안 보면 우리 몸이 어떻게 될까?
- 그림자료에서 느낀 것을 이야기 나누고 앞으로 어떻게 할 것인지에 대하여 이야기 나눈다.
  - 계획을 세워 규칙적으로 TV를 볼 수 있도록 한다.

02 건강생활교육 지도

1) 건강생활교육의 중요성

영유아기의 건강한 생활은 성인기 건강의 기초가 되며, 개인의 건강은 가족, 사회, 국가, 인류의 안녕과 상호관계가 있다. 뿐만 아니라, 건강교육은 국민의 건강을 유지, 지속, 향상시키기 위한 예방적인 역할을 함으로써 궁극적으로 의료적인 비용을 최소화하여 개인은 물론 국가경제의 절감효과를 가져올 수 있다. 이러한 점에서 건강교육은 보다 나은 다음 시대와 미래를 만들어가는 데 가장 중요한 요소의 하나라고 볼 수 있다. 또한 영유아기는 기본적인 생활습관이나 성격 행동양식이 형성되는 시기이고, 영유아들은 건강에 대한 정보를 얻고 타인의 건강습관을 모방한다.

영유아기에 형성된 건강에 대한 태도와 습관은 성인기까지 지속되고 현재와 미래의 건강을 위한 지식, 기술, 태도를 습득하므로 도울 수 있는 가장 이상적인 시기이며, 건강증진의 핵심은 교육에 있다.

예전처럼 건강, 삶의 질이 의료과학의 질이나 전염병과 같이 생명을 위협하는 질병에 의하여 좌우되는 것이 아니라 건강을 해치는 식습관, 운동부족, 오염, 스트레스의 증가, 빈곤, 술, 담배를 비롯해 약물남용 등과 같은 행동양식과 환경이 건강에 부정적인 영향을 미친다. 그러므로 영유아기부터 건강한 삶, 질적으로 활기차고 풍부한 삶을 위한 교육을 시작할 필요가 있다.

과거 영유아의 건강에 대한 책임이 거의 부모에게 있었던 때와는 달리 영유아의 건강은 부모뿐 아니라 영유아교육기관, 사회, 국가의 중요한 관심사와 책임의 하나가 되었다. 영유아교육기관들은 안전하고 건강한 물리적 환경을 제공해야 할 법적 · 도덕적 책임이 있을 뿐만 아니라, 영유아들의 건강을 보호하며, 지속시키고, 향상시킬 책임이 있으며, 이를 위한 교육적 활동을 제공해야 한다. 그리고 건강에 관한 학습은 지식과 정보의 제공만으로는 부족하며, 건강한 행동을 유발시키기 위해서는 내부적 준비로 믿고, 느끼며, 가치로움을 지니고 그것을 행동으로 옮길 수 있도록 지도되어야 한다.

2) 건강생활 지도내용

(1) 손 씻기

영유아들이 손을 씻어야 할 때는 음식을 먹기 전이나 요리활동을 하기 전, 화장실을 다녀온 후, 바깥놀이를 하거나 미술 공예활동을 한 후, 동물을 만진 후 등이다.

영유아들이 손쉽게 위생적으로 손을 씻으려면 적절하고 충분한 세면대가 준비되어 있어야 하며, 너무 차갑거나 뜨겁지 않은 물이 늘 공급되어야 한다. 그리고 위생적으로 손을 씻는 정확한 방법을 가르쳐 주어야 한다.

손 씻기방법의 지도에서는 무엇보다도 하루일과에서 교사가 손 씻기를 상기시켜 주어 청결습관을 발달시키고, 건강하게 생활하는 데 도움을 주도록 한다. 언어적 표현은 영유아들의 손 씻기를 격려해주고 영유아교육기관에서의 생활을 안내하는 초기의 교육내용 중에 손 씻기방법과 시기에 대한 형식적 교육을 포함시킨다.

(2) 대소변 훈련

배변학습의 목적은 대소변을 조절하는 기술, 즉 자신의 신체기능에 대한 통제력을 습득하도록 영유아를 돕는 것이다. 배변학습과정이 긍정적이 되려면 영유아들이 신체적 · 심리적으로 준비되어야 하며, 스스로 숙달할 수 있도록 하는 과정을 거쳐야 한다. 영유아가 준비되었을 때 이루어진다면 배변학습은 영유아에게 자기 신체와 세계에 대한 이해를 증진시키고, 성장감과 성취감 · 독립심을 길러 주는 기회가 된다.

배변학습을 언제 시작할 것인가는 부모와 교사가 결정해야 할 중요한 사항 중 하나이다. 배변학습은 준비가 되었을 때 해야 하는데 배변학습의 준비는 근육통제, 신경조직, 그리고 심리적인 발달수준과 의사소통능력의 성숙을 의미한다. 이러한 능력이 성숙하여 준비가 되었을 때 시작하는 것이 영유아가 정서적인 문제없이 단기간에 조절할 수 있으며, 갈등과 수고를 덜어 준다. 보통 2~2.5세경에 대소변의 통제가 시작되어, 배변학습을 위한 준비도가 절정에 이르러 배설과 관련하여 사회적으로 받아들여질 수 있는 행동을 배울 수 있다. 남아는 여아보다 대소변 통제가 평균적으로 더 늦다. 또한 낮 동안의 소변조절에 대한 신체적 준비 도는 대변조절보다 다소 늦게 이루어진다. 이 연령에 배변학습을 시작할 경우, 대소변 조절을 거의 동시에 학습할 수 있다는 장점이 있다. 만약 더 어릴 때 배변조절을 먼저 가르친다면 두 번 배변훈련을 하게 되는 결과를 초래하게 된다. 대소변 훈련을 시키기 위해서는 다음과 같은 사항을 고려해야 한다.

- 영유아가 대소변 훈련을 위한 준비가 되어 있어야 한다. 영유아가 대화기술이 발달되어 대소변 훈련을 말로 이해할 수 있어야 한다.
- 영유아용 변기를 사용하는 놀이를 하여 친숙한 환경을 만들어 준다.
- 다른 영유아들이 영유아용 변기를 사용하는 것을 관찰할 기회를 제공한다.
- 적절한 온도를 유지하여 대소변 훈련을 한다.

- 적절하게 영유아용 변기를 사용했을 때 칭찬을 해 준다. 그러나 실수했을 때는 비난하지 말아야 한다.
- 만약 실수했을 때 모르는 척하면서 조용하게 재빨리 처리한다.

(3) 휴식과 낮잠

낮잠과 휴식은 하루 일과에서 가장 중요한 부분의 하나다. 휴식과 낮잠은 영유아의 신체적 · 심리적 활동 후에 영유아의 몸을 회복시켜 준다. 또한 피로가 누적되는 것을 방지하고 몸과 마음을 이완시키는 기회를 제공한다.

영유아에게 필요한 수면시간에는 개인차가 있으나 일반적으로 0~6개월의 경우 하루의 대부분인 16~20시간, 6개월~1세는 14~16시간, 2~3세 영유아는 12~14시간, 4~5세 영유아는 10~12시간 정도의 수면이 필요한 것으로 알려져 있다. 이 시간에는 낮잠시간이 포함되어 있는데, 영유아들에게 있어 낮잠은 오전생활의 쌓인 피로를 풀고 활기찬 오후활동을 위해 꼭 필요한 것이다. 2세 미만의 영아들은 하루에 3시간 정도, 그리고 2~5세경의 영유아들은 하루에 1~2시간 정도의 낮잠을 자게 하는 것이 좋다. 그러나 자라면서 개인차에 의해 아예 낮잠을 자지 않는 영유아도 있으므로 지나치게 낮잠을 강요해서는 안 된다. 중요한 것은 영유아들이 적절한 휴식을 취할 수 있도록 도와주는 것인데, 대개 영유아들은 한 번 놀이에 열중하게 되면 피곤한 것을 개의치 않으며, 잠을 자고자 하는 신체의 요구를 무시하는 경우가 많기 때문이다. 영유아들은 피곤하거나 졸리면 놀면서도 짜증을 내거나 식욕을 잃게 되므로, 교사나 부모는 영유아들이 적절한 휴식이나 수면을 취할 수 있도록 미리 알아서 관리해주어야 한다.

영유아교육기관에서 낮잠시간을 효율적으로 운영하기 위해 고려해야 할 사항은 다음과 같다(정미라 외, 2008, 재인용).

- 부모와의 긴밀한 연락을 통하여 개개 영유아의 생활리듬이나 수면습관, 또는 수면과 관련된 영유아의 생활경험을 파악한다.

  영유아들의 수면습관은 각 가정의 생활양식에 따라 조금씩의 차이가 있을 수 있다. 즉, 부모나 다른 가족의 생활리듬이나 영유아들의 체질에 따라 어떤 영유아들은 일찍 자고 일찍 일어나는 습관이 있는 반면에, 어떤 영유아들은 조금 늦게 자고 늦게 일어나는 습관이 있을 수 있다. 교사는 개개 영유아들이 가진 수면습관이나 수면과 관계된 생활습관을 파악함으로써 낮잠시간을 보다 효율적으로 운영할 수 있다. 또한 교사가 영유아들의 수면특성을 잘 알고 있을 경우, 영유아가 새로운 수면습관으로 서서히 적응하도록 조절해주어 수면습관을 수정해 줄 수 있어야 한다.

- 가능하면 한 낮잠 자는 방을 준비하고, 그렇지 못하면 영유아들이 쉽게 잠들 수 있는 환경을 마련한다.

  영유아들이 낮잠 자는 방을 따로 마련되는 것이 좋으나, 부득이한 경우 영유아들의 활동실을 이용할 수 있다. 그러나 이 경우 교사는 낮잠시간 동안 영유아들이 교구에 접근할 수 없도록 전 교구장을 가리거나, 교구장과는 먼 쪽에서 낮잠을 자게 한다.

  영유아들도 성인과 마찬가지로 너무 밝거나 시끄러운 방, 또는 너무 덥거나 추운 방에서는 낮잠을 잘 이룰 수 없다. 따라서 교사는 영유아들이 편안하게 낮잠을 이룰 수 있도록 영유아교육기관의 여건이 허락하는 범위 내에서 낮잠 자는 방의 실내조명, 온도, 환기, 소음 등을 조절해주어야 한다.

- 낮잠을 쉽게 잘 수 있도록 일과를 계획해 준다. 영유아들도 조금 피곤하거나 배가 부를 때 낮잠을 잘 이룰 수 있다.

  교사는 오전시간 동안 영유아들이 정신적으로 신체적으로 다양한 활동에 적극적으로 참여할 수 있도록 일과를 계획함으로써 영유아들의 낮잠을 도와줄 수 있다. 또 낮잠시간 전에 배가 고프지 않도록 점심시간을 계획하는 것도 영유아들의 낮잠을 도와주는 방법이 될 수 있다.

- 낮잠을 자려는 영유아를 잠이 쉽게 들 수 있도록 도와주고, 낮잠을 자지 않으려는 영유아에게 잠잘 것을 지나치게 강요하지 않는다. 낮잠시간 직전에 교사는 영유아들이 화장실을 다녀올 수 있도록 하고, 낮잠시간이 시작될 때는 조용한 목소리로 책을 읽어 주거나 조용한 음악을 틀어 주어 잠이 드는 것을 도와줄 수 있다.
- 영유아들이 낮잠을 자는 동안 적어도 한 명의 교사가 잠자는 방에 있어서 잠자는 영유아들을 지켜 주어야 한다. 왜냐하면 잠자는 동안에도 예기치 않던 여러 가지 상황이 발생할 수도 있으며, 무서운 꿈을 꾸거나 잠에서 깨어난 영유아에게 활동실의 환경이 갑자기 낯설게 느껴지거나 무섭게 느껴져 다시는 낮잠을 자지 않게 될 수도 있기 때문이다. 따라서 교사가 방을 지키면서 잠에서 깨어난 영유아에게는 조용한 목소리로 적절한 반응을 해주어 영유아들이 불안해하지 않도록 하고, 또 아직 자고 있는 다른 영유아들을 방해하지 않도록 해주어야 한다.
- 잠을 자고 난 자리를 정리하고 다음 활동을 할 수 있도록 도와주어야 한다.

(4) 치아관리

영유아기에 잘 형성된 치아관리의 습관은 영유아들이 일생동안 건강한 치아를 유지하는 데 상당히 중요한 영향을 미친다. 따라서 영유아들이 어려서부터 충치를 예방하고 건강한 치아를 유지하는 데 필요한 적절한 식품을 섭취하고, 올바른 방법으로 잇몸과 이를 닦으면, 정기적으로 불소도포, 치아검진 등의 전문적인 치아관리를 받을 수 있도록 해야 한다.

◆ 이 닦기

0~2세 영아가 모유나 인공우유를 수유한 후에는 부드러운 거즈에 온수나 1~2% 붕산수를 묻혀 잇몸과 이를 닦아, 이 표면에 남아 있는 당분을 제거해 주도록 한다.

거즈는 소독된 것을 일회용으로 쓰고 버리도록 한다. 부득이한 경우에는 영아 전용 거즈 수건을 마련하여 매일 세탁, 살균하여 사용할 수 있다.

영유아용 칫솔을 사용하여 양치질을 할 경우, 첫 번째 어금니가 난 후부터 시작할 수 있다. 처음 칫솔질을 시작할 때 교사, 부모가 적절한 방법을 가르쳐 주고 영유아가 스스로 해볼 수 있도록 한다. 만 3세 이전까지는 치약을 삼킬 수 있으므로 불소가 함유된 치약은 사용하지 않도록 한다.

만 5세경이 되면 영유아들은 대부분 혼자 이를 닦을 수 있는 습관을 기르도록 해 준다. 매번 식사 후와 잠자기 전에 양치질을 하는 것이 좋으나, 만약 여건이 허락되지 않을 때는 물로 양치하는 습관을 기르도록 한다.

영유아들의 양치습관을 제대로 형성하기 위해 부모, 교사는 영유아가 좋아하는 색의 작고 부드러운 칫솔을 준비해주고, 영유아가 손쉽게 양치하는 순서와 방법을 쉽게 이해하고 따라해 볼 수 있도록 순서표를 세면대 위에 걸어두도록 한다.

◆ 건강한 치아관리를 위한 지도

교사는 영유아들에게 규칙적으로 치아교육의 중요성을 알게 하고 일과활동 예를 들면 이야기 나누기 시간, 과학활동, 동화, 동시, 언어활동, 역할놀이,

실제 이 닦기활동, 요리활동, 현장견학 중 통합교육을 통해 지도할 수 있다.

다음은 영유아들의 건강한 치아관리를 위한 지도방법을 제시한다.

- 이 닦기활동을 시작하면서 치아관리에 대한 중요성과 필요성에 대해 토론해 볼 수 있다.
- 올바른 양치방법에 대해 이야기 나누기를 할 수 있다. 이때 자신의 양치경험을 친구들 앞에서 발표해 봄으로써 다른 영유아들이 양치에 관한 간접적인 경험을 얻을 수 있다.
- 손유희, 노래, 율동 등 음악활동을 통해 올바른 양치방법에 대해 지도해 볼 수 있다.
- 치아와 관련된 다양한 경험을 언어, 음률활동, 조형활동을 통해 표현해 볼 수 있다.
- 치과를 견학하여 치과에서 근무하는 사람들과 치과 병원에서 사용하는 용품, 치료를 받는 사람들을 관찰해 봄으로써 치과에 대한 두려움에서 벗어날 수 있다.
- 역할놀이를 통해 치과 병원놀이를 해봄으로써 치과에 대한 두려움을 감소시킬 수 있다.
- 치과의사나 간호사 등 치과와 관련된 직업을 가진 분들을 교실에 초빙하여 건강한 치아관리방법 등에 대한 설명을 듣게 해보고, 이를 토대로 역할놀이가 촉진되게 할 수 있다.

• 요리활동을 통해 치아에 좋은 음식과 나쁜 음식을 변별할 수 있게 하고, 치아 건강에 도움이 되는 식생활습관을 기를 수 있다.

• 탄산음료 등에 치아를 담가두었다가 치아가 변해가는 과정을 관찰해 봄으로써 치아건강에 도움을 주는 식품, 음식에 대해 이해를 도울 수 있다.

• 정기적으로 치아에 관한 교육을 실시하되, 영역별 통합교육이 이루어지도록 하여 치아건강의 중요성을 쉽게 이해할 수 있도록 한다.

(5) 식생활 지도

영유아기에는 식사도 점차 자립해서 스스로 할 수 있게 되는 동시에 소화기능도 발달되어 성인식과 유사한 식품을 섭취할 수 있고, 음식 수용의 폭이 확대된다. 이때에 편식, 식욕부진 등의 문제가 생기기 쉬우므로 깊은 이해를 가지고 좋은 식사습관을 발달시키도록 지도한다. 어린이들의 독특하고, 비정상적인 섭식행동인 편식 · 폭식 · 거식 등은 많은 부모들이 문제로 삼고 있으나 대부분은 일시적으로 나타났다가 사라진다. 그러나 부모가 영유아들이 거부하는 음식을 먹도록 강요하거나, 특정 음식을 먹지 못하도록 할 때, 혹은 그러한 행위를 큰 문제로 삼게 되면 그때부터 영유아의 특정한 식사행동 자체는 심각한 문제로 나타날 수 있다. 부모나 영유아교사는 이와 같은 영유아의 독특한 섭식행동을 잘 이해하여 식생활을 올바로 지도하고, 식생활과 관련된 문제의 발생을 예방하도록 해야 한다.

① 기호와 식욕의 변화에 따른 문제와 식생활 지도

생후 9개월된 영아도 어떠한 특정 식품에 대해서 싫다는 표시를 할 수 있다. 이러한 행위는 미각검사에서 신생아들도 맛에 대한 반응을 달리 한다는 점에서도 알 수 있다. 영유아가 동일한 식품에 대해서 싫어하고 좋아하는 기호성은 매일 또는 매주 달라지기도 한다. 예를 들어, 어느 한 주일은 쇠고기 장조림이나 생선전을 매우 좋아하여 식사 때마다 그 음식을 먹으려 하다가, 어느 순간부터 이러한 식품을 전혀 먹으려고 하지 않는 경우를 자주 경험할 수 있다. 영유아의 이러한 식사행동은 보호자나 식사 준비자를 당황하게 한다. 이는 영유아 자신이 특정 음식에 대하여 갖는 식욕이 변화되기 때문일 뿐만 아니라, 음식을 준비하는 측에서도 계속 같은 음식만을 준비해 줌으로써 나타나는 현상일 수 있다. 또는 성인에 비하여 영유아 특유의 감정기복 및 싫증을 잘 느끼는 특성에 의한 것이기도 하다.

음식에 대한 기호의 변화와 함께 영유아는 음식 섭취량의 차이도 매우 크다. 영유아의 식욕은 변덕스럽고 예측하기가 어렵다. 어떤 때의 식사에서는 배고픈 모습으로 맛있게 먹다가도, 또 다른 경우에는 음식을 전혀 먹으려 들지 않는다. 특히 이러한 현상은 저녁식사 때 잘 나타나며, 대부분의 부모가 걱정하는 문제이다. 그러나 질병으로 인한 경우가 아니면 이러한 현상은 아침과 점심식사 및 여러 차례의 간식을 통해서 충분한 음식을 이전에 섭취한 경우에 나타나는 형상이다. 일반적으로 영유아의 식욕은 파도의 유형으로 식욕이 좋았다 저하되었다를 일정 주기로 반복하기 때문에 지나친 거식현상이나 탐식현상이 없으면 시간을 두고 관찰할 필요가 있다.

이상으로 식욕과 기호의 변화를 완화시킬 수 있는 식생활 지도방법을 소개하면 다음과 같다.

• 식사나 음식준비과정에 참여시킨다.

평상시 가정에서 영유아가 식품 선택이나 섭취량 결정 시 영유아 자신의 의사반영 정도가 조사 보고(김경희, 1997)된 바 있다. 영유아의 식사내용을 결정하는 사람은 응답자의 54%가 '어머니'라고 하였으며, 자녀 스스로가 결정하는 경우는 5%뿐이었다. 반면 식사의 양을 결정하는 사람은 '영유아 자신'이라고 응답한 경우가 58%였으며, '어머니'가 결정하는 경우는 24%로 나타나 식품내용 선택보다는 식사량을 결정에 영유아의 의사가 많이 반영되고 있었다. 한편 정규 세 끼 식사보다 간식시간, 간식용 식품선택 또는 간식 섭취량의 결정에 자녀의 의사가 많이 반영되었다. 영유아가 가정에서 식사준비에 참여하는 활동내용으로는 식품재료 씻기, 식기에 음식 담기, 조리 시 도와주기, 식탁 또는 상 차리기, 잔심부름 및 간단한 설거지 등이다. 이와 같이 평소 가정에서 영유아가 식생활 준비의 경험을 하게 된다면 보다 일찍부터 섭식 전반에 대한 올바른 태도가 형성될 수 있으며, 영유아의 영양인식을 높이는 데도 유익하다.

• 부모나 교사가 영유아에게 영양지식을 교육한다.

식사시간 등을 통해 영유아들에게 필요영양소 에너지 섭취와 활동, 식품의 종류, 식품의 출처, 식품의 조기가공, 식품의 소화와 체내이용 등에 대해 이야기해 주는 것이 좋다. 또한 설탕과 소금, 식품첨가물, 자연식품에 관한 내용도 영유아가 알아야 하는 식생활정보이며 균형식사, 식사예절, 식품위생 등에 대해 설명해주는 것이 좋다.

② 특정 음식에 대한 편식과 식생활 지도

편식이라는 말은 어떤 종류의 식품은 좋아하지만, 다른 식품은 싫어하거나 먹기를 거부할 때 사용하는 말이다. 그러나 편식이란 음식을 좋아하고 싫어하는 감정이 강하고, 식사내용이 영양적으로 균형 잡히지 않아 발육과 성장 및 영양상태가 뒤떨어지는 경우를 말한다.

편식의 원인은 여러 가지가 있을 수 있으나, 대부분의 영유아들은 다음과 같은 경우에 편식을 하는 경우가 많이 있다.

첫째, 자신이 전혀 먹어보지 못한 음식은 나중에 그 음식을 먹을 기회가 있더라도 먹지 않는 경향이 있다.

둘째, 특정 음식에 대한 혐오감에 의해 편식하는 경우가 있다. 예를 들면, 복숭아를 먹었다가 알레르기 반응이 일어났다거나, 꽃게를 먹다가 치아가 부러졌다거나, 생선을 먹다가 가지에 걸렸거나 그 음식을 먹고 체하거나 토한 적이 있는 경우에 그렇다.

셋째, 주변에 있는 사람들의 식생활 습관을 보고 모델링하여 편식하는 경우가 있다. 예를 들면, 부모들이 콩을 잘 먹지 않으면 영유아들도 콩을 잘 먹지 않는 경향이 있으며, 친구나 또래들의 식생활 습관을 따라서 자신도 편식을 하는 경우이다.

넷째, 동물이나 생선을 도살하는 장면을 보거나, 그 장면을 연상해서 불쌍하다는 생각이 들어 먹지 않는 경우도 있다.

영아기의 편식 경향은 영유아기를 거쳐 학령기에 수정되지 않으면, 사춘기를 지나면서는 하나의 식습관으로 고정될 가능성이 매우 높다. 영유아기의 편식 버릇은 아직 습관으로 고정된 것이라고는 할 수 없을 정도로 유동적이므로 교정이 가능하다. 그러나 한 번 바람직하지 못한 습관이 형성되면 교정하기 어려우므로, 영유아기에 편식 습관이 생기지 않도록 지도해야 한다.

영유아들의 편식을 예방하기 위해서 부모, 교사는 다음 사항에 관심을 갖고 올바른 식생활 습관을 형성할 수 있도록 지도하기 위해 다음과 같은 사항에 관심을 가져야 한다.

◆ 이유기

• 이유는 무리 없이 진행해야 하며, 한 가지 음식에만 치중되지 않고 점차 다양

한 식품을 접할 수 있도록 한다.

- 이유는 단계적으로 진행한다.
- 영아기의 생리적 발달수준에 적합한 음식 허용량에 맞추어 진행한다.
- 이유식의 조미는 자극성 없이 부드럽게 한다. 당분을 많이 주지 않는다.
- 음식의 맛을 성인의 기준에 맞추지 않는다.

◆ 영유아기

- 부모나 가족이 편식을 하지 않는다.
- 영유아에게 적합한 조리법을 택한다.
- 영유아가 싫어하는 음식의 조리법을 개선하고 변화시켜 다시 새롭게 시도한다.
- 음식을 강제로 주지 않고 식사환경을 즐겁게 만든다.
- 식사량에 대하여 지나치게 관심을 나타내거나 강요하지 않는다. 단, 영양공급은 충분한가를 확인한다.

③ 바람직하지 못한 섭식행동과 관리

우리나라 취학 전 영유아를 대상으로 조사(김경희, 1997)한 식사시간의 바람직하지 못한 행동을 요약하면, 식사 전반에 대한 게으름(꾸물거림), 특정 식품에 대한 짜증이나 불평, 식사시간에 이유 없이 화를 내는 일과 자주 식사를 거르는 행동으로 나타났다. 영유아의 바람직하지 못한 섭식행동은 주로 아침에 많았고 야채류에 대하여 비교적 자주 나타났다. 자녀가 식사에 비협조적인 경우 부모의 태도는 매우 다양하게 나타났다. 즉, 소극적인 태도를 보이는 경우도 있으나 보통은 자녀에게 식사나 식품의 가치를 설명하고 동시에 몸에 좋다는 인식을 심어 주면서 먹기를 설득한다. 또는 모범적인 인물의 예를 들어 먹기를 권장하기도 한다. 간혹 부모가 권위주의적인 태도를 나타내기도 하고 화를 내는 경우도 있었다. 이러한 부모의 태도와 자녀와의 상호관계는 앞으로 전개될 영유아의 식생활에 지대한 영향을 미칠 것이므로, 될 수 있으면 긍정적인 면에서 인내심을 갖고 자녀와 대화를 나누는 것이 유익하다.

3) 건강생활 지도의 실제

◆ 활동 : 골고루 먹어요.

① 활동목표

- 몸에 좋은 음식을 골고루 먹을 수 있다.

② 활동자료

- 음식 그림이 많이 들어 있는 헌 잡지 여러 권, 가위, 융판, 찍찍이

③ 활동과정 :

- 영유아들과 함께 헌 잡지 등에서 음식그림(사진)을 오려내어 모은다.
- 음식그림 뒷면에 찍찍이를 붙여서 융판자료를 만든다.
- 준비된 음식그림자료를 융판에 하나씩 붙이면서 이름을 말해 본다.
  - 이것은 무슨 음식일까요?
  - 이 음식을 먹어 본적 있나요?
  - 맛은 어떨까요?

• 비슷하다고 생각되는 것끼리 분류해 본다.

– 어떤 음식들이 비슷할까요?

• 내가 좋아하는 음식을 말해보게 한다.

– ○○는 어떤 음식을 좋아하나요? 왜 그 음식을 좋아하나요?

• 좋아하는 음식을 많이 먹지만 싫어하는 음식도 골고루 먹어야 함을 이야기한다.

– 왜 싫어하는 음식도 먹어야 할까요? 우리 몸도 그 음식을 싫어할까요?

④ **유의점**

• 영유아들이 오려내어 분류한 음식그림은 과일, 야채, 생선, 고기류로 분류하여 제목을 쓰고 책으로 묶어보도록 한다.

⑤ **추후활동**

• "얌냠얌(신희경요, 김숙경 곡)" 노래를 배운다.

• 점심식사 시간에 영유아들과 "얌냠얌" 노래를 부르며 음식을 골고루 먹도록 지도한다.

◆ 활동 : 깨끗한 손!

① **활동목표**

- 음식을 먹기 전에 손을 씻어야 하는 이유를 안다.
- 올바른 손 씻기 방법을 알고 실천할 수 있다.

② **활동자료**

- 물이 담긴 세숫대야, 수건, 손 씻는 방법 순서도, 융판

③ **활동과정**

- 유치원에서 음식을 먹어 보았던 경험에 대해 알아 본다.
- 음식을 먹기 전에 손을 씻어야 하는 이유에 대해서 이야기 나눈다.
  - 음식을 먹기 전에는 왜 꼭 손을 씻어야 할까?
  - 만일 바깥놀이에서 모래놀이를 하던 손으로 음식을 집어 입으로 넣으면 어떻게 될까?

- 손 씻는 순서를 보며 올바른 손 씻기방법에 대해 알아 본다.
  - 손을 씻기 전에 옷에 물이 묻지 않으려면 어떻게 해야 할까?
  - 비누칠을 하지 않고 물로만 씻으면 어떻게 할까?
  - 물을 틀어 놓고 비누칠을 하면 흐르는 깨끗한 물은 어떻게 될까요?
- 화장실에 가서 직접 손을 씻는 경험을 해본다.

④ **유의점**

- 이야기 나누기가 끝난 후, 소집단으로 나누어 화장실로 이동하여 올바른 손 씻기를 경험해 볼 수 있도록 한다.
- 손 씻기와 관련된 물비누, 종이 타올, 핸드 드라이어, 손 소독기를 비치한 경우, 올바른 사용방법에 대해 이야기 나누고 직접 경험해 본다.

◆ 활동 : 화장실을 바르게 사용해요.

① **활동목표**

- 유치원에 있는 화장실의 수와 위치를 정확하게 한다.
- 올바른 화장실 사용방법을 익힌다.
- 몸과 주변을 깨끗하게 유지하는 습관이 중요함을 안다.

② **활동자료**

- 화장실의 여러 가지 물건(변기, 수건, 슬리퍼, 휴지). 그림자료

③ **활동과정**

- 유치원에 있는 화장실의 위치를 확인한다.
  - 유치원에 화장실은 어디에 있니?
  - 화장실이 모두 몇 개 있을까?
  - 교실에서 놀이할 때 화장실이 가고 싶으면 어떻게 해야 할까?
  - 바깥놀이를 할 때에는 어디에 있는 화장실을 사용하면 좋을까?
- 화장실에 있는 여러 가지 물건들을 알아본다.
  - 화장실에는 어떤 물건들이 있니?
  - 어떻게 사용하는 물건이니?
- 올바른 화장실 사용방법을 알아본다.
  - 〈그림자료를 보여 주며〉 그림 속 화장실의 모습이 어떠니?

– 어떻게 정리정돈을 할 수 있을까?

– 소변이나 대변을 본 후 휴지를 몇 칸을 뜯어서 사용하는 것이 좋을까?

– 왜 물을 틀어 놓고 손을 씻으면 안 될까?

– 물을 아껴 쓰려면 어떻게 해야 할까?

– 화장실에서 물장난을 하면 어떤 일이 벌어질까?

– 손을 깨끗이 씻어야 하는 이유를 뭘까?

• 올바른 방법으로 화장실을 사용하기로 한다.

④ 유의점

• 이야기 나누기가 끝난 후, 소집단으로 나누어 올바른 방법으로 직접 화장실을 사용해보도록 한다.

• 만 3세 영유아의 경우, 학기 초에 유치원 화장실에 가기를 꺼려하여 소변이나 대변을 참을 수 있으므로 참지 않고 반드시 화장실을 갈 수 있도록 지도한다.

• 세면대 앞에는 물을 아껴 쓰는 방법, 벽면에는 올바른 변기사용방법을 그림으로 붙여 주어 영유아 스스로 화장실을 바르게 사용하는 것을 도와준다. 화장실 슬리퍼 정리를 위해 타일바닥에 슬리퍼 모양을 붙여 주거나, 벽에 봉을 고정시켜 실내화를 꽂도록 할 수 있다.

⑤ 추후활동

• 영유아가 직접 만든 모빌을 걸어 주거나 OHP 필름 위에 컬러 유성펜으로 그림을 그려서 화장실 타일에 전시해 준다면, 영유아가 화장실을 사용할 때보다 안정감을 느낄 수 있도록 해 준다.

◆ 활동 : 깨끗한 이가 좋아요.

① **활동목표**

- 이의 건강을 위하여 이를 닦아야 함을 안다.
- 올바른 이 닦는 방법을 알고 실천할 수 있다.

② **활동자료**

- 이 모형, 세균그림, 칫솔

③ **활동과정**

- 더러운 치아 모형과 칫솔을 보여 주며 '이가 아파요' 동화를 들려 준다.

동화 - 이가 아파요

이 〈세균그림이 붙여 있는 이 모형을 보여주며〉 앙~~ 너무 아파.
사람들이 음식을 먹고 나를 닦아 주지 않아서 나는 이렇게 냄새도 나고 더러워졌어.
그리고 너무 아파. 나를 도와줘.

칫솔 걱정하지만, 내가 도와줄게.〈세균그림을 떼어 낸다.〉
쓱싹쓱싹, 뽀득뽀득, 쓱싹쓱싹, 뽀득뽀득
자! 이제 너는 반짝 반짝 빛나고 방긋방긋 웃는 얼굴로 변했어.

이 고마워~~ 칫솔아. 네 덕분에 나는 너무 깨끗해졌고, 상쾌한 하루를 보낼 수 있을 것 같아.

- 영유아들과 함께 이야기의 내용을 회상해 본다.
  - 누가 나왔니?
  - 누가 울고 있었니?
  - 왜 울고 있었니?
  - 누가 도와 주었니?
  - 어떻게 도와주었니?
  - 그래서 더럽던 이가 어떻게 변했니?

- 이 닦기의 방법에 대해 이야기 나눈다.
  - 언제 이를 닦아야 할까?
  - 이를 하루에 몇 번 닦아야 할까?
  - 이를 닦을 때 무엇이 필요할까?
  - 이는 어떻게 닦아야 할까?

• 손가락 칫솔을 이용해 교사와 함께 이 닦는 표현을 해 본다.

④ **유의점**

• 점심시간 이후에 영유아들이 직접 양치질을 해 본다.

⑤ **추후활동**

• 역할놀이 영역 치아 모형과 칫솔을 제시하여 직접 이 닦는 놀이를 할 수 있다.

03 안전생활교육 지도

1) 안전생활교육의 중요성

안전교육이란 일반적으로 안전을 위협하는 여러 요소로부터 건강한 생활을 유지하기 위한 적극적인 방법으로서 사고의 위험을 사전에 방지하여 사고율을 줄이고, 사고에 대한 대책을 마련하여 그 피해를 줄이기 위한 방법을 주된 내용으로 하는 교육을 의미한다. 즉, 안전에 대한 바람직한 행동의 변화와 태도 및 능력을 기르는 것을 목표로 하는 교육(서채문, 1994)으로 정의할 수 있다.

영유아는 발달 특성상 주변의 사물이나 환경에 대한 호기심이 높고 탐구하려는 충동이 강한 반면, 아직 신체기능의 발달이 미숙하므로 균형을 유지하는 능력이나 운동기능이 충분히 발달되어 있지 않다. 또한 영유아는 사고가 일어날 수 있는 위험한 상황에 대한 지식과 상황판단능력이 부족하므로 항상 사고의 가능성을 안고 있다. 더구나 현대의 발달된 기계문명은 우리의 생활을 윤택하게 만들어 준 만큼 위험부담도 증가시켰다. 따라서 오늘날의 영유아들은 과거 세대들이 결코 경험하지 못했던 갖가지 사고의 위험에 직면하고 있다.

실제로 우리나라 영유아 사고에 대한 보고에 따르면, 사고종류 및 그 횟수가 영유아의 발달특징과 깊은 관련이 있음을 밝히고 있다. 대부분의 시간을 가정에서 보내는 영유아들은 가정 내에서의 소파, 책상, 침대 등에서 떨어지거나 끓는 물에 의한 화상을 많이 입으며, 실내뿐만 아니라 실외에서의 활동이 증가하는 영유아기에는 놀이기구나 가구 등에서의 추락사고와 보행자사고가 많이 일어난다(강희숙, 1993). 이러한 사고가 봄 · 여름에 많이 발생하고, 겨울에 감소하는 것도 영유아의 활동성과 무관한 것이 아니다. 특히 영유아의 안전사고는 부모의 보호나 감시가 철저한 영아기를 지나 단독 보행이 가능해지고 혼자서 바깥활동도 많이 하며, 호기심이 증가하는 영유아기 및 학령 전기에 많아진다.

결국 영유아의 안전사고는 가정, 영유아교육기관, 기타 우리의 생활환경 어느 곳이라도 안전하지 못하거나, 부모나 교사의 안전지도가 소홀할 때 일어날 수 있다. 따라서 이러한 우발적 사고는 질병과 마찬가지로 예측 가능한 범위 안에서 발생하며, 성인의 철저한 사전 대책이나 감독에 의해 관리될 수 있다는 특징이 있다(Bergman, 1991). 최근 많은 나라에서는 영유아의 우발적 사고에 대한 심각성을 국가적인 차원에서 인식하면서 정부, 관련 전문가가 참여 · 지원하여 공공차원에서 이를 예방하려는 노력을 적극적으로 기울이고 있다.

영유아에게 일어나는 우발적 사고를 예방하기 위한 방법은 크게 두 가지로 나누어 생각해 볼 수 있다. 하나는 사고가 일어날 수 있는 인간의 행동을 교육을 통해 변화시키는 것이다. 환경적 요인을 변화시킴은 각 사고별로 위험요인을 찾아내어 환경을 개선하도록 법적인 조치나 제도적 규제를 만드는 것이며, 인간의 행동을 변화시킴은 사고에 대한 예방교육을 실시함으로써 사고가 일어날 수 있는 상황을 판단하여 미연에 방지하는 것이다. 따라서 각종 사고를 방지하기 위해서는 안전시설과 설비를 완비하는 일뿐만 아니라, 영유아 우발적 사고에 대한 부모나 교사의 올바른 인식이 중요하다. 그러나 무엇보다 중요한 것은 사고에 대한 영유아 자신의 바른 인식과 이를 예방하기 위한 철저한 안전교육일 것이다. 교육을 통해 얻어진 지식이나 태도는 단순한 지시나 감독에 의한 것보다 영구적인 효과를 갖게 되므로, 영유아를 대상으로 한 안전교육은 매우 중요하다.

영유아기는 모든 생활습관의 기초를 형성하는 시기이므로, 영유아는 이 시기에 주변 환경이나 대상에 대해 안전하고 건강한 생활태도와 습관을 형성하도록 해야 한다. 따라서 유치원교육과정에서도 건강 영역을 통해 영유아가 건강과 안전에 대한 기초지식을 기르게 하며, 건강하고 원만한 사회생활의 기초가 되는 생활습관과 태도를 형성하도록 하고 있다. 사고예방을 위한 안전교육은 어렸을 때부터 시작하는 것이 효과적이므로, 안전에 관한 올바른 지식과 태도를 영유아기부터 확립시킴으로써 위험예지능력 및 이에 대처할 수 있는 능력과 태도를 길러 주어야 한다.

2) 안전생활교육의 내용

안전교육의 내용은 분류기준에 따라 여러 가지로 구분될 수 있다. 사고가 일어나는 장소를 기분으로 하면 실내안전, 실외안전으로 구분되거나 가정에서의 안전, 시설에서의 안전으로 구분될 수 있으며 사고에 관계되는 어린이의 연령을 기준으로 하면 영아안전, 영유아안전, 아동안전으로도 구분할 수 있다.

여기에서는 영유아의 안전사고를 유발할 수 있는 요인을 기준으로 그 내용을 구분하고 선정하였다. 즉, 영유아들이 생활하는 여러 상황에서 영유아의 안전을 위협할 수 있는 요인별로 내용을 구분하여 시설과 설비안전, 놀이안전, 교통안전, 위험한 장소에 대한 안전, 위험물질에 대한 안전, 유괴, 미아사고 및 성폭력에 대한 안전, 스포츠 안전, 환경 및 공해에 대한 안전, 화재 및 화상에 대한 안전, 동물 및 곤충에 대한 안전 등의 10가지로 선정하였다. 이들 내용을 구체적으로 설명하면 다음과 같다(한국산업안전공단, 1996).

(1) 놀이안전교육

놀이는 곧 영유아들의 생활이며, 놀이에 사용되는 여러 가지의 장난감이나 놀이기구는 영유아들이 가장 좋아하는 것들이다. 그러나 놀잇감을 잘못 사용하여 안전사고가 발생하는 경우도 흔히 있다. 따라서 놀이에서 발생하는 안전사고를 예방하기 위해서는 우선 가정에서나 영유아교육기관에서 안전한 환경과 놀이감을 제공해주어야 한다. 또 영유아들이 안전하게 놀이를 할 수 있도록 적절한 지식, 기술, 태도를 길러주어야 한다.

(2) 시설과 설비에 대한 안전교육

영유아들의 안전사고는 영유아들이 생활하는 모든 환경에서 일어날 수 있다. 따라서 영유아들이 생활하는 환경은 가능한 한 안전하게 설치되고 관리되어야 한다. 또한 영유아들도 실내외에서 접할 수 있는 여러 가지 시설과 설비를 안전하게 이용하는 데 필요한 지식, 기술, 태도를 가지고 있어 스스로 여러 가지의 안전사고를 예방할 수 있도록 교육하여야 한다.

(3) 교통안전교육

자동차의 증가와 함께 교통사고로 피해를 입는 영유아의 수가 다른 어느 나라보다 많은 상황에서 영유아를 보호하려면, 운전자뿐만 아니라 영유아들에 대한 교통안전교육이 꼭 필요하다. 즉, 영유아가 스스로 자동차에 의한 사고의 위험을 이해하고 그것으로부터 자신을 보호하는 데 필요한 지식, 기술, 태도를 길러 주어야 한다. 따라서 안전한 보행, 안전한 도로횡단, 교통수단의 안전한 이용, 교통신호와 교통안전표지의 이해, 안전한 장소에서의 놀이, 교통사고가 났을 때의 대처방법 등에 관한 내용을 포함한다.

(4) 위험한 장소에 대한 안전교육

영유아들의 안전사고는 어느 곳에서나 발생할 수 있으나, 차도가 높은 건물의 베란다 등 특별히 위험한 곳에서 많이 발생한다. 또 경우에 따라서는 성인에게는 아무른 위험이 없는 장소가 영유아들에게는 치명적인 사고를 유발할 수 있는 장소가 되기도 한다. 영유아들을 위해서는 위험한 장소를 없애는 것이 가장 바람직한 일이나 불가능한 경우도 있으므로 영유아들이 높은 곳, 미끄러운 곳, 기타 위험한 곳을 스스로 인식하고 절절히 행동할 수 있도록 하는 내용을 포함하였다.

(5) 위험한 물질에 대한 안전교육

주변 환경에 대해 호기심이 많은 영유아들은 처음 보는 사물을 입으로 탐색함으로써 그 호기심을 충족시키려 한다. 따라서 영유아가 늘 생활하는 환경은 영유아들이 만약의 경우 빨거나 마셔도 해가 되지 않는 것들로 구성되어야 하며, 위험한 물질들은 영유아들의 손이 닿지 않는 곳에 보관하는 것이 원칙이다. 동시에 영유아들로 하여금 주변의 유독성 물질, 흡입할 수 있는 이물질, 그 외 위험을 유발할 수 있는 물질들을 인식하게 하고, 그러한 물질에 대한 통제력이나 다루는 기술을 갖도록 해야 한다.

(6) 유괴, 미아사고 및 성폭력에 대한 안전교육

부모의 부주의에 의해 일어나는 미아사고나 나쁜 어른들에 의해 계획적으로 일어나는 유괴나 성폭력은 우리 사회에서도 빈번하게 일어나는 영유아 안전사고의 하나가 되었다. 부모나 교사가 이러한 사고로부터 영유아를 보호하기 위해서는 세심한 주의와 함께 영유아들에게 유괴, 미아사고 및 성폭력의 가능성을 알려 주고, 사고를 예방할 수 있는 방법과 만약의 경우 사고에 대처하는 방법을 알려 주어 영유아 스스로도 자신을 지킬 수 있도록 해주어야 한다.

(7) 스포츠 안전교육

소득이 증가하고 생활양식이 바뀜에 따라 여가 선용으로 여러 가지 스포츠를 즐겨 하는 가정이 늘어가고 있으며, 이에 따라 영유아들도 어릴 때부터 그러한 경험을 하는 기회를 많이 가지게 되었다. 따라서 영유아들이 쉽게 경험할 수 있는 자전거, 수영, 롤러 스케이트 등의 스포츠를 안전하게 즐길 수 있는 기능을 익히고 그에 필요한 규칙을 지키도록 한다.

(8) 환경 및 공해에 대한 안전교육

물, 공기, 토양 등의 환경은 인간의 삶의 터전이요, 원동력이 된다. 그러나 오늘날 이러한 환경의 오염이나 훼손은 우리의 삶을 위협할 정도로 심각한 문제로 제기되고 있다. 따라서 영유아들도 환경의 오염으로부터 자신의 신체를 보호하는 방법을 알고, 환경을 보호하는 태도를 기르며, 환경의 훼손을 막을 수 있는 여러 가지의 방법을 알고 있을 필요가 있다. 또한 태풍, 홍수 등 자연의 여러 현상으로부터 자신을 보호하고 지키는 방법도 알고 있어야 한다. 이러한 관점에서 환경 및 공해에 대한 안전교육에서는 수질오염, 대기오염, 토양오염 등의 자연재해에 대한 예방과 대처방법 등의 내용을 포함한다.

(9) 화재 및 화상에 대한 안전교육

우리 생활에 꼭 필요한 불은 잘못 다루었을 때 우리의 생명과 재산을 빼앗아 갈 수 있다. 화재는 예방하는 것이 가장 좋으나 만일의 경우 피해의 정도를 최소화 할 수 있는 대처방안을 알고 있어야 하는데, 이는 영유아의 경우에도 예외는 아니다. 또한 교통사고 다음으로 가장 발생빈도가 높은 화상은 성인들이 주의하면 예방이 될 수 있는 사고이기는 하나, 영유아들도 화상의 원인을 알고 스스로 주의할 수 있어야 한다. 따라서 영유아들이 화재의 원인과 예방방법, 화재 시의 적절한 대처방법, 화상의 원인과 예방방법 등에 대한 지식, 기술, 태도를 형성할 수 있도록 도와주어야 한다.

(10) 동물이나 곤충에 대한 안전교육

영유아들의 안전을 위협하는 요인으로 개나 뱀 등의 동물과 벌 등의 곤충이 있다.

영유아들은 이러한 동물이나 곤충의 위험성을 잘 모르며, 오히려 상상의 세계에서 이러한 것들을 친구로 여기기 때문에 아무런 경계 없이 접근하는 경우가 많다. 그러나 실제로 이러한 동물이나 곤충에 의하여 손상을 입거나 동물이나 곤충이 가진 해충에 의해 질병에 감염될 가능성은 의외로 많다. 따라서 영유아들에게도 해를 끼칠 수 있는 동물이나 곤충에 대해 알려주고, 이들을 안전하게 대하는 방법을 가르쳐 주어야 한다.

3) 안전생활교육의 지도

(1) 안전생활교육의 지도원리

영유아를 위한 안전교육은 영유아교육의 다른 영역과 마찬가지로 발달에 적합한 자료와 교수방법으로 영유아가 스스로의 경험을 통하여 필요한 지식이나 기술, 태도 등을 형성할 수 있도록 실시하여야 한다. 그러기 위해 교사는 우선 영유아들의 경험과 발달특징에 맞게 안전교육으로 다루어야 할 내용들의 범위와 깊이를 결정하고, 각각의 내용을 가장 효과적으로 전달할 수 있는 교육활동을 선택하며, 교육활동의 수행을 도와 줄 수 있는 교육자료나 교수매체를 선택하고 필요한 경우 고안해야 한다. 이러한 과정에서 영유아 교사가 기억하여야 하는 지도원리는 다음과 같다.

① 안전교육을 위한 학습활동과 자료는 구체적이어야 하며, 영유아들의 경험과 관련된 것이어야 한다.

영유아들은 자신의 직접적인 경험을 통해 가장 효과적으로 학습할 수 있다. 따라서 영유아들의 안전교육을 위한 학습활동이나 자료는 영유아들의 생활과 너무 동떨어진 것이어서는 안 되며, 그들이 일상생활에서 늘 경험하는 것이어야 한다. 또한 영유아들이 실제로 만져 보고, 느껴 보고, 조작해 볼 수 있는 구체적인 것이어야 한다.

② 안전교육은 영유아 개개인의 능력과 흥미를 만족시킬 수 있는 다양한 교수자료로 융통성 있게 전개되어야 한다.

영유아들은 발달의 속도나 정도뿐 아니라 흥미에 있어서도 개인차를 가지고 있다. 그리고 교육은 영유아들의 이러한 개인차를 인정하고 개개 영유아의 능력과 흥미에 맞는 내용과 방법으로 실시할 때에만 최대의 효과를 얻을 수 있다. 같은 내용이라도 영유아에 따라 그것을 가장 잘 가르칠 수 있는 방법은 다르다는 것이다. 따라서 영유아를 위한 안전교육을 실시할 때, 교사는 같은 내용이라도 각 영유아의 특성에 따라 다양한 교수자료 및 접근방법을 준비하여야 한다. 같은 내용을 여러 각도에서 다양한 방법으로 가르칠 때 영유아들은 자신에게 가장 흥미 있었던 활동이나 경험을 통해 교사가 가르치고자 했던 지식, 기술, 태도를 배울 수 있다.

③ 안전교육은 영유아 스스로 흥미를 가질 수 있도록 동기를 유발하기 위해 쉽고 재미있는 방법으로 실시되어야 한다.

학습은 영유아들이 스스로 하고자 하는 동기를 가지고 있을 때 가장 잘 이루어진다. 따라서 안전교육을 위한 활동은 영유아들이 스스로 참여해보고자 하는 마음이 생길 수 있도록 영유아들의 발달수준에 맞으며 재미있게 구성되어야 한다. 영유아들의 자발적인 호기심을 유발할 수 있도록 다양하고 적절한 색, 모양, 재질 등의 교구나 자료를 이용해야 한다는 것이다.

④ 안전교육은 영유아들이 안전에 필요한 기본지식을 이해하고, 안전한 생활을 하는 데 필요한 기술을 습득하며, 나아가 이를 습관화하고 필요한 경우 행동의 변화까지 이룰 수 있도록 지속적이고 반복적으로 실시되어야 한다.

이상으로 안전교육은 안전한 생활에 필요한 지식, 기술, 태도의 습득을 위한 교육과 이해한 것을 행동으로 실천할 수 있게 하는 교육이 함께 이루어져야 한다. 그러므로 안전한 생활을 하는 데 필요한 여러 가지의 지식, 기술, 태도 등을 습득할 수 있게 함과 동시에 영유아들이 이를 생활 속에서 행동으로 실천할 수 있도록 의도적으로 계획되어 실시하여야 한다. 그러기 위해서는 일상적인 생활 속에서 접할 수 있는 여러 가지의 문제상황을 해결할 수 있는 경험을 지속적 · 반복적으로 제공해주어야 한다. 즉, 가르치는 것에서 한 걸음 더 나아가 새로운 것을 알려주거나 배운 것을 실제 생활에서 적용하고 익혀 볼 수 있는 경험을 많이 하게 함으로써, 인지적으로 이해한 지식, 기술, 태도를 자연스럽게 행동으로까지 연결할 수 있게 되는 것이다.

(2) 안전생활교육의 지도방법

영유아를 위한 안전생활교육은 여러 가지의 방법에 의해 실시될 수 있는데, 이를 구체적으로 정리해보면 다음과 같다(한국산업안전공단, 1996).

① 주제 선정에 따른 통합적 접근방법에의한 안전교육

영유아교육의 방법이 다른 수준에서의 교육방법과 가장 현저하게 다른점을 찾아본다면 통합적 접근방법을 적용한다는 점이다. 통합적 접근방법이란 영유아들에게 지식이나 기술, 태도 등을 가르칠 때에 언어, 수, 조형활동 등 분리된 교과로 가르치는 것이 아니라, 영유아들이 늘 경험하는 상황을 학습경험으로 활용하여 그 경험을 통해 영유아들이 전인적인 발달을 할 수 있도록 도와주는 것을 의미한다. 이는 영유아들은 교과목을 통하여 그들의 세계에서 분리된 내용을 배우기보다는 평소에 경험하는 상황을 통해서 필요한 지식,

기술, 태도 등을 통합적으로 배울 때 더욱 효과적인 학습이 이루어진다는 연구의 결과를 근거로 한 것으로 주제를 선정하여 실시하는 단원 중심 접근법이 그 대표적인 예이다. 주제를 선정하여 통합적인 접근방법으로 안전 교육을 실시한다는 것은 안전교육에 관한 내용에 대해서 여러 날에 걸쳐 영유아들이 영유아교육기관에서 하루 일과를 보내는 동안 경험하게 되는 여러 가지의 상황이나 활동을 통하여 학습할 수 있도록 하는 것이다. 즉, 이야기 나누기, 여러 가지 흥미 영역에서의 실내 자유선택놀이, 노래 부르기, 동작활동, 간식 및 점심시간, 화장실 가기, 바깥놀이, 동화 듣기, 동극하기, 게임, 실험하기, 요리하기, 견학 등의 활동을 통해 안전교육의 내용을 통합적으로 가르치는 것이다.

② 상황에 근거한 안전교육

상황에 근거한 안전교육이란 일상생활 중에서 안전과 관계되는 특별한 경우, 예를 들면 영유아교육기관에서 사고가 발생했다던가, 사회에서 사고가 발생하여 영유아들이 뉴스를 통해서 소식을 들었다던가, 견학을 간다던가, 특별한 행사가 있는 경우에 그 상황을 이용하여 또는 그 상황에 필요한 내용에 대해 안전교육을 실시하는 것이다. 이러한 접근방법은 영유아들이 직접, 간접적으로 경험한 또는 경험하게 될 상황을 근거로 하므로 동기유발이 용이하고 실제와 직접 연결이 된다는 장점은 있으나, 영유아들에게 필요한 모든 안전교육내용을 다 포함시킬 수 없다는 한계점을 가지고 있다.

③ 부모에 의한 안전교육

안전교육의 내용에 대해 영유아들의 흥미를 도와주기 위해 부모들이 일일교사로 안전교육에 참여할 수 있다. 특히 안전 관련 기관, 즉 소방서, 119구조대, 병원, 녹색어머니회 등에서 일하는 부모가 있을 경우 이들이 직접 영유아 교육기관을 방문하여 영유아들에게 경험을 이야기해 준다면 교사가 이야기해 주는 것보다 영유아들이 더 재미있게 들을 수 있다. 부모에 의한 안전 교육에는 부모교육을 통해 부모를 대상으로 안전교육을 실시한 다음, 부모로 하여금 가정에서 영유아들을 대상으로 안전교육을 하게 하는 것도 포함될 수 있다. 부모모임, 가정통신 등을 통하여 영유아의 안전을 위협할 수 있는 여러 가지의 요인들이나 안전사고의 예방방법 등을 부모들이 이해하도록 도와주어, 이들이 가정생활을 통해 여러 가지의 실제 상황에서 효과적인 안전교육을 실시할 수 있도록 할 수 있다.

④ 전문단체에 의뢰한 안전교육

안전교육을 전문적으로 실시해주는 전문가 단체에 의뢰하여 안전교육을 실시할 수도 있다. 예를 들면, 한국안전생화교육회에서는 회원으로 가입한 영유아교육기관을 대상으로 하여 1년에 2회씩 안전교육을 실시하고 있다. 담당교사가 기관을 방문하여 주제당 30분씩 4주제에 대한 교육을 2시간 정도 진행하는데, 주제의 선택은 영유아교육기관에서 한다. 교육자료는 안전생활교육회에서 개발한 담화자료를 사용한다.

(3) 안전생활 지도의 실제

◆ 활동 : 화재대비 훈련

① 활동목표

- 화재 시 대피하는 태도와 기술을 익힌다.

② 활동준비

- 화재발생 장소, 대피통로 및 장소, 훈련시간을 정한다.
- 교직원 간에 비상대피담당, 화제신고담당, 소화담당, 급수담당, 의료담당, 연락담당 등의 역할을 정한다.
- 비상등, 소화기 화재경보기가 잘 작동되는지 점검한다.
- 출입문 위에 비상구 표시를 붙인다.
- 영유아와 함께 건물 곳곳을 둘러보며 대피와 관련한 이야기를 나눈다.

③ 활동과정

- 영유아에게 대피훈련의 이유와 방법을 설명해 준다.
  - 불이 난 것을 본적이 있니?
  - 만약에 불이 우리 유치원에 불이 났다면 어떻게 해야 할까?
  - 왜 대피해야 할까?
- 화재경보기가 켜지면 놀이하던 것을 멈추고 빨리 문 앞으로 모여 어느 경로로

대피할지를 알려준다(이때 실내화, 가방 등의 소지품은 챙기지 않도록 유의한다).

- 건물 밖에 있다면 그대로 바깥에 있으면서 평소에 모이기로 약속한 장소로 가도록 한다.

- 교사와 영유아는 대피경로를 따라 대피장소로 긴급히 대피한다.
- 대피장소로 모이면 인원점검을 한다.
- 소화기로 불 끄는 것을 관찰할 기회를 갖는다.
- 교실로 다시 돌아가 훈련에 대해 평가한다.
  - 훈련 중 다친 사람은 없었는지, 화재경보가 울린 후 얼마나 빨리 밖으로 나올 수 있었는지, 대피하는 방법상의 문제점은 없었는지 등을 이야기한다.

④ 추후활동

- 긴 천을 바닥에서 60cm 높이로 펴 들고 그 밑으로 손과 무릎을 이용하여 기어서 지나가는 훈련을 해 본다.

◆ 활동 : 모래바람이 불어요.

① 활동목표

황사란 무엇이며, 위험성에 대해서도 안다.

황사의 대처방법에 대해 이야기 나누고, 대처요령을 실천해 볼 수 있다.

② 활동자료

- 황사가 발생한 상황그림, 황사 관련 사진, 황사 시 필요한 물품(마스크, 보호안경, 모자, 긴 소매의 옷 등)

③ 활동과정

- 그림이나 사진자료를 보면서 황사가 무엇인지 이야기 나눈다.
- 황사의 대처방법에 대해 이야기 나눈다.
  - 황사발생 시 가급적 외출을 하지 않는다.
  - 외출에서 돌아와서 손발을 씻고 양치를 한다.
  - 창문 등 환기구 단속을 잘하며, 먼지가 집안으로 들어오지 않도록 한다.
  - 과일, 채소 등은 깨끗이 씻어서 먹도록 한다.
- 황사 시 외출복장에 대해 이야기 나눈다.
  - 모자, 마스크, 긴팔 옷, 보호안경 등을 착용

※ 참고: 황사란 바람에 의해 하늘 높이 날려 올라간 작은 모래먼지가 하늘을 덮었다가 서서히 내려앉는 것을 말합니다. 매년 봄이면 바람을 타고 날아오는 황사는 중국의 공장지대에서 발생하는 해로운 오염물질(중금속)을 함께 날라 오기 때문에 신체가 약한 영유아의 경우, 호흡기질환과 결막염 및 알레르기성 비염 등을 일으키기 때문에 황사 바람이 부는 날은 되도록 외출을 하지 말아야 합니다.

◆ 활동 : 함부로 만지면 안돼요.

① 활동목표

- 가정에서 만지면 안 되는 화학제품을 알 수 있다.

② 활동자료

- 가정에서 쓰이는 각종 화학제품의 사진이나 잡지사진, 상황그림자료

③ 활동과정

- 상황그림을 영유아들에게 보여 준다.
  - "이 아이는 무엇을 하고 있나요?"
  - "엄마는 무엇을 하고 계시나요?" 하며 상황을 살펴보게 한다.
- 사진 혹은 실물의 화학제품을 보여 준다.
- 어디에 쓰이는 물건들인지 본 적이 있는지 등에 대해 이야기 나눈다.

• 이런 제품 중에 만지거나 먹으면 위험한 것에 대해 이야기 나눈다.

• 잡지나 전단지에 대양한 그림 등에 영유아 스스로 만져도 되는 것과 만지면 안 되는 것을 구분하는 활동을 해볼 수도 있다.

※ 참고:《중독사고 예방을 위한 안전수칙》

- 가정용 화학제품(세제, 살충제, 접착제, 화장품 등)은 영유아의 손에 닿지 않는 곳에 보관한다.
- 사용 후에 반드시 용기를 완전히 닫아 둔다.
- 어린이 보호포장 용기에 들어 있는 제품을 사용한다.

04 사회성 지도

1) 사회성 지도의 중요성

사회적 동물인 인간은 태어나면서부터 사회라는 거대한 집단 속에서 살아간다. 영유아기는 사회생활이나 집단생활에 적극적으로 참여하고, 협동적이며 원만한 대인관계를 유지할 수 있으며, 사회적이고 친절하며 동조성이나 대인 적응성이 강한 인성적 특성을 지닌 사회성을 길러 주어야 한다. 사회성이 높은 사람은 타인과의 집단생활을 즐기며, 집단 내의 규칙을 잘 지키고, 친구를 쉽게 잘 사귀며, 동정적, 협동적, 타협적인 사람으로 수줍어하고, 친구가 적고 배타적이며 비사회적인 성격과 대조되는 특성이라 말할 수 있다(이윤옥, 1992). 따라서 사회성은 타인을 이롭게 하는 행동 즉, 긍정적인 사회적 행동 형태인 친사회적 행동(Prosocial behavior)이 습득되었느냐에 따라 사회성의 여부가 결정되어진다고 볼 수 있으므로, 영유아기부터 그에 따른 행동을 습득할 수 있도록 해야 한다.

사회성 증진을 위한 활동은 영유아가 자신을 알고 소중하게 여기며, 다른 사람에게 관심을 가지고 안정된 애착을 형성하는 것으로 시작하여 긍정적인 가족관계와 또래관계를 형성하고 자신이 속한 공동체에서 소속감과 책임감을 가지고 능동적으로 대처할 수 있는 능력을 기르는 것을 의미한다. 나눠주기, 도와주기, 협동하기, 증여, 이타성, 관용, 친절, 그리고 동정심을 표하기 등의 행동을 포함한다(Wispe, 1972). 이에 비해 좀 더 정확하고 세밀한 의미로 사용되는 용어로, 이타행동이 있는데 스캐퍼(Schaffer, 1999)에 의하면 이타행동은 "보상을 기대하지 않고 돕는 사람의 우선적인 관심이 다른 사람에 대하여 긍정적인 결과를 제공하기 위한 것일 때 돕는 행동"으로 정의하고 있다. 이는 친사회적 행동을 수행하는 사람의 동기와 의도를 강조하고 있는 입장이다. 반면에, 행동적 요소를 강조하는 입장에서는 사람의 의도나 동기를 추론하는 데는 많은 문제점이 있다고 보고, 돕는 사람의 동기에는 관계없이 다른 사람을 위해 행해진 원조, 이익, 혹은 제공 등을 이타행동으로 간주하고 있다. 그러나 최근의 연구들은 이 두 가지 요소를 모두 포함하여 친사회적 행동을 정의하고 있다. 즉, 이타행동이란 '타인에게 이익을 주고자 의도된 행동으로 물질적, 사회적 보상을 보장하지 않으며, 행위자에게 상당한 희생을 요구하는 행동'을 말한다. 즉, 다른 사람에게 혜택을 주기 위해 자기통제와 자기탐닉의 절제가 요구되는 행동이라 할 수 있다(Perry & Bussey, 1984).

2) 사회성 지도를 위한 방안

영유아들의 바람직한 인간관계 및 긍정적인 사회적 상호작용을 생활화하기 위해 요구되는 사회적 관계기술을 계발시킬 수 있는 지도방안을 제시하면 다음과 같다(성영혜 외, 2001).

(1) 귀납적 훈육(Inductive discipline)의 방법 활용

영유아의 행동이 타인을 얼마나 해롭게 했는지, 그리고 그것을 만회하려면 무엇을 할 수 있는지를 피해자 입장에서 귀납적으로 알려주는 것은 친사회적 행동을 증진시키는 효과적인 방법이다. 부모가 친사회적 행동을 해야 하는 이유를 귀납적 과정을 통해 설명해 줄 때, 영유아의 친사회적 행동은 증가한다.

(2) 사회적 강화와 언어적 귀인의 방법 활용

영유아의 친사회적 행동에 대한 사회적 강화는 영유아에게 바람직한 행동이 무엇인지를 알려줌으로써, 영유아가 자기평가 기준을 스스로 형성하도록 도와줄 뿐 아니라, 영유아 스스로 자기 안에 친사회적 동기가 내재하고 있다는 자기 지각을 갖게 해 준다. 따라서 부모나 교사가 영유아의 친사회적 행동 시 "너는 늘 다른 사람들을 도와 주려고 하는 아이니까 또 네 것을 나누어 주는구나."와 같이 영유아에게 친사회적 행동의 내적 성향이 있다고 말해주는 것은 영유아의 친사회적 행동을 증가시키는 방법이라고 할 수 있다.

(3) 모델링(Modeling)

영유아의 친사회적 행동을 증가시키는 또 하나의 방법은 부모나 교사가 영유아에게 친사회적 행동의 모델링이 되는 것이다. 성인의 친사회적 행동은 영유아에게 친사회적 행동의 방법과 친사회적 행동의 긍정적 결과를 확신시켜 준다. 영유아는 어려움에 처한 사람을 도와주고 싶은 마음에도 불구하고 실제로 돕지 못하는 경우가 있다. 이는 어려움에 처한 친구를 돕는 방법을 구체적으로 알지 못하거나 친구들로부터 "신경 쓸 것 없어, 네 일이나 똑똑히 해", "간섭하지 마!"와 같은 핀잔을 들을 수 있다는 생각을 하기 때문이다. 이러한 때에 친사회적 행동의 모델링은 영유아에게 친사회적 행동의 방법뿐 아니라, 친사회적 행동이 나쁜 결과를 수반하지 않는다는 것을 가르쳐 준다.

성인의 친사회적 행동 모델링은 영유아에게 친사회적 행동의 긍정적 결과를 알려준다. 영유아는 성인의 친사회적 행동을 관찰하는 과정에서 친사회적 행동의 수혜자가 자신의 친사회적 행동으로 인해 기뻐하고 감사해 한다는 것을 알게 된다. 이러한 과정에서 영유아는 친사회적 행동의 의의와 가치를 인식하게 된다.

(4) 감정이입과 역할수용 능력개발

감정이입이란 다른 사람의 정서를 공유하는 것이다. 다른 사람이 슬퍼할 때 슬퍼하고, 기뻐할 때 기뻐하는 경우 그 사람에게 감정이입이 되었다고 말한다. 일반적으로 감정이입은 어느 정도 생득적이라고 본다. 왜냐하면 다른 아기가 울 때 따라 우는 것 같은 초보적 감정이입 반응은 매우 어릴 때부터 나타나기 때문이다. 이와 같은 감정이입은 영유아의 친사회적 행동을 동기화시키는 것으로 나타났다.

(5) 친사회적 행동을 돕는 프로그램 적용

교사는 의도적으로 협동이나 공유행동이 일어나는 활동을 교육과정 속에 반영할 수 있다. 예를 들면, 교실 내에서 일어나는 역할놀이나 쌓기활동 등도 영유아들 스스로 친사회적 기술을 발휘해야만 놀이가 유지되는 경우가 많다. 이러한 활동을 통해서 친구들과 상호공유하고 협상하는 기술을 자연스럽게 학습해 간다.

자연스러운 놀이활동뿐만 아니라 교사는 협동 또는 나누기, 양보하기, 타인이해 활동을 경험할 수 있는 교육활동을 의도적으로 제공해야 한다. 대표적인 활동은 협동게임, 공동작업, 토의, 극놀이 등이다.

친사회적 행동을 돕기 위한 프로그램의 적용은 영유아가 다른 사람들과 함께 공동으로 일을 해보는 경험을 제공하고, 여러 활동을 통해 다른 사람의 입장을 인식할 수 있는 중요한 계기를 마련하게 된다는 것이다. 결국 프로그램 적용을 통해 사회적인 기술을 습득한 사회인지적 능력을 확장하는 데 의의가 있다고 볼 수 있다.

3) 사회성 지도를 위한 교사의 역할

영유아의 사회성 증진을 위한 교사역할을 살펴보면 다음과 같다(Janice J. Beaty, 1999).

(1) 친사회적 분위기의 물리적 환경을 제공한다.

- 영유아가 쉽게 다가가 활동할 수 있도록 흥미 영역을 배치한다.
- 갈등 없이 활동하기에 충분한 수의 교재 · 교구를 마련한다.
- 영유아들이 활동에 깊이 몰입할 수 있도록 충분한 시간을 계획한다.
- 자기조절이 가능하도록 흥미 영역을 구성하고 학습자료를 비치한다.
- 돕기행동의 모델링 역할을 한다.

(2) 영유아의 부적절한 행동을 조절하기 위한 긍정적인 예방책을 활용한다.

- 영유아의 부적절한 행동을 예상하고 미리 방지한다.
- 지켜야 할 규칙들을 분명히 하고 일관되게 강조한다.
- 규칙 만들기에 영유아가 함께 참여한다.
- 모든 영유아에게 새로운 놀잇감을 소개하고 차례를 정한다.
- 남을 배려하는 성격의 동화 주인공이나 인형을 제공한다.

(3) 영유아 스스로 행동을 조절할 수 있도록 돕기 위하여 긍정적으로 개입한다.

- 남을 비난하거나 부끄러워하지 않고 자신을 조절할 수 있도록 개입한다.
- 영유아의 부정적인 정서를 수용한다.
- 부정적인 느낌을 말로 표현하도록 돕는다.
- 남을 방해하는 행동을 침착하게 지도한다.
- 부정적인 말이나 행동을 억제함으로써 자기조절의 모델이 된다.

(4) 친사회적 행동학습을 위하여 긍정적으로 강화한다.

- 남을 방해하는 영유아의 친사회적 행동의 언어적 · 비언어적 실마리를 찾아보고 강화한다.
- 잘못된 행동을 그친 후에만 눈맞춤이나 언어적 상호작용을 한다.

• 방해하는 행동을 하는 영유아가 잘할 수 있는 활동을 찾도록 돕는다.

• 남의 주의를 끌려고 하는 영유아가 친구를 사귀도록 돕는다.

• 모든 영유아들에게 다정하게 대함으로써 친근한 행동의 모델이 된다.

(5) 영유아의 자아존중감을 증진시킨다.

• 항상 영유아가 수용되고 가치로운 존재로 느낄 수 있도록 한다.

• 서로 다름을 이해하고 다양성을 인정하도록 돕는다.

• 독립적이고 자기주도적인 영유아로 성장하도록 돕는다.

• 모든 영유아가 성공감을 갖도록 돕는다.

• 존중하는 태도로 영유아를 대함으로써 행동의 모델이 된다.

(6) 갈등상황에서 다른 사람을 존중하는 행동을 보인다.

• 상호 인간관계에서 일어나는 갈등을 말로 표현하도록 돕는다.

• 비난하거나 조롱하지 않고 영유아의 말을 수용한다.

• 갈등상황에서 영유아가 자신의 감정을 말로 표현하도록 돕는다.

• 서로의 감정을 상하지 않고 갈등을 벗어날 수 있는 방도를 찾도록 돕는다.

• 동화 속 등장인물이나 인형이나 행동을 통하여 감정을 처리하는 방법을 보여 주어 타인을 존중하는 행동의 모델이 된다.

(7) 영유아과 성인 간의 긍정적인 상호작용을 촉진시킨다.

- 영유아의 말을 주의 깊게 경청하고 존중하는 태도로 반응한다.
- 영유아들이 매일 대화에 참여하도록 한다.
- 갈등을 피할 수 있는 말하기 방법을 학습하도록 돕는다.

(8) 영유아의 느낌이나 행동을 소집단의 역할놀이를 통하여 표현하도록 한다.

- 어떤 상황에서든지 존중하는 태도로 말한다.

(9) 친사회적 행동지도과정에 가족이 참여하도록 촉진한다.

- 지속적이고 양방적인 상호작용을 통하여 친사회적 행동지도에 가족이 참여하도록 한다.
- 영유아의 친사회적 행동을 가족들이 함께 관찰하도록 한다.
- 가정에서 읽을 수 있도록 친사회적 행동의 주제가 담긴 동화책을 대여하여 준다.
- 친사회적 행동지도에 관한 부모모임이나 교육을 실행한다.
- 영유아가 속한 문화나 삶의 양식, 가족의 언어 등에서 오는 차이를 인정함으로써 타인 존중감의 모델이 된다.

4) 사회성 지도의 실제

◆ 활동 : 콩쥐야 팥쥐야(협동하기)

① **활동목표**

- 친구와 서로 도우며 신체활동을 할 수 있다.
- 함께하는 활동의 즐거움을 경험한다.

② **활동과정**

- 두 사람이 할 수 있는 신체놀이는 어떤 것이 있는지 이야기 나눈다.
- 「콩쥐팥쥐」 신체놀이방법에 대해 안내한다.
  - 두 명이 짝이 되어 콩쥐와 팥쥐를 정한다. 등을 맞대고 선다.
  - 등을 맞대고 선 후, 서로 팔을 엮는다.
  - 선생님이 만약 콩쥐의 이름을 부르면 콩쥐 영유아는 허리를 숙이고 팥쥐 영유아를 들어 올린다.
  - 이때 콩쥐인 영유아가 '뭐 봤니?' 하고 물어보면 팥쥐 영유아가 본 것을 말한다.
- 역할을 바꾸어 가면서 여러 번 반복해서 놀이한다.
- 친구들이 소개한 두 사람이 할 수 있는 신체놀이를 해 본다.
  - 한 영유아는 팔을 짚고 엎드리고, 나머지 영유아는 엎드린 영유아의 두 다리를 들고 방향을 지시하면 팔을 짚은 영유아가 팔을 이용하여 걸어가는 놀이를 한다.

③ **유의점**

- 이 놀이를 할 때 조심해야 할 것들을 사전에 이야기한다.
  - 위에 올라간 영유아는 몸을 너무 흔들지 않는다.
  - 아래에 있는 영유아는 머리를 너무 아래로 숙이지 않는다.

◆ 활동 : 나누어 써요.(나누기)

① **활동목표**

- 친구들과 물건을 나누어 쓸 줄 안다.

② **활동자료**

- 동시 '나누면 좋아요'

③ **활동과정**

- 서로 물건을 나누어 써 보거나 음식을 나누어 먹어 본 경험을 이야기 나눈다.

• 서로 나눌 수 있는 것은 어떤 것이 있는지 이야기 나눈다.

- 나누어 쓰면 좋은 것은 어떤 것이 있을까?
- 나누어 먹으면 좋은 것은 어떤 것이 있을까?

• '나누면 좋아요' 동시를 들려 준다.

〈나누면 좋아요〉

맛있는 과자를 나눠먹긴 싫어요

로봇 장난감과 빌려주긴 힘들죠

하지만 나누면 함께 재밌죠

친구도 신나고 나도 너무 좋아요

- 전체를 천천히 낭송한 후, 친구들과 함께 낭송한다.

• 나누어 쓰면 좋은 것, 나누어 먹으면 좋은 것, 나누어 하면 좋은 것 등의 제목으로 동시를 만들어 보고 발표해 본다.

◆ 활동 : 누가 먼저 가지고 놀까?(양보하기)

① 활동목표

• 양보의 의미를 알고 실천해 볼 수 있다.

② 활동자료

• 상황그림자료

③ 활동과정

• 상황 이야기 그림을 보여 주면서 이야기를 들려 준다.

> **상황 이야기**
>
> 오늘은 은진이 생일날입니다. 친구들이 은진에게 생일선물을 하나씩 주었습니다. 은진이는 너무 기뻐하며 친구들이 준 선물을 열어 보았습니다.
> 은진이는 한 상자를 열어 보고 너무 기뻐하였습니다. "와! 내가 좋아하는 곰인형이다." 이때 옆에 있던 성경이가 곰인형을 만지면서 말했습니다. "은진아! 나도 한 번 만져보자. 난 조금 있다가 집에 가야 하니까 내가 한 번 가지고 놀면 안 될까? 곰인형은 니 거니까 넌 계속 가지고 놀 수 있잖아!" 그러자 이번에는 화선이가 "은진아, 지난 번에 내 강아지 인형을 갖고 놀게 해줬으니까 오늘은 너가 성경이 이거 놀게 해줘야지." 라고 말했습니다.

– 은진(성경)이의 마음은 어떨까?

– 만약에 내가 은진이면 어떻게 하면 좋을까?

– 은진이가 그렇게 했을 때 성경이의 마음은 어떨까?

• 좋은 물건, 음식, 놀이를 친구에게 먼저 양보한 경험이 있는지 이야기 나눈다.

• 양보를 했을 때 마음(기분)은 어떨까?

④ **추후활동**

• 친구들에게 간식 나누어 주기, 바깥놀이에서 양보하기 등의 활동을 한 후, 여러 친구들 앞에서 칭찬해주는 기회를 갖는다.

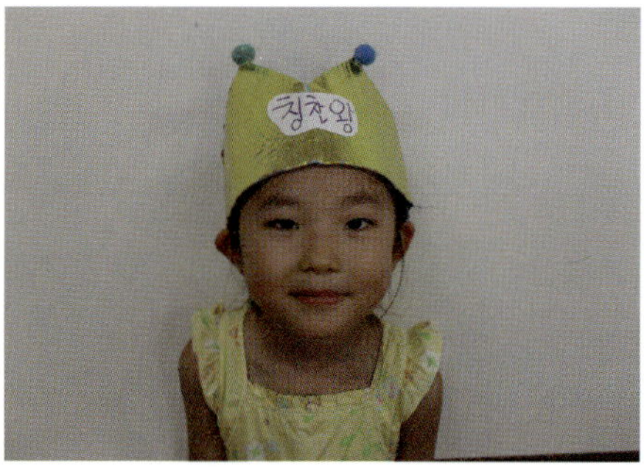

05 인성교육 지도

1) 인성교육의 개념과 목적

인성의 사전적 의미로 '사람의 성품'이며, 인성교육은 사람이 살아가면서 성품을 어떻게 쓰고 다스리는가를 길들이는 교육이다. 한국교육개발원(1994)에서는 인성교육을 도덕성, 사회성, 정서를 포함한 바람직한 인간으로서의 성품을 기르는 교육이며, 덕성을 바탕으로 교양과 능력이 겸비한 인간으로 기르는 교육임을 말하고 있다(안영진, 2010). 또한 한국교육학회(2001)에서는 인성교육을 기존의 인지적으로 편중된 교육상황에서는 별로 다루지 않는 정의적 측면 및 인간의 본성과 관련한 것으로 학습자로 하여금 건강한 전인적인 민주시민으로 성장하고, 생태적인 본성을 실현함으로써 보다 풍부하고 자유로운 삶을 살 수 있도록 하기 위한 교육적 경험을 제공하는 것으로 보고 있다(김영옥 외, 2009).

이상으로 인성교육은 인간다운 면모와 자질을 갖추기 위한 교육이고, 자기중심성에서 벗어나 타인 및 공동체와 바람직한 관계를 형성할 수 있도록 하는 일련의 가치교육, 도덕교육, 인격교육, 시민성 교육의 공통분모에 해당하는 교육이라고 할 수 있을 것이다(정찬우, 2010).

인성교육의 목적은 어떤 인간을 길러 낼 것인가에 대한 숙고로부터 도출되어야 하며, 한 사회에서 소중히 여겨온 전통적인 가치와 현 시대를 잘 살아가기 위한 민주적인 가치들로 구성되어 질 수 있다. 유이들의 인성적 경험은 어렸을 때 어떠한 경험을 하든 큰 차이가 없지만, 이런 경험들이 습관화되었을 때 성장한 후에 큰 차이를 나타나게 된다.

인성교육의 내용은 시대와 학지들에 따라 다양하게 구성되는데 구체적으로는 실천 위주의 덕목으로서, 교육적으로 전수할 가치가 있다고 여겨지는 존중, 책임감, 양보와 같은 덕목과 타인과 더불어 살아가기 위해서 필요한 협력, 돕기와 같은 사회적 덕목, 민주시민으로서 성장하기 위해 형성되어야 하는 질서, 예절과 같은 기본생활습관에 주안점을 둘 수 있다.

2) 인성교육의 내용

구체적인 인성덕목별 구체적인 내용을 살펴보면 다음과 같다.

(1) 배려

배려는 '도와주거나 보살펴 주려고 마음을 씀. 관심을 가지도 생각해줌' 등으로 정의한다. 배려는 기본적으로 타인과 관계를 전제로 하면서 타인에 대한 보살핌, 관심, 이해를 기반으로 다른 사람과의 관계를 회복시키며, 나아가 자신을 되돌아보게 하고, 스스로를 성장시킬 수 있는 윤리적 기본원리이다.

(2) 존중

존중의 의미는 '존중하게 여겨 받듦'으로 어떤 절망 속에서 어떤 것(사람)의 가치나 중요성을 인정하는 것이라고 정의할 수 있다(1998, Hill). 즉, 존중은 대사에 임의로 가치를 부여하는 것이 아니라, 대상 이미 가진 가치를 인정한다는 것으로 인간이 스스로에게 갖추어야 할 자기에 대한 존중에서부터 타인과 모든 사람들의 권리나 그 존엄성에 대한 존중, 여기서 그치지 않고 사람과 밀접한 관계 속에 존재하는 환경에 대한 존중, 이를 포함하는 생명에 대한 존중 등 다양한 형식으로 제시될 수 있다.

(3) 협력

협력이란 공유하는 목표를 달성하기 위해 함께 활동하는 것으로써 함께 협력하는 과정에서 자신은 물론, 타인에게도 이익이 되는 결과를 추구할 수 있다. 협력이란 공동과제를 산출하고 이를 달성하기 위하여 집단 구성원이 서로 마음과 힘을 하나로 합하여 서로 돕는 상태를 말한다. 두 명 이상의 구성원이 공동의 목표를 설정하고, 이를 달성하기 위하여 개인적 책임을 다하고 서로 조언 및 조력을 주고 받는 것이라 할 수 있다.

(4) 나눔

나눔은 '나누다'의 명사형으로 일반적으로는 물질만을 나누는 경우를 생각하지만, 나눔은 자기 스스로 우러난 마음에서 남을 돕기 위해서 하는 일로, 대가를 바라지 않고 지속적으로 도와주는 의미로 이해할 수 있다.

(5) 질서

질서의 사전적 의미는 '순서, 정돈된 상태, 사회적 질서, 명령, 지시, (사회)체제'(네이버사전)로 정돈된 상태, 규칙적인 상태를 나타낸다. 질서는 민주주의 사회에서 책임감 있는 민주시민으로서 살아가기 위해 필요한 사회규범을 지키는 것으로 질서에 대한 내용으로는 기초질서(자기의 순서를 지켜야 하는 질서), 사회질서(사회의 여러 요소와 집단이 조화롭게 균형을 이루는 질서) 등이 포함한다.

(6) 효

효는 인간된 도리를 충실히 하는 것으로, 효에 대한 학습내용은 자식으로서 부모님의 은혜에 감사드리고 보답하고자 하는 마음과 태도를 형성하고 다양한 방법으로 효를 실천하는 것과 조부모님, 지역사회 어른들을 공경하는 것이 포함된다.

3) 인성교육의 교수학습방법

영유아 인성교육은 영유아가 활동의 주제가 되어야 하며, 활동이 구체적이고 다양하며 통합적이고, 영유아 스스로 자발적인 동기를 가질 수 있도록 구성되어야 한다. 이를 위한 영유아 인성교육의 구체적인 방법으로는 토의, 협동학습, 역할놀이. 스토리텔링, 도서활용 등이 있을 수 있다.

구체적인 교수학습 방법을 살펴보면 다음과 같다.

(1) 토의(이야기 나누기)

토의나 이야기 나누기 시간에 다양한 사례를 중심으로 영유아들이 서로 의견을 나누고 의견들 사이에 유사점과 차이점을 찾아보며, 궁극적으로 자율적으로 문제를 해결하는 것이다. 영유아들의 인지발달단계에 적합한 실제상황에서 경험할 수 있는 주제를 제시하여 영유아들끼리 토론을 해 나가도록 유도하는 것이다. 가정이나 유치원에서 영유아들이 경험하는 다양한 갈등상황이 토론 또는 이야기 나누기의 주제가 될 수 있다.

(2) 협동학습

영유아 인성교육에 있어서 인성교육 내용들이 지식전달에 그치지 않고, 영유아 수준에서 적절한 실천으로 이어질 수 있도록 협동학습을 최대한 활용하도록 한다. 협동학습의 과정에서 영유아들은 모둠친구들과 공동의 목표를 달성하기 위해 주어진 과제를 수행하고 지속하면서 자기가 맡은 바 역할을 끝까지 책임감 있게 완성하려는 노력을 보임으로써 능력이 향상되고, 또래 구성원들과 다양한 의견을 절충하는 가운데 타인의 권리와 요구를 존중하면서 자기의 의견, 요구, 느낌 등을 적절히 표현하는 자지주장의 능력도 증진할 수 있을 것이다.

(3) 체험학습

영유아들이 현장을 직접 방문하고 체험해 봄으로써 사회적 규범과 질서를 습득하여 실천에 옮길 수 있다. 예를 들면, 생태공원을 찾아 식물들의 성장과정을 보고 직접 식물을 위한 활동에 참여함으로써 우리가 살고 있는 세상의 식물의 소중함과 더불어 공존할 수 있는 방법을 습득하게 될 것이다. 또한 영유아들은 자신들의 수준에 적합한 사회참여적 봉사활동을 함으로써 인성을 더욱 발전시켜 나갈 수 있다. 예를 들어, 인근의 양로원을 찾아 어르신들에게 춤과 음악공연을 하거나 안마를 해드리는 것, 재활용품을 모아 어려운 이웃을 돕는 활동을 하는 등의 경험을 통해 어려서부터 사회적, 도덕적 인성을 함양하는 것이다.

(4) 역할놀이

영유아들로 하여금 역할놀이는 어떤 상황에서 또는 어떤 장면에서 처해보게 하거나 특정 역할을 구체적으로 경험해보게 함으로써 바람직한 인간관계나 가치의 문제를 보다 깊이 이해시키고 도덕적 사고력과 판단능력을 향상시키고 도덕적 행동의 성향을 증진시키는 방법이 될 수 있다. 가설적인 도덕적 딜레마의 상황이나 사회적 관계질서나 예절과 관련된 상황을 역할놀이로 영유아들의 흥미를 끌어 주의를 집중시켜 보다 좋은 선택이나 해결방법을 찾아보는 과정이 인성교육의 좋은 방법이 될 것이다.

(5) 관련 주제 그림책 활용

그림책 활용한 방법은 영유아들의 간접 경험을 풍부하게 하며, 다른 사람의 생활과 경험, 느낌, 정서를 공감하고 도덕적 판단기준을 갖게 한다. 교훈적이고 감명 깊은 이야기를 통해 인성덕목에 관한 영유아들의 이해나 사고력을 증진시키고, 이야기의 감동을 통해 영유아들의 실천적 의지를 갖게 할 수 있다.

(6) 스토리텔링

교훈적이고 감명 깊은 이야기를 통해 인성덕목에 관한 영유아들의 이해와 사고력을 심화시키는 방법으로, 이 방법은 교사가 준비하기 매우 용이한 장점이 있으나, 영유아들은 획일적이고 지루해 할 수 있어 교사는 영유아들이 흥미를 가질 수 있는 이야기자료를 준비하여 영유아들에게 감동, 감화를 줄 뿐만 아니라, 모범적인 인물과 그의 삶을 들여다보고 본보기를 제시해줌으로써 인성의 여러 덕목을 배울 수 있는 기회를 제공할 수 있다.

4) 영유아 인성교육을 위한 교사의 역할

교사가 의도적으로 계획한 활동을 중심으로 인성교육이 실시되는 것뿐만 아니라, 비공식적인 잠재적 교육과정으로도 인성교육이 이루어질 수 있다. 영유아들의 인성교육을 위한 교사의 역할은 민주적이고 도덕덕인 분위기의 교실운영, 역할모델, 가정과의 연계 등이 있다.

(1) 민주적이고 도덕적인 분위기의 교실운영

교실분위기 자체가 민주적이며 서로 배려하는 도덕적인 교실을 운영하는 것이 중요하다. 교실에서 필요한 규칙을 고사가 일방적으로 정하고, 영유아에게 지키도록 요구하는 것보다는 영유아와 함께 필요한 규칙을 정해보는 것이 도덕적인 교실을 운영하는 한 가지 방법이 될 수 있다.

(2) 시범 보이기

교사의 역할 중 모델로서의 역할은 언제 어디서나 매우 중요한 역할이다 인성교육에서는 특히 중요한 교사의 역할이다. 교사가 먼저 존중의 덕목을 지도할 때 영유아들을 존중하는 모습을 보여줌으로써 자연스럽게 영유아가 보고 배울 수 있도록 하는 것이다.

(3) 가정과의 연계교육

영유아 인성교육이 삶을 통해 지속적으로 이루어지기 위해서는 영유아교육기관에서뿐만 아니라, 가정과의 연계가 반드시 필요하다. 영유아의 인성교육의 일차적인 실행은 가정에서부터 시작되어 가정과 연계하여 지속적이고 일관되게 이루어지는 것이 매우 바람직하다. 영유아교육기관에서는 일정하게 부모교육이나 부보모임을 통해 인성교육의 중요성과 구체적인 방법을 공유할 필요가 있다.

5) 인성교육 지도의 실제

◆ 활동 : 네가 태어난 날엔 곰도 춤을 추었지.(존중)

① **활동과정**

- 동화책의 표지와 제목을 보며, 이야기 나눈다.
  - 아기가 태어난 날 곰은 왜 춤을 추었을까?
  - 달님은 지금 기분이 어떤 것 같니?
  - 달님은 아기에게 어떤 말을 해주고 있을까?
- 동화를 들은 후, 존중과 관련된 경험에 대해 이야기 나눈다.
  - 너희들이 태어난 날에는 누가 기뻐하며, 축하해 주었을까?
  - 너희들도 '이 세상 어디에도 너 같이 예쁘고, 멋진 아이는 없단다.'라는 말을 들어본 적이 있니?

• 동화 속 등장인물의 생각과 감정을 서로 나눈다.
  – 이 동화를 듣고 나니 마음이 어떠니? 어떤 생각이 들었니?
  – 동물들은 아기가 태어나기를 기다리며 어떤 생각을 했을까?
  – 너희들이 동물이라면 태어난 아기에게 어떤 말을 해주고 싶니?
  – 아기는 동물들의 춤과 노래, 좋은 말들을 듣고 기분이 어땠을까?
  – 너희들도 다른 사람이 축하해주거나, 선물을 주거나, 좋은 말을 해주고 안아주면 어떤 마음이 드니?
  – 다른 사람들은 나를 소중히 여기고 사랑하는데, 내가 나를 미워하고 싫어하면 어떻게 될까?
• 나를 사랑하기 위한(존중) 방법을 알아본다.
  – 내가 매우 특별하고 소중한 아이라는 것을 확인하고 싶을 때는 어떻게 할까?
  – 다른 사람들이 나를 사랑하고 있다는 것을 어떻게 알 수 있을까?
  – 나를 아끼고 사랑하려면 어떻게 해야 할까?

◆ 활동 : 다른 사람이 말할 때 끝까지 잘 들어 보렴.(배려)

#1–선생님의 이야기를 한 학생만 듣는 장면

#2–임금님이 이야기를 듣지 않는 장면

#3–임금님의 귀가 커진 장면

#4–다른 사람의 이야기를 잘 들어주는 장면

① **활동과정**

- 문제상황(#1)를 보여주고 문제상황에 대해 이야기를 나눈다.
  - 어떤 장면이니?
  - 다른 사람들은 무엇을 하고 있니?
- '배려'와 관련된 심부름 경험에 대해 서로 이야기를 나눈다.
  - 내가 이야기를 했을 때 다른 사람이 잘 들어준 경험이 있니?
  - 내가 이야기를 했을 때 다른 사람이 잘 안 들어준 경험이 있니?
  - 왜 그랬을까?
  - 너의 기분은 어땠니?
- 문제상황(#2 임금님이 다른 사람의 말을 듣지 않는 장면)을 살펴보며 문제상황에 대해 이야기를 나눈다.
  - 임금님이 무엇을 하고 있니?
  - 왜 이런 행동을 하고 있을까?
- 문제상황(#3 임금님의 귀가 커져서 놀라는 장면)을 보며 임금님의 감정에 대해 알아 본다.
  - 임금님의 귀가 왜 이렇게 되었을까?
  - 임금님이 자신의 모습을 봤을 때 어떤 생각이 들었을까?
- 문제상황(#3 임금님의 귀가 커져서 놀라는 장면)까지 동화를 들려 준다.
  - 동물나라 임금님의 이름은 무엇이였니?
  - 왜 '내말만해' 임금님이 되었니?
  - 잠을 자고 일어났는데 나의 귀가 굉장히 커졌다면 어떻겠니?

– 임금님이 귀가 작아지기 위해서는 어떻게 할까?

• 배려와 관련된 경험과 책임의 중요성에 대해 이야기를 나눈다.

– 내가 만약 임금님이라면 어떻게 했을까?

– 만약에 임금님이 계속 다른 사람의 이야기를 들어주지 않았다면 어떻게 되었을까?

– 다른 사람의 이야기를 들어주지 않는다면 어떻게 될까?

– 다른 사람의 이야기를 잘 들어주는 것이 왜 중요할까?

• '다른 사람이 말할 때 끝까지 잘 들어보렴' 동화를 끝까지 들려주고 마지막 장면(#4)을 보며 마무리한다.

– 지금의 임금님의 모습은 어떻게 보이니?

– 임금님에게 이야기를 하는 사람은 마음이 어떨까?

◆ 활동 : 마음 나누기(나눔)

① 활동목표

• 타인과 마음을 나눌 수 있는 다양한 방법에 관심을 갖는다.

② 활동자료

• 그림자료 2장

③ **활동과정**

- 그림자료를 보며 친구에 대한 마음을 이야기 나눈다.
  - 이 친구들은 지금 무슨 이야기를 하고 있는 것 같니?
  - 이 친구들은 기분이 어떨까?
  - 너희들도 이렇게 사이좋은 친구가 있니?
- 상황 그림 또는 유아들이 경험한 갈등상황을 가지고 이야기 나눈다.
  - 어떤 그림이니?
  - 너희들도 이런 적이 있었니?
  - 지금 이 친구가 어떤 이야기를 하는 걸까?
  - 그 말을 들은 친구는 어떤 기분일까?
  - 너희들도 친구한테 그런 말을 들은 적이 있니?
  - 만약 네가 다른 친구에게 그런 말을 했다면 그 친구의 기분은 또 어땠을까?

• 상황에 알맞은 해결방법을 이야기해 본다.

– 그럼, 이럴 때는 뭐라고 이야기하면 좋을까?

– 친절하게 이야기했을 때 기분이 어떨 것 같니?

– 어떻게 하면 친구의 마음이 상하지 않게 내 마음을 전할 수 있을까?

◆ 활동 : 실외놀이터 청소하기(협력)

① 활동목표

• 주변을 깨끗이 하는 태도를 가진다.

• 서로 협력하는 태도를 기른다.

② 활동자료

• 쓰레기를 주울 수 있는 집게, 쓰레기를 담을 수 있는 통, 체, 먼지떨이나 작은 비, 마른 걸레, 분리수거가 가능한 쓰레기통(종이류, 유리병, 캔류, 일반쓰레기)

③ 활동과정

• 각 영역청소에 필요한 청소도구에 대해 이야기를 나눈다.

– 모래 속의 쓰레기를 무엇으로 걸러 낼까?

– 모래를 털거나 쓸어 내기를 할 수 있는 청소도구는 무엇일까?

– 쓰레기를 주우려면 무엇이 필요하니?

– 우리가 앉는 의자는 무엇으로 닦을까?

• 놀이터 청소의 역할을 분담하기 위해 유아들을 몇 그룹으로 나눈 후, 적절한

청소도구로 각각 맡은 부분을 청소한다.

- 모래 놀이터의 모래 속 이물질 거르기
- 놀이터 바닥 쓰레기 줍기
- 놀이기구 위의 모래 털기 또는 쓸어내기
- 실외용 의자 마른 걸레로 닦기

• 모아진 쓰레기는 각각 분리수거하며, 유아들이 사용했던 청소도구는 제자리에 정리한다.

• 청소 후 기분이 어떤지 이야기를 나눈다.

- 청소를 하니까 어떤 기분이 드니?
- 어떤 점이 힘들었니?
- 앞으로 놀이터를 어떻게 사용하면 좋을까?

④ 연관활동

• 놀이터 청소의 날을 정해서 정기적으로 청소를 한다.

• 유치원 놀이터 외에 공원 놀이터나 인근의 공공 놀이터에서 청소를 해볼 수 있다.

⑤ 유의점

• 실외 놀이터의 시설점검 및 청결상태 유지는 교사가 담당해야 할 중요한 임무이므로 늘 관리를 해야 한다.

• 유리조각이나 철사 등 위험한 쓰레기를 손으로 직접 만지지 않도록 주의시킨다.

06 환경교육 지도

1) 환경교육의 개념

현대사회는 산업화 · 정보화 · 세계화를 특성으로 급격하게 변화하였다. 특히 대량생산과 소비가 중심이 된 물질주의적 가치관과 인간생활의 편리함을 추구한 무절제한 발전지향의 경제성장 우선정책은 천연자원의 낭비와 환경훼손, 오염으로 자연생태계 질서의 파괴라는 결과를 초래하였다. 이로 인해 자연은 스스로 재생할 수 있는 능력을 상실하였고 지구 온난화는 가속되었으며, 기상이변 등의 현상은 인간의 생명을 위협할 정도로 우리의 생활에 막대한 피해를 주게 되었다. 그러나 사람들은 여전히 자신들의 편리한 생활과 삶의 공간을 지키기 위해 계속 자연환경을 오염시키고 있어, 우리의 자연을 보호하고 개선해 가는 것은 인류의 최대 과제가 되었다.

따라서 인생의 초기단계이며 교육의 효과도 큰 영유아기부터 발달에 적합한 환경교육을 계획하여 일상의 경험과 실천을 통해 습득해간다면 매우 효과적일 것이다. 영유아로 하여금 환경에 관심을 기울이고 환경을 보호하고 보존하는 철저한 의식함양과 더불어 실천하는 태도 및 습관을 형성시켜 환경에 대한 책임감을 가지게 할 수 있다면, 앞으로의 환경보호 및 환경문제 대처에 아주 효율적일 것이다. 3~5세 연령별 누리과정의 구성방향에서도 사람과 자연과의 공존관계를 강조하며, 자연을 정복의 대상이나 인간의 행복을 위한 수단이 아닌 함께 도우며 살아가는 공생의 관계로 보며 사람과 자연과의 관계 존중에 대한 내용을 언급하고 있다. 영유아를 대상으로 하는 환경교육의 개념은 다음과 같다.

환경교육은 개인이나 집단이 인류의 생존과 삶의 질의 개선을 위하여 환경문제를 해결하고 예방할 수 있도록 인간과 자연의 관계를 인식하고 이해함을 목적으로, 환경보전과 사회정의를 위한 가치와 태도를 개발하고 이를 위한 구체적 실천기술을 함양하는 교육활동이다(한국유아교육학회, 2004).

또한 환경교육은 자신과 주변 환경과의 관계를 바르게 인식하여, 환경을 보전할 수 있는 태도 및 지식과 기능을 학습하고, 환경문제에 능동적으로 대처해 나가는 실천력을 길러주는 교육이다(교육인적자원부, 2007).

국가와 지역사회의 지속가능한 발전을 목표로 국민이 환경을 보전하고 개선하는 데 필요한 지식 · 기능 · 태도 · 가치관 등을 배양하고, 이를 실천하도록 하는 교육이다(「환경교육진흥법」 제2조/ 교육과학기술부, 2012a).

환경교육은 경이감에 대한 교육이며, 유아들과 성인들은 자신을 자연 또는 세상의 일부로 느끼고 우리가 살고 있는 곳을 특별한 곳으로 귀히 여기고 더 주의를 기울이며, 자신들의 행동이 세상에 미치는 것을 생각한 후에 행동을 취하도록 돕는 교육이기 때문에 인생의 초기에 육성되어야 할 중요한 교육이다(조순옥 외, 2013).

영유아기의 환경교육은 영유아가 환경의 중요성 및 자신과 주변환경의 관계를 바르게 인식하고 환경을 보호 · 보전하는 태도를 형성하여 실천하며 앞으로 예측되거나 예측하지 못했지만 직면하게 되는 환경문제에 잘 대처하여 삶의 질을 향상시키려는 생활지도의 중요한 내용이다.

2) 환경교육의 내용

인간은 태어나면서부터 그를 둘러싸고 있는 인적 · 물리적 환경, 자연적 · 인위적 환경 속에서 살아간다. 사람들은 환경에 영향을 받고 살아가지만 또한 환경을 만들어 가는데 주도적인 역할을 하기도 한다. 그러므로 유아들이 주변환경을 탐색하고 적응해가는 과정은 그들이 사회 속에서 생활하기에 필요한 기초적인 지식을 형성하는 데 매우 중요하다. 특히 우리가 살아가고 있는 생활환경을 쾌적하게 만들고 소중하게 보존하려는 태도를 기르는 것은 미래의 행복한 삶을 위한 중요한 경험이 될 수 있으며, 삶의 첫 단계에 있는 유아들에게는 매우 중요한 교육내용이 될 것이다(교육과학기술부, 2009).

영유아기의 환경교육은 먼저 영유아의 일상생활에서 경험하게 되는 일상적이고 쉬운 소재를 선택하는 것에서 시작되어야 하며, 매일 이루어지는 다른 영역의 활동과 통합적으로 관찰, 실험, 현장학습 등 영유아를 중심으로 한 활동으로 실시되는 것이 바람직하다.

환경교육의 내용선정에 있어 국가수준교육과정에서의 원칙은 다음과 같다(교육과학기술부, 2013d).

첫째, 다양한 환경요소 중 유아의 생활 주변에서 쉽게 접할 수 있는 물질적이고 자연적 요소를 중심으로 내용을 선정하였다.

둘째, 유아가 직접적이고 구체적인 체험을 통해 각 환경요소의 특성과 개념을 이해할 수 있는 내용을 선정하였다.

셋째. 인간 및 여러 생명체는 환경과 밀접한 관계를 맺고 살아간다는 것을 이해할 수 있는 내용을 선정하였다.

넷째, 쾌적한 우리 생활은 자연환경 보호와 실천을 통해 가능하다는 것을 이해할 수 있는 내용을 선정하였다.

〈표 7-1〉 교육과학기술부 3~5세 누리과정 교사용 지도서 제10권 "환경과 생활"의 주제 및 소주제

• 3세

주제	물과 우리생활	돌 · 흙과 우리생활	바람 · 공기와 우리생활	빛과 우리생활	소리와 우리생활
소주제	• 물놀이하기 • 물 이용하기	• 돌 · 흙 놀이하기 • 돌 · 흙 이용하기	• 바람 · 공기와 놀기 • 생활 속에서 바람 · 공기 이용하기 • 맑은 바람 · 공기 지키기	• 빛과 그림자 탐색하기 • 생활 속의 빛 찾기 • 빛을 유용하게 사용하기	• 소리 탐색하기 • 소리 만들기 • 소리와 함께 생활하기

• 4세

주제	물과 우리생활	돌 · 흙과 우리생활	바람 · 공기와 우리생활	빛과 우리생활	소리와 우리생활
소주제	• 물놀이하기 • 물 이용하기 • 물 보호하기	• 돌 · 흙 탐색하기 • 돌 · 흙 이용하기 • 돌 · 흙 보호하기	• 바람 · 공기와 놀기 • 바람 · 공기 이용하기 • 맑은 바람 · 공기 만들기	• 빛과 그림자 탐색하기 • 생활 속의 빛 찾기 • 빛을 유용하게 사용하기	• 소리 탐색하기 • 소리 만들기 • 소리와 함께 생활하기

• 5세

주제	물과 우리생활	돌 · 흙과 우리생활	바람 · 공기와 우리생활	빛과 우리생활	소리와 우리생활
소주제	• 물의 특성과 생명체와의 관계 이해하기 • 물의 이용과 물 부족 알아보기 • 물의 오염과 피해 알아보기 • 물 보호하기	• 돌 · 흙 탐색하기 • 돌 · 흙 이용하기 • 돌 · 흙 보호하기	• 바람과 놀기 • 생활 속에서 바람 이용하기 • 맑은 공기 만들기	• 빛과 그림자 탐색하기 • 생활 속의 빛 찾기 • 빛을 유용하게 사용하기	• 소리 탐색하기 • 소리 만들기 • 소리와 함께 생활하기

영유아기 환경교육의 내용은 먼저 영유아가 생활하는 주변 환경부터 깨끗이 하는 내용을 알고 실천하는 과정을 통해, 오염되고 훼손되는 우리의 환경을 보호하는 방법을 습득한다. 또한 주위의 다른 사람을 비롯하여 동물이나 식물 등 다른 생명체는 서로 공존하며 함께 살아가고 있다는 것을 알게 한다. 인간이 살아가는 데 필요한 물과 공기, 흙의 중요성을 알고 보호하는 습관을 기르고 재활용이나 재사용의 의미를 알고 실천하여 줄어들고 있는 지구자원에 관심을 가지고 보호하며, 아름다운 지구를 지켜나갈 수 있도록 지도한다.

3) 교사의 역할

영유아환경교육을 담당하는 교사의 역할 중 가장 기본적인 것은 교사 스스로가 환경에 대해 관심을 가지고 현재 직면하고 있는 많은 환경문제들에 대한 심각성을 인식하는 것이다. 특히 영유아들의 발달특성상 교사가 먼저 일상생활에서 환경보존을 위한 활동에 솔선수범하는 모습을 보여 좋은 모델이 되어야 하며, 환경교육을 실시할 때도 다양한 교육자료를 적절히 활용하고, 평소의 생활 속에서 지속적으로 영유아 스스로 환경과 관련된 문제를 확인하고 해결하는 능력을 습득할 수 있는 기회를 제공하여야 한다.

교사는 먼저 세상을 탐색하려는 영유아의 특성을 이해하고 영유아로 하여금 환경을 위험스럽게 하는 여러 요인들을 인식하도록 하는 데 초점을 둔다. 영유아를 위한 모든 환경교육에서 교사는 영유아의 경험에 기초한 환경개념을 제시할 필요가 있다. 교사는 학교, 가정, 교실 모든 곳에서 의미 있는 환경에 대한 경험이 일어날 수 있도록 돕는다. 환경교육은 자칫 추상적이 되기 쉽기 때문에 생활 속에서 자신의 행동이 미치는 영향을 바로 볼 수 있도록 하고 실행을 강조한다(조순옥 외, 2013).

환경교육은 총체적인 측면에서 다루어져야 하며, 영유아가 문제해결과정에 적극적으로 참여할 수 있도록 관찰과 실습 중심으로 계획하고 자유롭고 능동적인 활동을 위한 공간을 제공하여, 영유아 스스로 배운 내용을 활용할 수 있도록 도와주어야 한다. 더불어 영유아환경교육은 영유아교육기관과 가정 · 지역사회에서 연계하여 실시될 때 가장 효율적이다.

◆ 활동 1 : 깨끗한 흙을 만들어요.

① 활동목표

- 흙의 필요성과 소중함을 안다.
- 흙속에서 사는 지렁이에 관심을 가진다.
- 지렁이가 흙을 깨끗하게 해주는 것을 안다.
- 흙을 깨끗하게 하는 방법을 알고 실천하는 습관을 기른다.

② 활동자료

- 땅속을 만들 수 있는 빈 상자
- 종이끈(지렁이 제작)
- 오염된 흙과 깨끗한 흙의 사진
- 흙을 오염시키는 것들의 그림이나 사진(유아들이 직접 그린 것을 활용해도 좋음)

③ **활동방법**

- 먼저 흙의 모양과 색, 흙은 어떤 일을 하는지 이야기를 나눈다.
- 오염된 흙과 깨끗한 흙의 사진을 보여주며 유아들의 느낌을 말하게 한다.
  - 사진을 보니 어떤 생각이 드니?
  - 여기서 동물이나 식물들이 살아갈 수 있을까?
  - 흙이 오염되면 어떻게 될까? 사람은 물론 동물과 식물도 살지 못함
  - 흙을 오염시키는 것에는 어떤 것들이 있을까?
    농약, 비료, 음식쓰레기, 일반쓰레기, 폐건전지, 폐수 등
- 흙을 깨끗하게 하는 방법에 대하여 이야기를 나눈다.
  - 흙을 깨끗하게 하는 것은 어떤 것이 있을까?
  - 흙을 깨끗하게 하기 위해서 우리가 할 수 있는 방법은 무엇일까?
    농약이나 비료 줄이기, 쓰레기 아무 곳에나 버리지 않기 등
  - 흙을 깨끗하게 해주는 동물이 있는데 우리 친구들은 알고 있니?
    먼저 유아들과 함께 종이끈으로 지렁이를 만들며 무엇인지 맞추게 한다.
    지렁이를 본 적이 있는지 어떤 느낌이었는지 이야기를 나눈다.
  - 지렁이가 흙속에 살며 어떤 일을 하고 있는지 알아본다.
    흙을 깨끗하게 해주고 공기와 물이 잘 통하도록 하며 식물이 잘 자라게 한다.
  - 지렁이가 없어지면 흙이 어떻게 변할 것인가에 대해 이야기를 나눈다.
  - 지렁이가 잘 살아갈 수 있도록 하는 방법은 어떤 것이 있는지 알아본다.
- 땅속을 만든 상자를 활용하여 흙을 오염시키는 사진과 지렁이를 활용하여 깨끗한 흙을 만드는 게임을 할 수 있다.

④ **확장활동**

- 신체를 활용하여 지렁이를 표현해 본다.
- 찰흙을 사용하여 여러 가지 사물을 만들어 본다.
- 지렁이를 주제로 동시나 노래를 만들어 본다.

◆ 활동 2 : 다시 쓸 수 있어요.

① **활동목표**

- 쓰레기로 인한 환경오염에 대해 안다.
- 쓰레기를 줄이는 방법을 안다.
- 쓰레기 중 다시 사용할 수 있는 것을 안다.
- 재활용되는 과정을 알고 분리수거를 할 수 있다.

② **활동자료**

- 일회용품과 다회용품 사진
- 다양함 물건들의 실물이나 사진
- 분리수거를 위한 쓰레기통 제작을 위한 자료
- 재활용으로 생산된 용품의 사진

③ 활동방법

- 우리 집에서 버려지는 쓰레기에 대해 이야기를 나눈다.
  - 우리 집에서는 어떤 쓰레기를 버리나?
  - 쓰레기를 줄일 수 있는 방법은 어떤 것들이 있나? 일회용품 사용하지 않기, 음식 남기지 않기, 분리수거를 잘하기 등
- 쓰레기를 줄이면 어떤 점이 좋을지 이야기를 나눈다.
  - 나무나 물, 흙 등의 자연환경이 좋아지고, 좋아진 환경에서 동식물이 잘 살 수 있다.
- 내가 할 수 있는 쓰레기를 줄이는 방법은 어떤 것이 있는지 알아 본다.
  - 음식을 남기지 않고 먹기, 종이 아껴쓰기, 분리수거 잘하기 등
- 분리수거를 할 수 있는 쓰레기를 알아 본다.
  - 폐품이나 재활용품을 활용하여 분리수거를 위한 쓰레기통 제작
  - 분리수거 : 종이, 병, 캔, 플라스틱, 의류, 비닐, 음식물 등
- 분리수거가 된 쓰레기들은 어떻게 되는지 이야기를 나눈다.
  - 재활용이 가능한 것 : 병, 신문지, 우유팩, 폐식용유 등
- 분리수거함을 사용하여 분리수거를 하는 게임을 한다.
  - 분리수거된 쓰레기들은 어떤 용품으로 재탄생되는지도 연결시켜 본다.

④ 확장활동

- 재활용마크를 활용하여 우리 주변에는 어떤 것들이 재활용되고 있는지 알아본다.

- 재활용마크의 차이점을 알고 맞추어 분류해 본다.
- 재활용마크를 도장으로 만들어 놀이에 활용한다.
- 원에서 사용하던 몽땅 크레파스를 모으고 녹여 새 크레파스를 만들어 본다.

◆ 활동 3 : 맑고 깨끗한 물

① 활동목표

- 물의 소중함을 안다
- 물을 오염시키는 원인을 안다.
- 물을 깨끗이 하게 보호하는 방법을 알고 실천한다.

② 활동자료

- 물이 필요한 상황의 사진
- 맑고 깨끗한 물이 있는 사진
- 오염된 강이나 저수지의 사진

③ 활동방법

- 유아가 일어나서 원에 오기까지의 과정에 대해 먼저 이야기를 나눈다.

  (세수, 양치질, 아침식사 등 물과 관련된 내용)

  – 집에서 물이 쓰이는 곳은?

  – 원에서 물이 많이 쓰이는 곳은?

• 물이 필요한 상황의 사진을 보여주며 어떤 상황인지 생각해보고 이야기를 나눈다.

- 언제 물이 필요한지 알아 본다.
- 물이 없으면 어떻게 될까?

• 맑고 깨끗한 물이 있는 사진과 오염된 물이 있는 사진을 보여주고 이야기를 나눈다.

- 맑고 깨끗한 물을 보니 어떤 느낌이 들어요?
- 더러워진 물을 보니 어떤 생각이 드나요?
- 왜 물이 더러워졌을까?

  쓰레기를 버려서, 더러운 물은 버려서, 일상생활에서 사용되는 비누나 세제 등

- 더러워진 물에서 물고기들이 살아갈 수 있을까?

• 더러워진 물을 깨끗하게 할 수 있는 방법은 없는지 알아 본다.

- 우리가 할 수 있는 일은 어떤 것들이 있을까?

  물 아껴쓰기, 쓰레기 줄이기, 음식찌꺼기 하수구에 버리지 않기, 더러운 물 함부로 버리지 않기, 비누나 샴푸, 세제를 많이 사용하지 않기 등

• 맑고 깨끗한 물이 있는 사진과 오염된 물이 있는 사진을 배경판으로 물을 오염시킬 수 있는 원인 및 깨끗하게 하는 방법 등의 그림을 유아가 직접 그려서 물을 깨끗하게 만드는 놀이를 할 수 있다.

④ **확장활동**

- 모둠으로 포스터나 벽화를 그리게 해 본다.
- 물을 아끼고 깨끗하게 하는 내용을 가지고 광고를 만들어 본다.
- 천연 정수기를 만들어 물이 정화되는 과정을 볼 수 있다.

토의과제

1. 영유아들의 생활주제에 따른 기본생활 지도계확안을 작성해보자.

2. 영유아들의 편식지도 및 바른 식습관 지도에 대해 토의해보자.

3. 영유아의 인성교육에서 가장 중요하게 생각해야 것들에 대해 토의해보자.

CHAPTER

8 부적응 행동 지도

01 사회적 부적응 지도

1) 공격성

(1) 특성

공격성은 친구에게 욕을 하고 약을 올리며, 때리고 괴롭히는 행동이나 장난감이나 물건을 부수거나 던지고 파괴하는 일련의 행동을 의미한다. 공격성의 유형은 학자에 따라 여러 가지로 구분되지만, 공격성은 공격의 목적에 따라 적대적 공격성과 도구적 공격성으로 구분될 수 있다(Shaffer, 1993). 적대적 공격성은 타인을 해치거나 고통을 가하려는 자체가 목적인 공격성이고, 도구적 공격성은 자신에게 이익이 되는 권력이나 돈과 같은 비공격적인 목적을 얻기 위해 타인에게 해를 가하거나 상처를 주는 공격성을 의미한다. 유아들은 자신의 욕구를 표현하고자 하거나 욕구가 좌절되었을 때 친구 깨물기, 놀이감 던지기 등의 공격적인 행동으로 이를 표출한다. 유아들의 공격성은 대부분이 도구적인 공격성이 많다. 이러한 도구적 공격성이 연령이 높아지면서 타인을 해하고자 하는 적대적 공격성으로 변화한다. 또한 공격성은 외현적 공격성과 내재적 공격성으로 구분되기도(Crick & Grotpeter, 1995) 하는데, 외현적 공격성은 밀기, 차기, 때리기와 같이 신체적으로 타인에게 해를 주거나 욕, 험담과 같이 언어적으로 타인을 위협하는 것을 의미한다. 내재적 공격성은 다른 사람과의 관계를 손상시켜 다른 사람에게 해를 가하는 공격성으로 간접적인 형태의 공격성이다. 우정관계 또는 또래관계를 통제하거나 손상시키기 위해 의도적인 조작을 통해 다른 사람에게 해를 입히는 관계와 관련된 공격성은 여아에게 더 높게 나타나고 있다(김지현, 박경자, 2006; 신유림, 2008).

유아의 공격성은 일반적으로 나타나는 것으로 정상적인 발달의 과정이지만, 공격성의 강도가 강하며 빈번하게 나타날 경우에는 주의 깊은 교사의 지도가 필요하다.

(2) 원인

◆ 기질적 요인

기질은 유아기 초기에 나타나는 성격적 특성으로 생물학적 영향을 받아 상당히 안정적으로 나타나는 유전적 성향이다. 기질적으로 왕성한 힘과 기운을 충분히 발산하지 못하거나 자신의 활동에 제한을 받는 경우 공격성이 나타날 수 있다. 공격성을 예측할 수 있는 중요한 요인 중 하나가 기질적 충동성이며(최순영, 2003), 기질의 유형 중에서는 적응을 잘 못하거나 높은 반응성과 활동성이 높은 유아인 경우, 기관에서 공격성과 불안 등의 부적응 행동을 많이 보일 수 있으며(서수경, 1993), 기질이 활기찰수록 우울하거나 불안한 정도는 낮은 반면 공격적인 성향이 높다는 연구들은 기질특성이 강할 경우, 환경과의 상호작용에서 부정적 행동양식을 증가시킬 수 있다고 한다(김연, 2010).

또한 유아가 장애나 정서적 문제를 가지고 있을 경우에도 공격성과 관련된 행동을 보일 수도 있다.

◆ 환경적 요인

타인의 행동을 관찰함으로써 공격적인 행동을 모방하게 되는 경우이다. 영유아가 일상생활에서 부모나 형제자매가 싸우거나 욕하는 행동을 보게 됨으로써 그들의 행동이 아주 강력한 공격성의 모델역할을 한다는 입장이다. 그 외에도 TV나 비디오 등의 매체에서 나타나는 폭력적인 장면이나 또래끼리 신체적으로 때리고 싸우는 장면 등을 관찰한 후 그 행동이 학습되면, 비슷한 상황에 처했을 때 그 행동을 모방함으로 공격적인 행동을 하기도 한다.

부모의 양육태도 또한 환경적 요인으로 제시될 수 있다. 즉, 부모의 지나친 통제와 폭력적인 행동뿐 아니라, 유아의 공격행동에 대해 부모가 허용적인 태도를 취하게 되거나 과잉보호 혹은 자녀의 공격적 행동에 대해 방임하는 양육태도가 영유아의 공격적 행동에 대한 원인이 될 수 있다.

◆ 사회적 기술부족 요인

자신이 원하는 바를 타인에게 전달하기 위한 적절한 사회적 기술을 습득하지 못한 경우이다. 다시 말해 자신이 의도하는 것을 전달하고자 할 때, 적절한 언어를 사용하여 표현하지 못하는 경우 공격적인 행동을 통해 의사를 전달하게 된다. 예를 들어, 자신에게 필요한 놀잇감을 뺏기기 싫어서 친구를 물거나 할퀴는 경우, 엄마와 헤어져 기분이 나쁜 것을 주먹을 교사에게 휘두르고 발버둥치며 소리침으로 표현하는 경우가 포함된다.

또한 공격적인 행동으로 원하던 바를 얻었던 이전 경험이 공격성을 강화시켜 영유아들이 습관적으로 공격행동을 반복할 수 있다.

(3) 지도방법

◆ 즉각적 개입

문제행동 발생상황에서 교사가 즉시 개입하는 것으로, 공격적인 행동을 보이는 상황에서 교사는 문제행동을 유발하는 영유아의 마음을 우선 인정하고 지지하면서 동시에 행동에 대한 제한과 적절한 대안에 대해 논리적으로 설명할 수 있다. 다음은 즉각적으로 교사가 개입하는 4단계 상호작용방법이다(보건복지부 · 육아정책연구소, 2013).

• 단계 1 : 영유아 감정을 수용하고 이해하기

 - 모든 상황에서 교사는 영유아의 감정을 수용하고 이해해주는 것으로 시작하여야 함.

 - 감정이 격앙된 상태일 때는 먼저 비언어적으로 수용하기.(예: 안아주기, 등 토닥여주기, 고개를 끄덕이며 안아주기)

 - 영아의 감정과 상황을 읽어주기(간결한 말로 상황을 표현해주기, 등 토닥여주기, 고개를 끄덕이며 안아주기)

• 단계 2 : 서로의 입장을 분명히 이해하기

 - 잘잘못을 가리기보다는 서로가 원하는 것이 달라서 생긴 상황임을 인식시키기

 - 각자의 입장을 말할 기회주기

 - 친구의 감정 읽어주기

 - 친구의 행동의도 읽어주기

• 단계 3 : 행동의 기준을 분명히 알려주기

 - 허용되지 않는 행동을 분명하게 말하기

 - 필요한 경우, 허용되지 않는 행동에 대해 책임지기

• 단계 4 : 적절한 대안 찾기

 - 서로 해결방안을 제안해보기

 - 서로 수용할 수 있는 해결방안 적용하기

예를 들어, 친구 놀잇감을 뺏는 행동을 보일 때 위 단계에 맞추어 지도하면 다음

과 같이 지도할 수 있다(보건복지부 · 육아정책연구소, 2013).

- 단계 1 : 영아의 욕구 인정해주기
  - "친구가 갖고 놀고 있는 놀잇감을 너도 가지고 놀고 싶구나."
  - "친구와 같이 놀고 싶니?"
- 단계 2 : 친구의 입장 설명하기
  - "친구가 가지고 놀던 놀잇감을 네가 가져오면 빼앗는 거야."
  - "친구 것을 빼앗으면 친구가 속상해."
  - "소리를 지르거나 친구를 불편하게 하면 친구들이 짜증나서 같이 놀자고 안해."
- 단계 3 : 용납되지 않는 행동 설명해주기
  - 잘못에 대해 지적할 때 아이가 아니라 문제행동에 초점을 두어야 함
  - 다른 사람에게 명백한 피해를 주는 행동은 나쁜 것이라는 것을 부드럽지만 단호하게 알려주기

    "놀고 싶다고 친구가 놀고 있는 장난감을 가져오면 안돼!"

    "친구들이 놀고 있는데 소리지르거나 불편하게 하는 것은 친구들 놀이를 방해하는 거야."
- 단계 4 : 적절한 대안 제시하기
  - "친구한테 나도 놀아도 되니 하고 물어보자."
  - "돌아가면서 같이 놀자고 하자, 너 놀 동안 '기다릴게'라고 얘기해보자."

◆ 예방적 접근

공격적인 행동 발생을 최소화할 수 있는 환경을 제공할 필요가 있다. 먼저 좁은 공간에서 많은 영유아가 활동을 할 때 일어날 가능성이 있으므로, 충분한 놀이공간을 확보하는 것을 통해 공격적인 행동발생을 줄일 수 있다. 또한 일과에 충분한 놀이시간을 계획하여 영유아들의 여유를 가지도록 함으로써 이를 예방할 수 있다. 다음으로 영아반에서는 충분한 수의 동일한 놀잇감을 제공함으로써 소유로 인한 갈등을 예방할 수 있다. 예를 들어, 0~1세 영아 10명이 지내는 학급에 4개의 흥미 영역이 구성되어 있다면 흥미 영역당 4명(학급별 영유아 수/흥미 영역×1.5)의 영유아가 함께 놀이할 수 있는 수량의 놀잇감이 충분하게 갖추어져야 한다.

〈표 8-1〉 사회적 부적응지도를 위한 교사의 지원전략

활동지원전략	설명
영유아의 신체적, 정서적 상태 읽어주기	영유아가 자신의 신체적, 정서적 상태를 알 수 있도록 교사가 영유아의 상태를 언어로 표현해주기
영유아의 감정 수용하기	교사가 영유아의 감정을 있는 그대로 이해하고 수용하기
서로의 입장 이해하기	잘잘못을 가리기보다는 서로 원하는 것이 달라서 생긴 상황임을 인식시키고, 서로의 감정 및 행동의도를 이해하도록 돕기
행동의 기준 알려주기	영유아 스스로 행동의 결과를 예측해 봄으로써 행동의 기준을 이해할 수 있도록 알려주기
바람직하지 않은 행동 제한하기	다른 친구를 다치게 하거나 속상하게 하는 등 영유아의 바람직하지 않은 행동에 대하여 단호하게 허용되지 않음을 알리기
대안방법 찾기	문제를 해결할 수 있는 방법을 제안하여 서로가 수용할 수 있는 방법을 찾기
대안방법 지도하기	바람직한 방법으로 행동할 수 있도록 모델링이나 설명의 방법으로 알려주기
격려하고 지지하기	영유아의 바람직한 행동을 격려하고 지지함으로써 영유아가 안정감을 가지고 자아존중감을 향상시킬 수 있도록 돕기
친사회적 행동 격려하기	나누기, 차례 지키기, 도와주기 등 친사회적 기술의 모델링과 설명을 통해 바람직한 행동을 향상시키고, 친사회적 행동 격려하기
민감한 반응 보이지 않기	문제행동에 대해 민감하게 반응하지 않기
또래와 바람직한 관계 촉진하기	또래와 즐거운 경험 제공하고, 또래와 화해 격려하기
환경 개선하기	일과시간, 놀잇감의 수, 공간배치. 놀이환경 등 환경적인 부분을 개선하기
스스로 생각해보기	영유아 스스로 문제의 원인 및 해결방안을 생각해 볼 수 있도록 시간 및 기회주기
영유아 관심 따라가기	영유아가 관심을 가진 것을 교사가 그대로 수용해 함께하기
화해하기	또래와의 갈등상황에서 화해하기
관심 전환하기	영유아의 관심을 다른 방향으로 전환시키기
영유아에게 선택권 주기	영유아가 원하는 대로 할 수 있도록 결정권을 주기
기다리기	영유아의 감정이 안정될 때까지 기다리기

출처: 보건복지부 · 육아정책연구소(2014). 특별한 요구를 가진 영유아보육활동 및 교사교육 프로그램개발연구.

2) 고립

(1) 특성

고립은 사회적 기술이 부족하거나 공격성 등의 이유로 집단에서 또래들로부터 다양한 활동에서 선택되지 못하거나 사회적 위축이 되면서 부끄러워하며, 말수가 적은 행동과 같이 또래집단에서 대인접촉의 빈도가 매우 낮은 양상을 보이는 경우를 일컫는다(Harrist, Zia, Bates, Dodge, & Pettit, 1997). 고립아는 적절한 또래관계를 가지지 못해 발달적으로 여러 가지 어려움을 겪게 되는 대표적인 경우로, 집단생활 전반을 통하여 외로움과 소외감을 경험하고 낮은 자아존중감으로 고통을 받게 되며(Crick & Dodge, 1994), 외부의 도움이 없으면 외로움과 소외감이 아동기까지 지속되어 점점 공허감, 무가치함, 불안을 동반하고 학업에서의 여러 가지 어려움을 경험할 수도 있다. 이러한 고립은 말수가 적은 행동, 소극적인 단독행동, 회피행동 등으로 나뉠 수 있다(권정윤 외, 2013 재인용).

먼저 '소극적 불안'으로 사회적 상호작용에 대한 두려움으로 인하여 또래와 노는 것을 피하는 것으로, 다른 유아와 놀이하고 싶지만 그러한 감정을 억눌러 회피하는 경우이다.

둘째, '비사교적 행동'으로 단순히 혼자서 놀이하는 것을 좋아하여 고립된 행동을 하는 것이다. 이러한 유아는 다른 유아에 비해 사회적 기술이 부족하거나, 다른 유아와의 상호작용 수준이 떨어지는 것은 아니다.

셋째, '적극적 고립'으로서 사회적 상호작용을 하지 않고, 회피행동을 하여 또래 사이에 수용되지 않거나 배척되는 경우이다. 이러한 유아의 경우 또래집단에서 따돌림을 당하거나 함께 놀 또래를 찾기 어렵다.

이러한 고립행동의 유형 중 '적극적 고립'의 유아들은 사회적으로 부정적인 행동을 통한 부정적인 상호작용의 경험을 많이 하게 되지만, 이런 경우보다 '소극적 불안' 유형의 유아들은 대부분 교사의 눈에 띄는 행동을 거의 하지 않기 때문에, 교사는 유아가 소극적이고 조용한 성격이라고 여기기 쉬우므로 더 주의하여 관찰하고 지도해야 한다.

(2) 원인

◆ 기질적 요인

지나치게 수줍은 성격이나 기질이 원인인 경우이다. 기질적으로 느리거나 타고난 낯가림으로 다른 사람들에게 집중되는 것을 수줍어하여, 또래에게 가까이 가지 못하고, 또래에게 말을 걸지 못한다.

또한 발달상의 장애로 인해 발생할 수 있다. 즉, 자폐 등의 발달상의 장애를 가지고 있을 경우 인지, 사회성, 정서 부분에서 어려움을 느낌으로 이러한 고립행동을 보일 수 있다.

◆ 환경적 원인

장기간 부모로부터 격리된 경우, 타인과의 교류기회가 적어 또래 유아나 성인과의 사회적 관계형성에서 불편함을 느끼는 경우이다.

◆ 사회적 기술부족 요인

예전에 함께하는 놀이에서 좌절감을 경험했거나, 성공경험이 없어 유아가 또래와 놀이에서 필요한 사회적 기술을 습득하는 데 어려움이 있어 고립행동이 나타나는 경우이다.

(3) 지도방법

◆ 즉각적 개입

흥미 영역에서 또래 유아와 어울려 놀이에 참여하지 않는 행동을 보일 때, 교사의 지도방법을 상호작용 4단계로 나누어 제시하면 다음과 같다(보건복지부 · 육아정책연구소, 2013).

- 단계 1~2 : 유아의 분명한 의사 알아차린 후 읽어주기
  - 유아를 관찰하기
  - 유아와 의사소통하기
  - "○○아, 무엇을 하고 있니?"
  - "○○아, 같이 하자"
- 단계 3~4 : 유아가 원하는 놀이에 참여할 수 있도록 도움 주기
  - "얘들아, 선생님이랑 ○○이랑 같이 하자."
  - "○○아, ○○이가 이 역할을 하면 좋을 것 같아."

너무 수줍어하는 유아에게 이야기 나누기 시간에 주말 지난 이야기를 시키자 울음을 터트리려고 할 경우, 교사는 다음과 같이 안내할 수 있다.

- 단계 1 : 유아의 부끄러움이 일반적이라는 것임을 지지하기
  - 유아에게 다른 친구들도 부끄럽고 긴장할 수 있다는 것을 알리기
  - "다른 친구들도 ○○처럼 부끄럽고 떨렸대."
  - "선생님도 친구들 앞에서 이야기할 때 부끄러웠던 적이 있었어."

- 단계 2 : 유아아게 한 번 더 제안해보기
  - 다른 사람들이 유아의 생각이나 느낌을 궁금해 한다는 것을 이야기 나누기
  - "친구들이랑 선생님이 ○○ 이야기가 궁금한데 이야기해 줄 수 있니?"
- 단계 3: 시도해 볼 수 있는 편안한 분위기 만들기
  - 다른 유아들이 다그치지 않도록 돕기 : "우리 조금 기다려주자."
  - 지나치게 집중되거나 유아가 긴장되지 않도록 돕기
  - 또래들이 유아에게 부정적인 표현을 하지 않도록 돕기
- 단계 4 : 유아의 말과 행동에 긍정적으로 지지해주기
  - 시도하거나 성공했을 때 긍정적으로 지지해주기
  - " ○○이가 용기를 내어 이야기해줘서 고마워. ○○는 그랬구나~."
  - 하지 않더라도 격려하기
  - 상심하지 않도록 돕고 다음 기회에 긍정적인 경험을 할 수 있도록 교사가 적절한 상황에 시도할 수 있는 분위기 만들기
  - 친구들이 비난하지 않도록 상호작용하기("괜찮아~ 다음에 해도 돼~")

◆ 예방적 접근

유아가 놀이나 일상생활에서 성공하였을 때 긍정적으로 지지해 준다. 이를 위하여 교사는 고립행동을 하는 유아에게 언어적, 비언어적 표현을 해주고, 교사 또한 놀이에 적극적으로 참여하는 모델을 보여준다.

또한 유아 스스로 자신감을 갖고 의사표현할 수 있는 기회를 많이 제공한다. 즉 표현하는 것을 힘들어하는 유아의 경우, 교사는 개별적으로 의사소통하며 친밀감을

형성한 후 자신의 생각을 이야기할 수 있도록 도울 수 있다. 유아가 표현하면 교사는 긍정적으로 지지해주어 성공에 대한 경험을 강화할 수 있도록 안내한다.

이와 더불어 교사는 가정과의 연계를 통하여 자신감을 갖도록 도와야 한다. 즉, 부모님께 유아의 의사표현이 맞고 틀리는 것이 아님을 알리고, 유아가 자신의 생각을 이야기 할 수 있도록 긍정적으로 지지받을 수 있도록 한다.

3) 거짓말

(1) 특성

거짓말은 자신이 말하는 것이 사실과 다르다는 것을 인지하고 있으면서 틀린 사실을 상대방이 믿도록 하려는 의도를 가지고 속이는 행위를 의미한다. 유아들에게 거짓말은 무조건 나쁘다는 일반적인 생각으로 지도하는 것은 바람직하지 않다.

유아들은 현실과 상상의 세계를 구분하지 못하는 발달특성상 상상 속의 생각을 거짓말로 하는 경우가 있다. 자신의 생각이나 욕구를 마치 현실에서 일어나는 일인 것처럼 말하기도 하기 때문에 유아가 거짓말을 하더라도 남을 속이려는 의도에서 한 것인지를 구분하는 것은 어렵다(권정윤 외, 2016 재인용). 유아의 연령이 증가함에 따라 행위자의 의도와 상황을 포괄적으로 고려하여 정교한 도덕성 및 거짓말 판단이 이루어진다. 유아는 만 3세를 기점으로 의도적인 거짓행동이 가능하게 된다. 즉 3세부터 거짓말을 하기 시작하여 연령이 증가함에 따라 속이려는 의도성을 갖게 되며, 정교하게 속이는 행동을 하게 되어서 만 4~5세 유아의 거짓말은 3세 유아의 거짓말과는 질적으로 다르다(권정윤 외, 2016 재인용).

거짓말을 많이 하는 유아들은 학령기 및 청소년기에 싸움, 때리기, 또래 괴롭힘, 자기 통제의 어려움 등의 사회적 일탈행동을 나타낼 수 있으므로 유아기에 이러한 문제행동을 적절하게 지도하는 것은 중요하다.

(2) 원인

◆ 발달적 요인

유아기는 발달적으로 자기중심적 사고를 하는 시기로 자신이 경험한 것과 자신의 소망, 및 상상을 구분하지 못하기 때문에 거짓말을 할 수 있다. 또한 자신이 바라는 것이 마치 사실인 것으로 생각하여 거짓말을 할 수 있다.

◆ 환경적 요인

어머니의 언어통제유형이 유아의 거짓말에 영향을 미친다는 것이다. 오유리 등(2008)에 의하면, 어머니가 역할재량권을 유아에게 거의 주지 않으며 단순하고 감정적인 제한된 어법으로 유아행동을 통제하는 언어를 사용할수록 유아는 거짓말을 더 많이 한다.

(3) 지도방법

◆ 즉각적 개입

유아가 역할놀이 영역에서 아기 인형놀이를 하면서 동생이 없음에도 동생이 있다고 이야기할 경우, 지도방법을 상호작용 4단계로 제시하면 다음과 같다.

- 단계 1: 아동감정을 수용하기 이해하기
  - 유아를 언어적, 비언어적으로 지지하기
  - "○○아, 동생이 있었으면 좋겠구나."
  - "○○이는 동생이 있었으면 해서 말한건데 거짓말이 되어버렸네."
- 단계 2: 서로의 입장을 분명히 이해하기
  - 교사는 유아가 상상했던 것을 현실로 착각했음을 친구들이 잘 이해할 수 있도록 돕는다.

- 유아가 스스로 이야기하는 것을 힘들어 할 경우 교사는 도움을 줌

• 단계 4: 적절한 대안행동 지도하기

- 유아에게 사실과 상상을 구분할 수 있도록 상호작용하기
- "○○이가 동생이 있었으면 좋겠다고 생각한 적 있니?"
- "친구들한테 이렇게 이야기하는 게 좋을까?"
- "동생이 있었으면 해서 상상해 본 거야. 그냥 말해서 거짓말이 되었어. 미안해라고 말해볼까?"

◆ 예방적 접근

자기조절기술을 배울 수 있도록 교사는 유아를 도와야 한다. 행동의 의도를 보지 않고 결과에만 교사가 집중하여 지도할 경우, 유아는 위축되거나 불안감을 가질 수 있다. 또한 교사의 긍정적인 반응이나 모델링을 통해 유아가 자기조절기술을 배울 수 있도록 지도해야 한다.

02 정서적 부적응 지도

1) 분리불안

(1) 특성

분리불안은 영유아가 부모나 애착을 형성한 양육자와 분리될 때 느끼는 불안감을 의미한다. 주 양육자와 심리적 분리가 안 되면 나타나는 현상으로, 분리불안은 생후

9개월경에 시작해서 12개월 무렵에 가장 심하다가 24개월경이 되면 서서히 완화되어 30~36개월 정도에 심리적 분리가 가능해진다. 그러나 기관경험이 처음인 영유아는 낯선 환경에 대한 불안감을 가지게 되며, 일반적으로 영아와 유아 모두 이러한 낯선 환경에 적응할 수 있도록 어린이집이나 유치원에서 적응 프로그램을 실시하지만 이러한 적응에 있어서는 개인차가 있다,

분리불안 체크리스트

1. 어린이집 · 유치원에 보낼 때 울음을 터트린다.
2. 엄마가 자신의 시야에서 사라지면 불안해한다.
3. 어린이집 · 유치원에 가기 싫다는 말을 자주 한다.
4. 어린이집 · 유치원에서 있었던 일을 잘 이야기하지 않는다.
5. 어린이집 · 유치원에서 있었던 일 중 부정적인 일만 이야기한다.
6. 내일 어린이집 · 유치원에 가야 한다고 이야기하면 싫어한다.
7. 어린이집 · 유치원보다 엄마와 있는 것이 좋다고 자주 이야기한다.
8. 어린이집 · 유치원에 가기 싫다고 떼를 쓴다.
9. 어린이집 · 유치원에 갈 때 배가 아프다거나 머리가 아프다고 한다.
10. 어린이집 · 유치원에서 돌아오면 내일은 안 가겠다고 한다.

※ 이 중 체크항목이 3개 이하이면 정상, 4~7개면 주의를 요하는 상황, 8개 이상이면 분리불안 장애가 의심됨

출처: 신의진(2011). 아이심리백과. 서울

(2) 원인

◆ 기질적 요인

부모가 분리불안이나 우울증이 있는 경우 자녀에게도 분리불안이 더 자주 출현된다. 또한 부모가 낯선 환경에 잘 적응하지 못하고 변화를 두려워하는 성격일 경우 그 자녀에게도 분리불안이 나타날 가능성이 높다.

분리불안을 보이는 경우는 어머니와 애착관계가 약하고 영유아가 도움을 청했을 때 양육자가 즉각 반응하리라는 것을 믿지 못하기 때문에 나타날 수 있다. 영유아가 양육자와 안정애착을 형성하였다면 양육자와 분리 시에 힘들었다가도 일상생활은 정상적으로 할 수 있으며, 하원 후에 양육자를 다시 만났을 때 다가가 안기거나 기쁨을 표현한다. 그러나 양육자와 불안정 애착형성을 했을 경우, 양육자와 다시 만났을 때 공격적인 행동을 보이거나 반대로 아무런 감정을 표현하지 않는다.

◆ 환경적 요인

부모가 지나친 애정을 주어 과잉보호를 한다든가 응석을 받아주어 버릇없이 키울 때에도 분리불안이 나타날 수 있다. 헤어질 때는 다정하지만 단호하게 하여야 한다. 영유아들은 양육자와 떨어질 때 심하게 울다가도 떨어진 후 흥분을 가라앉히고 잘 노는 아이들이 있다. 이는 헤어지는 연습이 잘 안 되는 경우이므로, 어린이집이나 유치원에 가기 전에 아이에게 왜 엄마와 떨어져야 하는지, 거기에서 무엇을 하게 될지, 엄마는 그동안 무슨 일을 하는지, 엄마가 언제 다시 오는지에 대해 자세하게 이야기 나누는 것이 좋다.

가정에서의 변화가 기관생활에 영향을 미쳐 어린이집이나 유치원에서 불안해 할 수 있다. 이러한 변화로는 이사로 인한 심리적 불안감 감지, 동생 출생으로 인한 가정환경에의 변화가 불안감을 야기한다든지, 부모의 불화 혹은 엄마의 취업으로 인하여 어린이집을 처음 이용하거나 이용시간이 늘어나는 경우들이 있다.

(3) 지도방법

교사는 먼저 영유아의 언어적 비언어적 표현을 항상 관찰함으로써 영유아가 무엇을 원하는지, 어떤 것을 불편해 하는지 파악하려고 노력하고, 민감하고 반응적인 상호작용을 제공해야 한다. 이때 영유아와 상호작용을 위해 부드럽고 낮은 목소리로 상호작용하도록 한다.

둘째, 교사는 부모를 지원하여야 한다. 교사는 양육자의 어려움을 들어주고 이들이 겪는 어려움의 구체적 사례를 가져오게 하여, 그 사례에 해당하는 바람직한 상호작용의 예를 제시할 수 있다.

셋째, 교사는 또래관계를 지원할 수 있다. 등원을 같이 할 수 있는 또래를 찾아주고, 기관에 와서도 함께 놀이할 수 있는 기회를 제공해 준다.

2) 감정조절

(1) 특성

다른 아이에 비해 잘 울고 짜증이 심하거나, 격한 분노행동을 보이거나 실패에 대한 두려움과 공포 등의 행동이 심한 영유아들은 감정조절에 문제가 있는 경우가 대부분이다. 감정조절상의 문제는 분노로 표출되고, 분노는 강렬한 감정으로 신체적 변화와 여러 가지 감정이 복합된 상태로 나타난다. 지나친 분노표출은 또래로부터 긍정적인 반응을 이끌어 내지 못하며, 부모나 교사에게는 다루기 힘든 행동으로 이들에게도 좌절감을 느끼게 하는 동인이 되기도 한다. 감정조절을 하지 못하는 경우, 특히 이러한 감정이 부정적인 감정일 경우 이들은 또래들과 잘 어울리지 못하게 된다. 즉, 감정조절이 힘든 유아들은 부정적인 또래관계를 형성하므로 지도가 필요하다.

(2) 원인

◆ 기질적 요인

유아들은 높은 민감성과 반응성을 보이는 까다로운 기질일 경우 나타날 수 있다. 까다로운 기질의 영아는 전체 영아의 10% 정도인데 이들은 신체적, 생리적으로 각성이 높아 조그만 자극에도 금방 반응한다.

또한 신경학적 미성숙으로 인해 유아는 자신의 분노를 사회적으로 이해할 수 있는 있는 수준에서의 조절이 어려울 수 있다. 이러한 미성숙으로 인해 유아들은 자신의 목적이 좌절되거나 방해받았을 때 강한 분노로 나타나게 된다. 이러한 감정조절의 어려움은 연령이 어릴수록 더 잘 발견된다. 이는 자신의 요구를 더 잘 수용될 수 있는 방식으로 표현하는 것에 익숙하지 못하므로 강렬한 신체적 표현을 사용하여 감정을 나타낸다.

◆ 환경적 요인

감정조절에 부적응 행동을 보이는 유아들은 주변 유아들의 행동양식을 모방했을 가능성이 높다(신혜영, 2013). 이러한 정서적 환경에서는 감정을 조절하는 방법을 학습하는 것이 힘들기 때문에 문제행동으로 연계될 확률이 높다.

또한 유아가 강한 분노로 감정을 표현한 행동을 보인 후 주변으로부터 관심을 받았거나 유아의 요구가 받아들여지면서 잘못 강화되어 지속되는 경우도 있다.

(3) 지도방안

유아가 감정조절을 하지 못하여 분노를 표현할 때 감정을 인정해주고, 반영해주며, 문제를 해결하는 데 있어 언어를 사용하도록 도와야 한다. 유아가 관심을 받고 싫어 분노폭발을 할 경우 교사는 다음과 같은 방법을 사용할 수 있다.

먼저 유아가 분노를 보이는 이유에 대해 공감해 준다. 유아의 분노를 인정해주고 공감을 표현하는 것만으로도 유아의 분노가 풀리기도 한다.

또한 분노를 표현하는 방법을 알려줄 필요가 있다. 유아들은 자신이 화가 났을 때 어떻게 조절하고 표현해야 하는지를 모르기 때문에 이를 적절하게 표현하는 방법을 알려주어야 한다. 만약 유아의 감정폭발이 관심을 끌기 위한 것일 수도 있다. 유아가 부정적인 방법으로라도 성인의 관심을 끌어내고자 하여 지나친 표현을 할 때 깜짝 놀라거나 제지하게 하면, 그 자체가 유아의 감정폭발을 더욱 강화시킬 수 있어 교사는 이러한 의도가 보이는 감정폭발 시에는 관심을 철회해야 한다.

교사가 제한하는 행동을 유아가 계속할 때에는 활동중지(time-out)를 할 수 있다(육아정책연구소, 보건복지부, 2013). 활동중지란 강화, 보상 및 관심을 잠시 멈추는 것을 의미하는 것으로, 유아가 바람직하지 못한 행동을 할 때 그 행동이 일어나 직후(가능한 한 10초 이내)에 즐거운 상황에서 유아를 빨리 격리시켜서 조용하거나 지루한 장소에 유아를 위치시킴으로써 즉각적으로 유아의 행동을 멈추게 하므로 제한행동을 저지하기 위해 효과적으로 활용될 수 있다. 활동중지를 적용하기에 적절한 행동으로는 때리기, 장난감 던지거나 뺏기, 부수기, 다른 사람을 물거나 물려고 위협하기, 물건 던지기, 침 뱉거나 침 뱉겠다고 위협하기 등이 있다.

〈표 8-2〉 **활동중지를 적용하기에 적절한 행동과 부적절한 행동**

활동중지(time-out) 적용이 적절한 행동	활동중지(time-out) 적용이 부적절한 행동
· 때리기 · 장난감 던지거나 뺏기 · 저주하거나 욕설하는 행위 · 부수기 · 다른 사람을 물거나 물려고 위협하기 · 물건 던지기 · 침 뱉기 · 침뱉겠다고 위협하기 · 꼬집거나 할퀴기 · 징징대기 · 약 올리기 · 욕하기 · 경고를 받고나서도 어른의 대화에 계속 끼어들기 · 식탁에서 음식을 던지는 행동 · 큰소리로 우는 소리하기 · 고의적으로 크게 울기 · 머리카락 잡아당기기	· 삐지기 · 뾰로통하기 · 짜증내기 · 옷과 장난감 치우지 않기 · 의존적이거나 수동적인 행동 · 혼자 있으려 함 · 교사가 직접 목격하지 않은 행동 · 과다한 활동

활동중지의 절차는 다음과 같다.

① 미리 활동중지를 적용할 대상행동 한 가지를 지정한다.

② 그 대상행동이 얼마나 자주 일어나는지 세어 본다.

③ 활동정지 장소로 사용할 따분한 공간을 미리 정해 놓는다. 무섭거나 재미있는 곳은 피한다.

④ 대상행동이 나타나면 10초 이내, 10마디 이하를 사용하여 활동정지 장소로 보낸다.

- 2~5세 유아는 활동중지 의자가 적합하며, 5~12세 유아라면 욕실처럼 격리

된 활동중지 장소가 필요하다. 활동중지는 되풀이해서 사용되지 않도록 다른 여러 곳을 사용해보고 가장 효과적인 곳을 선별해도 좋다.

⑤ 휴대용 타이머로 시간을 맞춘다.

- 활동정지가 효과를 거두기 위해 휴대용 타이머를 반드시 구비하고 있어야 한다. 유아와 교사 모두에게 정확한 신호가 될 수 있다.

⑥ 활동정지 적용 시간은 연령당 1분씩 적용될 수 있다.

- 예를 들어 5세인 경우 5분을 적용할 수 있다.

⑦ 타이머가 울리기까지 유아에게 아무런 관심을 보이지 않는 것이 좋다.

⑧ 활동중지 타이머가 울리는 소리를 듣고, 교사는 유아에게 자기가 무엇을 했는지 말하거나 혹은 자기가 규칙을 어겨서 활동중지에 보내져야 했던 이유를 말하게 한다.

3) 미디어중독

(1) 특성

미디어중독이란 컴퓨터, 인터넷, 스마트폰 사용에 있어 자율적 통제가 불가능할 뿐 아니라 과도한 집착이나 충동적인 행동을 보이는 것으로, 이로 인해 사회적 기능에 장애를 일으켜 경우에 따라서 우울증, 사회적 고립, 충동조절 장애와 같은 증상을 보이는 것을 의미한다(박선환 외, 2013). 과거에는 TV나 컴퓨터게임에 대한 중독이 미디어중독의 일반적인 양상이었다면, 최근에는 인터넷의 보급과 스마트폰의 대중화로 미디어중독이 다양화되고 있다(조윤주, 최일선, 2016).

우리나라 성인의 대부분이 스마트미디어를 사용하게 됨에 따라 그들의 자녀인 유아들도 자연스럽게 스마트미디어에 노출되고 있다. 또한 유아들은 최근 올바른 놀거리를 보장받지 못한 채 TV, 컴퓨터, 인터넷, 스마트폰 등 각종 미디어에 무방비로 노출됨으로써 문제행동이 과거에 비해 급속하게 늘어나고 있어 미디어중독 문제에 대한 심각성은 영유아들 또한 예외가 아니다. 실제로 유아의 40.3%가 만 3세 이전에 스마트기기를 처음 시작하고 21.8%가 일주일에 5회 이상 스마트기기를 사용한다고 한다(황태경, 2013). 이러한 미디어중독은 자기조절능력이 부족한 유아에게 더 쉽게 발생할 수 있으며(이미정, 2013), 시청각 자극만 과도하여 유아의 집중력과 주의력이 떨어질 뿐만 아니라, 도덕적 가치판단능력의 부족으로 현실과 상상을 구분하지 못하는 문제를 가져올 수도 있다(임선영, 2013). 또한 지나친 미디어중독으로 또래와의 상호작용의 기회가 줄어들 수 있으며, 이는 유아의 친사회적 기술, 타인의 감정을 읽는 능력, 시공간에 따른 감정조절능력, 의사소통능력 등에 어려움을 가져다 줄 수 있다(임선영, 2013).

(2) 원인

미디어중독의 원인에 관한 연구는 주로 초등학생이나 청소년을 중심으로 많이 이루어졌는데, 일반적으로 제시될 수 있는 원인을 살펴보면 다음과 같다.

◆ 심리적 요인

일반적으로 초등학생을 대상으로 한 연구에서 미디어중독에 영향을 주는 요인으로 가장 많이 제시되는 것이 자기통제력과 충동성과 같은 심리적 특성이다(김효숙, 2015; 이지연, 2011). 자기통제력이 높을수록 미디어중독 위험이 줄어드는데(김효숙, 2015), 영유아인 경우 자기통제력이 낮으므로 미디어중독에 빠지기 쉽다.

◆ 환경적 요인

- 인터넷과 스마트보급률의 증가로 인해 각종 미디어 접근이 용이하고 편리해

졌다. 스마트미디어의 최초 이용시기는 주로 만 4세이며(방효국, 김낙흥, 2013; 황태경, 2013), 일주일에 1~2회 정도 사용하며, 일일평균 사용시간이 30분 정도이다(방효국, 김낙흥, 2013; 임선영, 2013).

- 부모가 육아를 위한 보조수단으로 미디어를 사용함으로써 유아들의 미디어 사용이 증가되는 환경이 조성되었다. 어머니가 집안일을 할 때, 차량이동 중, 식당 등에서 스마트기기 사용을 영유아에게 허용하고 있으며(방효국, 김낙흥, 2013; 이미정, 2013), 유아가 스마트미디어로 가장 많이 하는 활동은 게임과 동화 및 동영상 시청이다(강연주, 2014). 미디어에 영유아들이 노출되는 시간이 늘어나면서 유아기의 미디어사용이 미디어중독으로 이어질 가능성을 염두해 두어야 하며, 이를 예방하기 위한 교육이 제대로 이루어지도록 해야 할 것이다.
- 부모들이 스마트기기 사용의 적절할 모델링을 제공하지 못할 수 있다. 부모들이 스마트미디어를 자유롭게 사용하는 모습을 보면서 유아들이 스마트미디어가 매력적인 것으로 인식하게 되고, 이러한 인식이 유아들의 미디어중독을 잠재적으로 유발할 수 있다(조운조, 최일선, 2016).

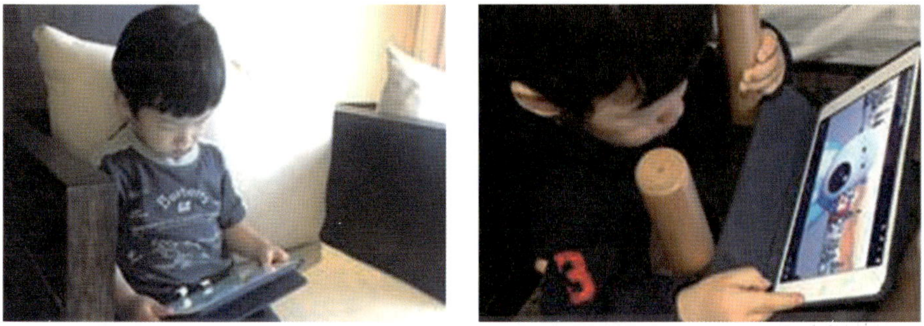

[그림 8-1] 미디어중독

(3) 지도방안

유아의 미디어중독에 대해 예방적 차원에서 살펴보려고 한다(조운주, 최일선, 2016).

- 유아에게 미디어를 제공할 때는 반드시 미디어에 대한 사용시간을 제한해야 한다. 유아들은 재미있는 것을 반복적으로 하려는 습성이 있으며, 이를 통제할 수 있는 자기조절력이 성인에 비해 낮으므로 미디어 사용에 관한 시간제한을 둠으로써 이를 예방할 수 있다. 하루 사용시간을 최대 30분 미만으로 제한함으로써 미디어중독을 예방할 수 있다. 하지만 매일 일정한 시간을 정해놓고 사용하는 것은 습관으로 이어질 가능성도 있기 때문에 주의해야 한다.
- 허락받기와 규칙 지키기를 통해 미디어중독을 예방할 수 있다. 교사 및 부모의 허락을 받았을 때에만 미디어 사용을 허락하고, 약속한 사용시간 동안에만 이용하게 한다. 유아 스스로도 정해진 규칙을 지킬 수 있도록 지도한다.
- 미디어 사용에 관한 교육을 가정과 연계하여 진행되도록 한다. 유아의 스마트미디어 사용에 있어 부모가 가장 큰 영향을 미치므로(임선영, 2013; 이미정,2013), 부모가 먼저 올바른 미디어 사용의 모델이 되어야 한다. 부모가 유아에게 스마트미디어를 허용할 때 가정 내 규칙, 즉 사용시간을 계획하거나 제한하는 등의 적절한 사용시간에 대한 지침을 제공할 수 있도록 가정과 연계하여 미디어중독을 예방할 수 있다.
- 대체할 수 있는 놀이거리를 제공할 필요가 있다. 유아에게 게임을 대체할 수 있는 대안적인 놀이활동을 제안하는 등 미디어중독에 빠지지 않도록 예방교육을 실시한다.

〈표 8-3〉 정서적 부적응지도를 위한 교사의 지원전략

지원전략	설명
영유아의 감정 수용하기	영유아의 언어적, 비언어적 표현이나 감정을 공감하기
영유아의 행동 수용하기	영유아가 기질적 특성 때문에 나타내는 행동에 대해 일단 수용하기
영유아의 감정을 언어로 표현해주기	교사가 영유아의 감정을 알고 있음을 보여주거나 영유아의 감정을 수용함으로써 영유아의 마음 공감하기
영유아가 자신의 감정을 표현하도록 돕기	영유아가 자신의 긍정적, 부정적 감정을 사회에서 통용되는 방법으로 표현하도록 돕기
관심 전환하기	원인을 제거하기 힘든 경우 일시적으로 관심을 다른 곳으로 전환시키기
신체 접촉하기	영유아가 안정감을 갖고 위로를 받을 수 있도록 안아주기, 토닥이기, 문지르기 등 신체적으로 상호작용하기
스트레스의 원인 찾기	영유아의 문제행동에 대한 구체적인 원인을 영유아 관찰, 이야기 나누기 등을 통해 찾기
스트레스의 원인을 공감하기	영유아를 정서적으로 힘들게 하는 원인을 교사가 충분히 공감하며 대화하기
상황 설명하기	영유아의 문제행동이나 스트레스에 대한 원인을 찾은 경우, 영유아가 스트레스를 받는 상황을 인지할 수 있도록 정확하게 설명하기
정보 제공하기	영유아에게 정서적 안정을 위해 필요한 정보를 제공하기
대안방법 찾기	영유아의 스트레스를 완화하거나 제거할 수 있는 대안방법 찾기 유아의 경우, 유아와 함께 대안방법 찾기
적극적으로 영유아에게 사랑 표현하기	적극적으로 영유아에게 사랑 표현하기
가정과 연계하기	교사가 직접적으로 가정과의 연계를 시도하기보다는 영유아의 변화모습을 부모와 공유하거나, 가정에서도 유사한 활동을 하도록 하여 긍정적인 행동을 강화하기
교사의 감정을 구체적으로 표현하기	영유아의 부정적인 행동보다는 긍정적인 행동에 초점을 두고, 교사가 자신의 느낌이나 생각하는 것을 영유아에게 전달하기
앞으로의 계획 알려주기	앞으로의 계획에 대해 교사가 미리 알려주어 영유아의 불안감을 줄이고, 스스로 활동에 참여할 수 있도록 준비시키기
활동에 대한 영유아의 선택권 주기	영유아가 자신의 정서가 안정되기 위해 필요한 활동을 선택하거나, 더 적극적으로 참여하도록 유도하기 위해 유아의 의견을 존중하기

출처: 보건복지부 · 육아정책연구소(2014). 특별한 요구를 가진 영유아보육활동 및 교사교육 프로그램개발연구.

03 신체적 부적응 지도

1) 식습관 문제

(1) 특성

영유아기에 가장 많이 생기는 식습관 문제는 편식이라 할 수 있다. 식습관은 이유식을 시작하면서 조금씩 자리 잡아가는데, 아무것이나 주는 대로 잘 받아먹는 아이가 있는 반면 유독 음식의 질감이나 맛, 색깔에 예민한 반응을 보이는 유아도 있다. 특정 음식이 가진 냄새나 맛에 예민한 것일 수도 있고, 선천적으로 음식 맛에 길들여지기가 어려운 것일 수도 있다. 영유아기는 음식에 대한 기호와 식습관이 형성되는 시기이므로, 다양한 음식을 경험함으로써 음식에 대한 거부반응이 생기지 않도록 해야 한다.

(2) 원인

편식은 자아의식이 발달하기 시작하고 음식에 대한 선호가 생기는 3세부터 본격적으로 시작되는 경우가 많다. 예민한 유아들은 매사에 신경질적이다 보니 식욕이 쉽게 떨어지고 밥투정이 심할 수 있으며, 기분에 따라서 잘 먹던 음식도 먹지 않을 수 있다. 편식 및 식욕부진과 관련한 식습관 문제의 원인은 다음과 같다.

◆ 발달적 요인

영아는 성인의 3배 정도 더 많은 미뢰를 갖고 태어나며, 미뢰가 많아 성인보다 음식 맛을 더 강렬하게 느끼게 되어 편식이 생길 수 있다. 미뢰는 8세가 되면서 점차 줄어들어 성인의 수에 가까워지지만, 그 이전까지 낯선 음식에 대한 편식 경향이 나타나며 2~5세경에 두드러지게 나타난다.

◆ 환경적 요인

- 이유식의 미숙

  생후 3개월부터 시작하는 이유기는 유아의 식습관 형성에 매우 중요한 시기이다. 이 시기에 이유식을 급속도로 진행하거나, 조리방법이 잘못 되거나, 특정 음식만 주면 편식이 생길 수 있다.

- 부모나 형제가 편식이 있어 다양한 종류의 음식을 경험할 수 있는 기회가 적은 경우 편식이 생긴다.

- 지나친 과보호와 강제

  부모가 과보호하여 유아가 원하는 음식만을 제공하거나, 싫은 음식을 억지로 먹이면 음식에 대한 혐오감이 증가되어 편식을 하게 된다.

  이러한 원인 외에도 음식이 너무 자극적이거나 먹기에 너무 크거나, 단단하여 혀에 닿는 감촉이 나쁠 경우 편식이 나타날 수 있다.

[그림 8-2] **식습관 지도(식사를 늦게 하는 유아, 음식을 씹지 않는 유아)**

(3) 지도방안

◆ 기본적인 식사지도 방안(육아정책연구소, 보건복지부, 2013)

- 영유아의 발달수준과 건강 및 기분상태 등을 고려하여 융통성 있게 지도한다.
- 지나치게 모든 음식을 다 먹어야 한다는 점을 강조하지 않는다. 또한 교사의 도움 없이 처음부터 끝까지 스스로 먹어야 한다는 점을 강조하지 않도록 한다.
- 영유아의 식욕이 쉽게 변화할 수 있다는 것을 교사는 이해한다.
- 식사시간이 즐거운 시간이 되도록 해야 한다. 식사시간에 항상 늦게 먹거나 못 먹는 것이 많았던 경험은 영유아로 하여금 식사에 대한 부정적 개념을 심어주고 영유아의 자아존중감 과 자기효능감에 부정적 영향을 미칠 수도 있다.
- 교사나 부모가 여러 가지 음식을 골고루 먹고 즐겁게 식사하는 모습을 보여주어 올바른 식습관의 모델이 되도록 한다.
- 정신적 스트레스가 식욕과 식사행동에 영향을 줄 수 있음을 고려하여 식사지도를 한다.

◆ 새로운 음식을 거부할 때(육아정책연구소, 보건복지부, 2013)

- 유아의 정서를 이해한다. 영유아가 익숙하지 않은 것을 먹기 힘들어 할 수 있다는 것을 언어적으로 표현해주고, 새로운 것에 대해 교사도 그러한 경험이 있음을 알려준다. 새로운 음식을 시도하기 힘들어하는 것을 나쁜 습성으로 단정짓거나, 잘 시도하는 영유아가 우월하다는 인식을 심어주지 않도록 주의한다.
- 점심시간에 나온 반찬들에 대해 영유아의 흥미와 발달수준에 맞게 새로운 음

식을 소개한다. 음식에 쓰인 재료가 어떻게 얻어졌는지, 어떤 방법으로 만들어진 것인지, 맛은 어떤 것과 비슷한지, 먹었을 때의 이점 등에 대해 이야기 나눈다.

- 숨겨진 식재료를 알려 준다. 영유아가 먹기 힘들어하는 식재료가 보이지 않게 조리되어 제공된 경우, 영유아가 잘 먹었다면 다 먹을 즈음해서 새로운 음식재료가 먹은 반찬 속에 있었음을 알려준다. 이를 통해 영유아는 먹기 힘들었던 재료에 대해 선입견을 해소할 수 있고 스스로 성취감을 느낄 수 있도록 한다.
- 다양한 음식재료를 이용한 활동을 실시한다. 자르기 전의 채소나 식재료들을 영유아가 눈으로 보고 냄새를 맡아보고 만져보는 등 감각적으로 익숙해지도록 하고 낯선 음식으로 친숙하고 익숙한 활동을 할 수 있는 기회를 제공한다. 예를 들어, 다양한 채소를 이용해 도장찍기 놀이를 하거나 여러 가지 색 채소로 그림 그리기 등의 활동이 있다.
- 같은 재료를 이용해 단계별로 다양한 음식을 제공하여 싫어하는 음식을 친숙하게 만드는 푸드브릿지(Food Bridge) 기법을 사용하여 지도할 수 있다. 이때 영유아에게 싫어하는 음식을 좋아하기까지는 최소 8번 이상의 노출이 필요하다.
- 교사는 먹기를 권유만 하기보다 맛있게 먹는 모습을 보여주며 모델링을 제공한다.

〈표 8-4〉 **푸드브릿지 기법**

단계	내용	예시
1단계	싫어하는 재료를 놀이도구나 식기로 활용해 시각적으로 친숙하게 만들기	파프리카를 용기로 하여 계란찜 만들기
2단계	재료를 알아볼 수 없게 하되, 모양이나 색 등으로 호기심 자극하기	파프리카로 만든 칼국수
3단계	영유아가 거부감을 갖거나 골라내지 않도록 다른 재료와 섞어서 주기	파프리카 고기전
4단계	쉐이크나 셔벗 등으로 만들어 재료 본연의 맛을 느낄 수 있도록 하기	파프리카 쉐이크

2) 성적 행동

(1) 특성

유아기는 호기심을 바탕으로 성에 대한 기본적인 지식을 쌓으며 성 정체성 및 성 역할 개념을 형성하는 시기이므로 인간의 건강한 성적 발달을 위한 중요한 시기이다. 에릭슨(Erickson, 1963)은 만 3~6세 유아들은 자신과 타인의 몸에 관심을 갖고 탐색하며 성적 호기심을 적극적으로 나타내 보인다고 밝혔다(정옥분, 2004, 재인용). 인간은 출생 후부터 신체를 살펴보고 인식하는 것을 시작으로 성에 대한 탐색을 시작하는데, 3~4세가 되면 이러한 탐색을 더욱 구체화한다(교육인적자원부, 2006). 즉, 놀이를 통해 신체와 성을 탐색하며 호기심을 해소하려 한다. 예를 들어, 병원놀이 중 의사와 환자 역할을 하며 자연스럽게 타인의 신체를 살피고 만지는 스킨십을 통하여 성적 호기심을 해결해 나간다(도기숙, 2015).

유아교육기관에서 가장 빈번하게 관찰되는 성적 행동은 유아들이 자신의 성기를 만지는 행동, 화장실 안을 엿보거나, 성과 관련된 이야기나 욕설을 하는 것, 남아가 여아의 치마를 들치며 놀리는 일, 서로의 알몸을 보여주며 놀이하는 것, 여아가 남아처럼 일어서서 소변을 보는 것, 서로의 성기를 비교하거나 자랑하는 것, 친구의 성기 등을 만지는 것 등이다(박선미, 2004). 교사들은 이러한 성 관련 행동은 유아가 성 지식이 부족하기 때문이라고 생각하였고, 성인의 성 관련 행동과는 다르게 무의식적으로 하는 행동이기 때문에 크게 신경쓸 필요가 없다고 인식하였다(박선미, 2004). 그러나 부적절한 성적 행동이 성 학대로 연결될 수 있으므로, 교사들은 민감한 관찰과 안내를 통해 유아들이 유아기 성적 행동이 왜곡되지 않게 지도할 필요가 있다.

(2) 원인

유아들은 성장하면서 자연스럽게 남녀의 몸이 다르다는 것을 알게 되고 이에 관심을 가지면서 서로의 성기를 보여주거나 만져볼 수 있다. 유아들이 성과 관련된 행동을 하는 원인을 살펴보면 다음과 같다(육아정책연구소, 보건복지부, 2013; 조운주, 최일선, 2016, 재인용).

- 신체를 탐색하다가 우연히 쾌감을 느끼게 되는 경우
- 정서적으로 심심하여 자신의 신체를 우연히 탐색하다가 쾌감을 느끼게 되거나 심리적으로 불안감을 해소하기 위한 경우
- 성인이나 TV 등을 통해서 성행위를 보고 모방하는 경우
- 영아기에 부모가 너무 자주 씻어 주어 성장하면서 자극이 쾌감으로 느껴지는 경우

- 성기에 염증이 있어 긁기 시작한 것이 습관이 된 경우
- 계단 난간이나 미끄럼을 타거나 자전거 등을 타면서 성기가 자극된 경우
- 꼭 끼는 바지를 입어 성기에 압박이 되고 자극이 된 경우
- 성폭행을 당한 경우
- 부모의 성관계나 동영상을 보고 무심코 따라하는 경우
- 부모를 화나게 하거나 분노를 표출하는 수단
- 심한 정서적 문제가 있는 경우
- 몸이 청결하지 않은 경우
- 동생이 생기는 등 신변의 변화에 따른 스트레스

(3) 지도방안

유아의 자위나 성적 관련 행동 문제는 각 유형에 따라 서로 다른 지도법이 있다기보다는 각 유형이 서로 유기적으로 연관되어 있으므로, 공통의 지도법을 제시하여야 한다. 일반적인 지도원칙은 다음과 같다.

◆ 자위하는 것을 보았을 때 너무 끈질기게 주의를 주거나 꾸짖지 않도록 한다.

가볍게 "하지 말아라." 정도로 말한다. 혹은 사소한 심부름을 시킨다거나 아무렇지 않은 듯이 안아 주는 등 유아의 기분을 바꾸어주도록 노력한다.

◆ 유아의 관심을 다른 곳으로 유도한다.

자위로 인한 쾌감을 넘어서는 즐거운 활동을 제공한다. 유아를 관찰하여 이들이

좋아하는 놀이를 파악하고 흥미를 유도할 수 있는 놀이활동을 제공함으로써 자위로 인한 쾌감을 놀이를 통한 쾌감으로 전이될 수 있도록 안내한다.

◆ 유아가 지루하지 않도록 한다.

낮잠 자기 전, 낮잠에서 깨어났을 때 유아가 지루함을 느낄 수 있으므로 자위를 나타내는 유아 옆에서 토닥여 주거나 두 손을 잡고 자장가를 불러주어 함께 시간을 보내도록 한다.

◆ 유아발달에 적합한 성적 호기심을 해결할 수 있는 정보를 제공한다.

만 3세 이상이 되면서 성 정체감을 형성해 나가는데, 나의 성적 특성과 나와 다른 성의 특징에 대한 정보를 제공함으로써 그들의 호기심을 해결할 수 있도록 한다. 이를 위해 출생과 관련된 내용, 성기의 정확한 명칭과 역할에 대한 내용, 자신의 몸을 소중히 하고 다른 사람의 몸을 함부로 만지지 않는다는 사적 영역에 관한 이해를 다루는 내용을 제공함으로써 이를 지도한다. 이와 관련한 동화 등 다양한 교육적 매체를 활용하여 정보를 제공한다.

이러한 지도방침에 관한 내용을 교사가 이해해야 하며, 성적 문제에 당면했을 때 교사는 몇 가지 유의해야 한다. 여러 연구에서 위협과 처벌은 성적 문제를 해결하는 데 효과가 없다고 한다. 오히려 성적 문제를 저지하는 위협과 이에 따른 처벌은 유아에게 '해서는 안 될 짓을 자꾸하는 나쁜 아이'라는 죄책감을 심어주고, 그로 인한 좌절감을 해소하기 위해서 더 자위에 몰두하게 할 수 있다. 이로 인해 성이나 자신의 몸에 대해 부정적인 생각을 갖게 할 수도 있어, 장기적으로 성공적인 지도가 될 수 없음을 유념해야 할 것이다.

〈표 8-5〉 **성과 관련한 내용이 제시된 그림책의 예**

내용		도서명	글 / 그림	출판사
내 몸의 이해		우리 몸의 구멍	허은미	천둥거인
		소중한 나의 몸	정지영	비룡소
		나는 내가 좋아요	윤여림/배현주	웅진주니어
		기쁨과 슬픔	허은실/홍기한	아이세움
성폭력	기분 · 느낌의 인식과 표현	이럴 땐 싫다고 말해요	마리프랑스 보트/ 파스칼 르메르트	문학동네어린이
		소피가 화나면 정말, 정말 화나면	몰리 뱅	책 읽는 곰
	위험한 사람의 이해	다정한 손길	샌디 클레븐/조디 버그	내인생의책
		팥죽할머니와 호랑이	최숙희/조대인	보림
	유괴 예방과 대처	빨간모자	그림형제	삼성출판사
		늑대와 일곱 마리 아기양	그림형제	지경사
	성폭력 예방과 대처	나를지켜요	세배 마사유키	보임북스
성 관련 행동		쉿! 비밀이에요	햇살어린이동화연구회/ 김영근	태동출판사
		집 나가자 꿀꿀꿀	고향옥	웅진주니어
권리와 의무		내 몸을 안전하게(소중한 내 몸을 위해 꼭꼭 약속해)	박은경/김진화	책 읽는 곰

〈표 8-6〉 신체적 부적응지도를 위한 교사의 지원전략

활동지원전략	설명
관심 끌기	흥미로운 움직임이나 매력적인 신체활동 도구 등을 활용하여 대상 영유아가 적극적으로 활동에 참여하고, 자발적으로 신체움직임을 시도하고자 하는 마음을 유발하는 전략
사전 경험	본 활동 전에 활동과 관련된 경험을 제공함으로써 대상 영유아가 신체움직임 활동에 흥미를 가지고 좀 더 익숙하게 참여할 수 있도록 하는 전략
시각적 단서	눈으로 볼 수 있는 사물, 그림, 교사의 몸짓 등의 단서를 제공함으로써 대상 영유아가 어렵지 않게 자신의 몸 움직임을 시도할 수 있도록 지원하는 전략
교사 모델링	교사 먼저 해당 행동을 시범적으로 보여줌으로써 대상 영유아가 신체움직임에 대해 거부감이나 두려움 없이 따라할 수 있도록 하는 전략
활동 단순화	대상 영유아가 자신의 신체 움직임을 통해 성공감을 경험할 수 있도록 어렵거나 복잡한 단계의 활동을 간략히 하거나 쉽게 성취해 나갈 수 있도록 돕는 전략
과제 세분화	수행해야 하는 신체움직임을 여러 단계로 나누어 쉬운 단계부터 순차적으로 제시함으로써 대상 영유아가 한 단계씩 쉽게 성취해 나갈 수 있도록 돕는 전략
반복하기	대상 영유아가 하나의 신체운동 기술을 숙달하기 위해 몸의 움직임을 반복적으로 시도할 수 있도록 지원하는 전략
속도 조절	대상 영유아의 반응을 확인하며 신체움직임의 속도를 빠르거나 느리게 조절함으로써 영유아가 두려워하지 않고 지속적으로 몸의 움직임을 시도할 수 있도록 지원하는 전략
선호도 활용	사물이나 또래 등 대상 영유아의 선호도를 활용하여 관심을 유발함으로써 신체움직임에 흥미를 가지고 적극적으로 참여하도록 하는 전략
또래 도움	대상 영유아가 또래와 동시에 혹은 역할을 나누어 활동을 수행함으로써 흥미롭게 신체움직임에 참여하도록 하는 전략
역할 부여	대상 영유아에게 신체움직임 활동 중 수행가능한 역할을 부여함으로써 활동의 참여도를 높이고 자존감을 느낄 수 있도록 유도하는 전략

출처: 보건복지부 · 육아정책연구소(2014). 특별한 요구를 가진 영유아보육활동 및 교사교육 프로그램개발연구.

토의과제

1. 부적응행동과 관련된 영상프로그램을 조별로 준비하여 분석하고 사례별로 교사 중재에 대한 아이디어를 토의해 봅시다.

2. 조별로 영유아 부적응 행동 중 하나를 선택하여 상황을 설정하여 (교사 혹은 부모), 영유아, 또래 등으로 역할을 나누어 상황극을 만들어 봅시다.

강희숙(1993). 어린이 우발사고 요인 및 행위에 관한 연구. 서도대학교 보건대학원 박사학위 청구논문, 서울대학교 대학원.

곽금주, 김연수(2014). 영아발달. 서울:학지사.

곽금주(2014). 영아발달. 서울:학지사.

교육과학기술부 · 보건복지부(2012). 5세 누리과정. 교육과학기술부 · 보건복지부.

교육과학기술부(2010). 창의와 배려의 조화를 통한 인재육성–창의 · 인성교육 기본방향안. 교육과학기술부.

교육부(1998). 유아 기본생활습관 교육 활동자료. 서울: 서울특별시 인쇄공업협동조합.

권장희(2012). 스마트기기 등 영상 미디어가 영유아기 발달에 미치는 영향. 한국육아지원학회 학술대회, 2012(3), 33–55.

권정윤, 언혜준, 송승민, 권희경(2013). 유아생활지도. 서울: 학지사.

권정윤, 안혜준, 송승민, 권희경(2016). 아동생활지도. 서울: 학지사.

김경희, 정미숙, 박성미, 박혜숙(1997). 영유아의 영양관리 및 식생활 지도. 서울 : 양서원.

김계자(2004). 영유아를 위한 안전교육. 서울: 동문사.

김상희(1992) 가족안에서 겪게되는 경험의 차이와 형제관계. 공주대학교 논문집 30, 369–383.

김소양, 이경화, 채종옥(2001). 그림이야기 책을 통한 유아문학활동. 서울: 양서원.

김송이, 정지나, 최혜영, 민성혜(2009). 영유아 관찰 및 실습. 서울: 양서원.

김연(2010). 유아의 관계적, 외현적 공격성에 영향을 미치는 관련 변인들의 탐색. 대한가정학회, 48(1). 55–66.

김영옥, 오숙현 (2001). 유아 협동활동의 현장적용. 서울: 양서원.

김영옥, 장명림, 유희정(2009). 유아인성교육프로그램 개발 및 효과. 열린유아교육연구, 14(5), 297–324.

김영진, 송주미(2009). 유아건강교육. 서울: 동문사

김유미(2006). 뇌발달 접근에서 본 유아교육의 방향. 유아교육연구, 26(4), 31-49.

김은아(2008). 영아의 발달평가에 기초한 개별화 교수-학습활동 적용효과. 원광대학교 일반대학원 박사학위논문.

김일옥, 이정은(2007). 아동안전관리. 서울: 양서원.

김정연, 이순형(1997). 대상에 따른 영아의 언어적, 비언어적 상호작용 분석. 한국심리학회지, 10(1). 57-73.

김정원, 강숙현, 전선옥, 최윤정 역(1995). 유아의 사회적 능력 기르기 : 교사의 역할. 서울: 창지사.

김지은, 김진숙(2006). 유아 관찰 및 평가. 서울: 양서원.

김지현, 박경자(2006). 아동의 공격성에 영향을 미치는 개인 내적 · 외적 요인에 대한 구조방정식 모형 검증. 아동학회지, 27(3). 149-168.

단현국(2004). 유아의유치원 적응의 함수풀이 탐색. 한국교원대학교 교과교육 공동연구소 편. 교과교육의 질 향상을 위한 교수-학습 자료 개발 및 활용방안 모색(pp. 3-13). 충북: 한국교원대학교 출판부.

대한소아과학회(2014). 한국 영유아 발달선별검사 사용지침서. 질병관리본부 만성질환관리과 · 대한소아과학회.

덕성여자대학교 유아교육연구소(1993). 상호작용이론에 기초한 유아교육과정. 서울: 창지사.

도기숙(2015). 4부 독일문화: 유아의 섹슈얼리티-유아 성교육의 담론과 프로그램개발을 중심으로. 한국독어독문학교육학회, 62, 387-408.

목승관(2011). 스마트미디어시대의 규제체제에 관한 연구. 한남대학교 석사학위논문.

문혁준, 서소정, 이주연, 정지나, 하지영, 김민희(2015). 아동생활지도. 서울:창지사.

미래창조과학부 · 한국정보화진흥원(2012). 2012년 인터넷 중독실태조사.미래창조과학부 · 한국정보화진흥원.

박미진, 김광웅(2002). 형제의 지위변인 및 형제관계와 아동의 친구간 갈등 해결전략과의 관계, 아동연구, 15(2), 79-105.

박선환, 박숙희, 우지향(2013). 생활지도와 상담. 경기: 공동체.

박성옥, 양연숙(2002). 아동의 도덕성 발달을 위한 가치교육 프로그램. 서울: 창지사.

박진희, 박지선(2015). 부부응집력이 자녀의 형제자매관계에 미치는 영향: 양육태도의 매개효과. 청소년학연구, 22(8), 453-478.

박찬옥, 구수연, 이옥임(2011). 영아-교사와의 상호작용의 이론과 실제. 서울: 정민사.

보건복지부 · 육아정책연구소(2013). 영유아 문제행동지도 프로그램 개발: 영유아 문제행동지도를 위한 어린이집 보육교사 지침서.

보건복지부(2013). 영유아 문제행동 지도를 위한 어린이집 보육교사 지침서.

보건복지부(2016). 보육사업안내.

부산시교육청(2009). 유치원과 부모가 함께하는 기본생활습관교육. 서울: 매일문화사.

서수경(1993). 유아의 행동과 기질 및 성차에 관한 연구. 이화여자대학교 대학원 석사학위 청구논문.

서유헌(2006). 아동발달과 뇌발달의 이해. 2006년 한국아동학회 춘계학술대회 자료집.

서의 포트폴리오 평가. 서울: 창지사.

서채문(1994). 인간과 건강. 서울: 태근문화사.

성영혜, 윤혜경, 민하영(2001). 유아사회교육. 서울: 창지사.

소미자, 이희영(2016). 유아의 형제구조변인과 형제관계의 질에 따른 유치원 적응. 미래유아교육학회지, 23(2), 319-340.

송미선 (1995). 놀이개입상황에 있어서 또래지위에 따른 사회적 행동과 의사소통 기술. 이화여자대학교 대학원 박사학위논문.

신유림(2008). 또래 거부에 대한 친구의 사회적 행동과 친구관계 질의 상호적영향. 대한가정학회지, 46(9), 61-69.

신유림(2008). 유아기의 신체적 관계적 공격성: 성차 및 언어, 사회적 능력과의 관련성, 유아교육연구, 28(2), 95-111.

신의진(2011). 아이심리백과. 서울: 갤리온.

신현옥(1995). 자신과 타인이해 활동이 유아의 자아개념, 조망수용 및 친사회적 행동에 미치는 영향. 서울여자대학교 대학원 박사학위논문.

신혜영(2013). 아동 문제행동에 대한 부모상담. 서울: 파란마음.

안영진(2010). 유아인성교육. 서울: 창지사.

오상우 (2012). 유 · 아동 지능검사(K-WISC-Ⅵ). 한국재활심리학회 연수회, 109-150.

오유리, 도현심, 최미경(2008). 연령과 어머니의 언어통제유형이 유아의 거짓말에 미치는 영향. 한국가정관리학회지, 26(3). 191-201.

오채선, 이석순, 박은미, 이명순, 장혜자, 김영신, 김미애(2008). 영유아사회교육. 서울: 파란마음.

유은정2014).유아의 스마트폰 중독 경향성과 유아의 정서지능간의 관계. 인천대학교 교육대학원 석사학위논문.

윤희경, 최경애, 조유나, 조혜경, 황혜경, 오애순, 이정란(2016). 개정 보육실습. 서울: 창지사.

이경희(1989) 부모의 언어통제 유형과 아동의 사회적 능력과의 관계. 고려대학교 대학원 박사학위논문.

이미정(2013). 유아의 스마트기기 이용실태 및 유아발달에 미칠 영향에 대한 어머니의 인식. 서울교육대학교 교육대학원 석사학위 청구논문.

이영, 이미란, 홍희영, 한성희, 민성혜, 박신진, 유영미, 신혜원, 민현숙, 정지나, 문영경(2015). 영아발달. 서울:학지사

이영, 이미란, 홍희영, 한성희, 민성혜(2015). 영아발달. 서울:학지사.

이영, 이정희, 김온기, 이미란, 조성연(2009). 영유아발달. 서울:학지사.

이윤경, 김선영, 김성희, 김지은, 나종혜, 문혁준, 신인숙, 안선희, 천희영, 최은미, 황혜신, 황혜정(2008). 개정 유아교육개론. 서울: 창지사.

이윤옥(1992). 또래관계 기술지도 프로그램을 통한 유아의 사회성 증진연구. 중앙대학교 대학원 박사학위논문.

이은해, 고윤주 (1999). 학령기 아동을 위한 친구관계의 질 척도 개발에 관한 연구. 아동학회지, 20(2), 225-242.

이은해, 이기숙(1993). 유아교육기관에서의 유아생활지도. 서울: 창지사.

이은해(1995). 아동발달의 평가와 측정. 서울: 교문사.

이정림,도남희,오유정(2013).영유아의 미디어 매체 노출실태 및 보호대책. 서울:육아정책연구소.

이정환 · 박은해(1995). 교사들을 위한 유아관찰 워크북. 서울: 한국어린이육영회.

이정환 · 박은혜(1996). 교사들을 위한 유아관찰 워크북. 서울: 한국어린이육영회.

이종숙, 이옥, 신은수, 안선희, 이경옥 역 (2008). 아동발달(제 7판), Berk, L. E., 2006, Child Development. 시그마프레스. 2006

이혜옥 (1991). 놀이상황에서 나타난 인기아와 배척아간의 사회적 행동 비교연구. 중앙대학교 교육대학원 석사학위논문.

임선영(2013). 가정에서의 유아 스마트폰사용실태와 어머니의 허용과 인식: 계양구 유아를 대상으로. 중앙대학교 대학원 석사학위 청구논문.

임재택(1997). 영유아 관찰 및 평가. 경기: 양서원.

전귀연 · 임주영(2006). 형제관계. 서울: 신정.

정미라, 배소연, 이영미(2008). 영유아를 위한 건강 및 영양교육. 경기 : 양서원.

정옥분, 정순화(2008). 부모교육. 서울: 학지사.

정옥분(2004). 영유아발달의 이해. 서울: 창지사.

정옥분(2012). 영아발달. 서울: 학지사.

정옥분(2016). 유아발달. 서울: 학지사.

정창우(2010). 인성교육에 대한 성찰과 도덕과 교육의 지향. 윤리연구, 77 (1)-33.

조경자, 이현숙(2006). 유아건강교육. 서울: 학지사.

조운주, 최일선(2016). 유아생활지도. 서울: 창지사.

지성애, 홍혜경(2001). 영유아생활지도. 서울: 양서원.

질병관리본부(2007). 소아 및 청소년 표준성장 도표. 질병관리본부.

최순영(2003). 인간의 사회성격 발달심리. 서울: 학지사.

최윤정 (1998). 그림책 읽어주기와 토의활동이 유아의 친사회적인 활동에 미치는 영향. 이화여자대학교 대학원 박사학위논문.

학지사심리연구소(2012). 학지사 심리연구소. 서울: 학지사

한국보육진흥원(2011). 보육교사승급교육교재. 서울: (재)한국보육진흥원.

한국보육진흥원(2016). 2016 어린이집 평가인증 안내. 서울: (재) 한국보육진흥원.

한국산업안전공단(1996). 유아교사용 안전교육 지도서.

한국정보화진흥원(2012).스마트미디어중독 특성 및 중독 해소 개입 전략 개발 연구.

한국정보화진흥원(2014). 영유아기 디지털미디어 중독 특성 분석 및 중독예방 개입전략연구.

한순옥, 손화희 (2001). 방과후 자아 존중감 프로그램. 서울: 양서원.

황태경(2013). 유아의 스마트기기 사용실태와 몰입경향성, 자기조절력, 친사회적 행동 간의 관계. 신라대학교 대학원 석사학위 청구논문.

황해익, 송연숙, 최혜진, 정혜영, 이경철, 민순영, 박순호, 손원경(2001). 유아교육기관에

Ainsworth, M. D. S. (1979). Infant–mother attachment. American Psychology, 34, 932–937.

Ainsworth, M. D. S., Blehar, M. C., Waters, E., & Wall, S. (1978). Patterns of attachment. Hillsdale, NJ: Erlbaum.

Bar–Tal, D. (1976). Prosocial Behabior : Theoryamd research. John Wiley & sons.

Baron, R. A & Byrne, D (1984). Social Psychology : Understand human interaction. Boston : Allyn & Bacon.

Bayley, N. (2006). Bayley Scales of Infant and Toddler Development–Third Edition: Technical Manual. SanAntonio, TX: Harcourt Assessment.

Beaty, J.(1999). Prosocial guidance for the preschool child. Prentice–Hall, Inc. 이기숙, 강숙현 역(2001). 유아를 위한 친사회적 행동지도. 이화여자대학교 출판부.

Bergman, A. B., & Rivara, F. D.(1991). Sweden's experience in reducing childhood injuries. Pediatrics 88(1), 69–74 .

Berk, L. E. (2009). Child Development (8th ed). Boston : Pears.

Buist, K. L., & Vermande, M. (2014). Sibling relationship patterns and their associations with child competence and problem behavior. Journal of Family Psychology Review, 28, 529–537.

Bukowski,W. M.,& Hoza, B.(1989). Popularity and friendship:Issuesin theory, measurement, and outcome.In T. J. Berndt & G.W.Ladd (Eds.), Peer relations in child development(pp.15–45). New York: Wiley.

Coie, J. D., & Dodge, K. A. (1983). Continuities and changes in children's social status: A five–year longitudinal study. Merrill–Palmer Quarterly (1982–), 261–282.

Coie, J. D., & Kupersmidt, J. B. (1983). A behavioral analysis of emerging social status in boys' groups. Child Development, 54, 1400–1416.

Cordes,C.,& Miller,E.(2000).Fool'sgold:A critical look at computers in childhood. College Park.

Crick, N., & Grotpeter, J. K.(1995). Relational aggression, gender, and social–psychological adjustment. Child Development, 54, 1386–1399.

Dabbs, J, M., Jr., & Morris, R. (1990). Testosterone, social class, and antisocial behavior in a sample of 4,462 men. Psychological Science, 1, 209–211.

Dunn J.(1983). Sibling relationships in early childhood, Child Development, 54, 787–811.

Erwin, P. (1998). Friendship in childhood and adolescence. New York: Routledge.

Goldfield B. A., & Reznick, J. S.(1990). Early lexical acquisition: Rate, content, and the vocabulary spurt. Journal of Child Language, 17, 171–184.

Goldman, J., Stein, C. L., & Guerry, S. (1983). Psycho–logical methods of child assessment. New York: Brunner/Magel.

Goleman, D. (1995). Emotional intelligence. New York: Bantam Books.

Greenman(2005). Caring Spaces. Learning Places: Children's Environments that work. Redmond, WA : Exchange Press, Inc.

Hart, D. (1994). Authentic assessment. New York : Addison–Wesley.

Hartup, W. W. (1983). Peer relations. In E. M. Hetherington(Ed.), P. H. Mussen(Series Ed.), Handbook of child psychology: socialization, personality, and social development Vol.4 (pp.103–196). New York: Wiley.

Kagan, J. (2006). Biology , culture, and temperamental biases. In W. Damon & R. Lerner(Series

Eds.) & D. Kuhn & R. S. Siegler (Vol. Eds.), Handbook of child psychology: Vol. 2. Cognition, perception, and language (6th ed., pp.167–225). Hoboken, NJ: Wiley.

kendrick, A. S, Kaufmann, R., & K. P. Messenger, K. P.(1991). Heathy Young Children : A manual for programs. Washington D.C. : NAEYC.

Meisels, S.J., & Steele, D.M. (1991). The early childhood portfolio collection

Perry, D. G., & Bussed, K.(1984). Social development. Englewood Cliffs, NJ: Prentice–Hall.

process. Ann Arbor, MI: Center for human growth and development, University of Michigan.

Rubin, K. H., Bukowski, W. M., & Parker, J. G. (1998). Peer interactions, relationships, and groups. Handbook of child psychology.

Rubin, K. H., Fein, G., & Vandenberg, B. (1983). Play. In P. H. Mussen (Ed.), Handbook of child psychology: vol.4. Socialization, personality, and social development. New York: Wiley.

Schaeffer, D. R.(1999). Development Psychology : Childhood and adolescence(5thed). Belmont, CA: Wadsworth Publishing.

Schwienhart, L. J., & Weikart, D. P.(1980). Young children grow up: The effect of the Perry Preschool Program on youths through age 15(Monographs of the High/Scope Educational Research Foundation). Ypsilanti, MI: High/Scope Press.

Shaffer, D. R. (2000). Socialand personality development(4th ed.).Belmont, CA:Wadsworth/ Tornson Learning.

Shaffer, D. R. (2005). Social and Personality Development 5th Ed. Canada: Cengage Learning.

Shaffer,D.R.(2005). 발달심리학 (송길연,장유경,이지연,정윤경 공역.). 서울:시그마프레스.(원저 2002출판).

Stipek, D. J., Gralinski, J. H. & Kopp, C. B. (1990). Self–concept development in the toddler years. Developmental Psychology, 26, 972–977.

Thomas, A., & Chess, S. (1977). Temperament and development. New York: Brunner/Mazel.

Underwood, M. K. (2003). Socal aggression among girls, NY: Guilford Press.

Wispe, L. G.(1972). Positive forms of social behavior: An overview. J. of Social Issues, 28, 1–19.

찾아보기

기타

저자소개

김 성 원

- 대구가톨릭대학교 교육학과(교육학 박사)
- 현) 수성대학교 유아교육과 교수
- 〈저서〉 유아교육개론, 놀이지도 등

박 영 신

- 대구대학교 대학원 유아교육과(교육학박사)
- 현) 대구보건대학교 유아교육과 교수
- 〈저서〉 영유아교육과정 등

석 은 조

- 대구대학교 대학원 유아교육과(교육학박사)
- 현) 대구보건대학교 유아교육과 교수
- 〈저서〉 유아교육개론, 놀이지도, 영유아교육과정 등

오 성 숙

- 대구대학교 대학원 교육학박사
- 현) 부산과학기술대학교 유아교육과 교수
- 〈저서〉 영유아발달, 유아교육론 등

최 효 정

- 경북대학교 아동가족 박사
- 현) 포항대학교 유아교육과 교수
- 〈저서〉 유아수학교육 등

아동생활지도

1판 1쇄 인쇄 2017년 2월 20일
1판 1쇄 발행 2017년 2월 25일

저　　자 | 김성원 박영신 석은조 오성숙 최효정
발 행 인 | 강철원
발 행 처 | 양성원
주　　소 | 경기도 파주시 검산로 173번길 29-20
전　　화 | 031-946-3861(代)
팩　　스 | 031-946-3864
이 메 일 | tnwpub@naver.com
홈페이지 | tnwpub.co.kr
출판등록 | 2015년 8월 31일 제2015-000211호

ISBN 979-11-6126-003-7

정가 19,000원